浙江省普通高校"十三五"新形态教材
职业教育数字化融媒体特色教材

21 世纪旅游管理学精品图书

AN INTRODUCTION TO TOURISM

旅游概论

主　编　何　勇

副主编　娄月红　曲延峰

ZHEJIANG UNIVERSITY PRESS
浙江大学出版社
·杭州·

图书在版编目(CIP)数据

旅游概论 / 何勇主编. —杭州：浙江大学出版社，
2020.9(2024.8 重印)
ISBN 978-7-308-20287-9

Ⅰ. ①旅… Ⅱ. ①何… Ⅲ. ①旅游学—教材 Ⅳ.
①F590

中国版本图书馆 CIP 数据核字(2020)第 102505 号

旅游概论

主编　何　勇

策划编辑	马海城
责任编辑	曾　熙
责任校对	诸寅啸　张培洁
封面设计	春天书装
出版发行	浙江大学出版社
	（杭州市天目山路 148 号　邮政编码 310007）
	（网址：http://www.zjupress.com）
排　　版	杭州朝曦图文设计有限公司
印　　刷	广东虎彩云印刷有限公司绍兴分公司
开　　本	787mm×1092mm　1/16
印　　张	13
字　　数	320 千
版 印 次	2020 年 9 月第 1 版　2024 年 8 月第 5 次印刷
书　　号	ISBN 978-7-308-20287-9
定　　价	40.00 元

前　言

　　旅游概论是旅游类专业的一门专业基础课程,在专业学习中属于入门课程。党的二十大报告提出"以中国式现代化全面推进中华民族伟大复兴"。我国将进入全面"建设教育强国、科技强国、人才强国、文化强国"的新阶段。建设文化强国,旅游业应发挥强有力的支撑作用。报告同时指出要"坚持以文塑旅、以旅彰文,推进文化和旅游深度融合发展"。本教材旨在引导学生认识旅游、了解旅游行业、学习旅游基础知识、把握旅游活动的基本要素、基本特征和基本规律,为后续专业学习打下基础。在教材编写中力求体现旅游行业发展的时代新要求,努力将专业知识和基本原理同高等职业教育的要求相结合,突出实践性和应用性。本教材具有以下特色。

　　一是理念新。本教材以"认识旅游—了解旅游—融入旅游"为主线编写。一方面,注重能力培养。全书共十二章,各章课业测评中都设置了相应的实践活动题目,引导学生独立自学,团队合作,参与实践,分享成果,培养学生多种能力。另一方面,突出育人理念。在每章的学习目标中除必要的知识目标、能力目标外,还增加了素养目标,突出课程的育人功能。

　　二是内容新。本教材体现了旅游业发展的新信息、新技术、新趋势,除解构和重组了必要的基础理论知识外,还增加了"旅游七要素、厕所革命、红色旅游、旅游扶贫、旅游文化、产品营销、大众旅游、智慧旅游、全域旅游、旅游＋、旅游外交、旅游就业与创业"等新内容,采用多元素,从多个角度,以直接与间接、纸质与网络、案例与微课、聚焦与外延等多种形式,拓展知识结构,在满足理论教学面对面授课需要的同时,激发学习者使用手机搜索信息、探索知识的兴趣。

　　三是体例新。采用"纸质教材＋云课程教学资源库"的结构,创建手机互联网课堂学习模式。纸质内容主要体现教材的核心内容与学习要求。网络内容可通过手机扫描二维码与云服务平台链接,获取"云课程教学资源库"平台上相关理论知识、实践应用、案例解析、教学实践、导学自测、PPT课件、微课视频等教学资源,便于课堂内外的学习与体验。

　　全书设计新颖,内容丰富,融通俗性、可读性与应用性于一体。既有适度的基础知识,又有必要的能力训练,力求体现"以学习者为中心"的教育理念,以培养应用型的现代旅游人才。

　　本教材由宁波城市职业技术学院何勇副教授担任主编;浙江舟山群岛新区旅游与健康职业学院娄月红副教授、宁波城市职业技术学院曲延峰老师担任副主编;宁波职业技术学院沈杨教授和四川旅游学院梁刚副教授参与选题策划和大纲设计;无锡城市职业技术学院陈坤芳老师,宁波城市职业技术学院尚敏、盘玉玲等老师参与编写。具体写作分工为:第一、二章由何勇编写,第三章由尚敏编写,第四章由盘玉玲编写,第五章由娄月红编写,第六章由娄月红、何勇编写,第七章由曲延峰编写,第八章由尚敏、何勇编写,第九章由陈坤芳编写,第十章由盘玉玲、何勇编写,第十一章由曲延峰、何勇编写,第十二章由陈坤芳、何勇编写。全书由何勇负责教材大纲的起草、内容的编排及统稿审定等工作。

本教材是浙江省普通高校"十三五"新形态教材,依据高等职业教育的特点,紧密结合旅游发展的实际,重在培养旅游从业人员应具备的旅游基础知识、能力与素养。

本教材可以作为高等职业院校、应用型本科院校旅游类专业的教学用书,也可以作为广大旅游从业人员的培训教材或参考用书。为方便广大师生,本教材还配套有电子课件、课程标准、测试题库及参考答案等资料。本书的重点、难点与亮点等内容,均以视频形式制作成微课,并以二维码的形式插入相关章节,以帮助读者巩固所学及方便教学者教学。

旅游涉及面广,信息变化快。在教材编写过程中,我们倾注了大量心血,参阅了大量的文献资料、教材和专著,借鉴了一些网络教学资源,同时也得到编者所在单位领导的大力支持,同事的热情帮助。在此,我们一并表示衷心的感谢!

由于时间仓促,编者水平有限,教材中难免存在错误或不足之处,恳请学界业界同人和师生朋友批评指正。

编者
2023 年 7 月

目 录

第十一章　旅游业的未来

第十二章　旅游就业与创业

第一章　走进旅游

名言名句

人之所以爱旅行，不是为了抵达目的地，而是为了享受旅途中的种种乐趣。

——约翰·沃尔夫冈·冯·歌德 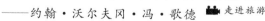

学习目标

【知识目标】

1. 理解旅游的基本概念。
2. 知晓旅游的本质特征。
3. 掌握旅游的构成要素。
4. 熟悉旅游的基本类型。

第一章思维导图

【能力目标】

1. 学会利用网络收集旅游相关信息。
2. 能够自主探究旅游的本质与特征。
3. 能够讲述旅游的核心要素与基本类型。
4. 能够将理论学习与专业社会实践相结合。

【素养目标】

1. 养成独立思考，自主学习旅游知识的习惯。
2. 具有探究精神，培养科学严谨的专业学习态度。
3. 具有进取意识，能够与时俱进地关注旅游信息。
4. 具有协作意识，能够积极地参与专业实践。

案例导入

中国已成为越来越多国家（地区）最大的客源国

由中国旅游研究院、携程旅游集团 2018 年 3 月联合发布的《中国游客中国名片，消费升级品质旅游——2017 年中国出境旅游大数据报告》显示，中国已连续多年保持世界第一大出境旅游客源国地位。在线旅游平台和手机端成为中国旅游者咨询的首选。根据携程旅游集团的统计，每 5 位中国出境游客中，就至少有 1 位是在携程上进行预订的。我国已成为越来越多国家（地区）最大的客源国。据相关机构统计，中国已经成为泰国、日本、韩国、越南、柬埔寨、俄罗斯、马尔代夫、印度尼西亚、朝鲜、南非等 10 个国家的第一大入境旅游客源地，中国游客在这些国家国际游客中的占比最高达 30％。中国也是美国、阿联酋、英国、新西兰、菲律宾、斯里兰卡、加拿大等国家的重要客源国。2017 年，中国还是南极的第二大客源国。

资料来源：根据中国旅游研究院(文化和旅游部数据中心)相关资料整理，http://www.ctaweb.org/html/2018-2/2018-2-26-11-57-78366.html。

思考：结合你所在的地区与自己的旅游经历，谈谈近几年旅游发展的情况。

第一节　认识旅游

旅游活动古已有之，旅游是人类实践认识活动的一部分，是社会进步的产物。

随着科技的发展和社会的进步，现代旅游涌现出异彩纷呈的多种新业态，表现出不同于传统旅游的新特征。

一、"旅游"的由来

📖"旅游"诗文

"旅游"一词，据现有的资料可知，最早出现于南北朝时期。在此以前"旅"和"游"是两个独立的词。"旅"字的含义，唐代孔颖达在《周易正义》中说："旅者，客寄之名，羁旅之称，失其本居而寄他方，谓之为旅。"其"旅"是客居他乡，"游"主要是游览、遨游、神游之意，如《尚书·大禹谟》："罔游于逸。"实际上，中国古代的"游"，是指由旅游审美而达到的那种自由自在、逍遥无为的精神境界，以及由此而来的对待世界的审美态度。

在南北朝时期，"旅"和"游"两字作为一个词出现，始见于沈约的《悲哉行》："旅游媚年春，年春媚游人。"在诗中，"旅游"一词已含有外出游览之意。此后，在我国的诗词中，也多有"旅游"一词出现。

📖旅游在我国古代的称谓

与"旅游"义相近的还有"观光"一词。在《易经》中，"观"卦含有"观国之光，利用宾于王"的句子。目前，在我国台湾地区，以及日本和韩国都使用"观光"一词。

我国在20世纪60年代以前对"旅游"的表述，常见的是旅行、观光等词。旅游被赋予现代意义是在1964年中国旅行游览事业管理局成立时。1964年11月，我国召开了"第一次旅游工作会议"，之后"旅游"一词才开始在国内传用开来。1979年，商务印书馆出版的《现代汉语词典》将"旅游"解释为"旅行游览"。1982年，国务院正式将"中国旅行游览事业管理局"更名为"中华人民共和国国家旅游局"，从此，"旅游"一词被广泛使用。

19世纪出版的《牛津英语词典》中开始出现旅游(tour)一词。"tour"来源于拉丁语"tornare"和希腊语"tornos"。在英语中，为"顺序"之意。tour加上后缀"ism"，被解释为"一个行动或过程"。tourism意指"按照圆形轨迹的移动"，即一种往复的空间活动过程。"tour"和"tourism"在辞源学上的原本含义已经在某种意义上折射出现代旅游空间特征的影子，不管旅游活动的大小、远近、离开时间长短，旅游者总要回家，旅游活动总是以家为原点的空间移动行为。对"旅游"一词起源的探究，有助于我们对旅游本质的认识，也便于科学定义旅游。

二、旅游的定义

关于旅游的定义,一般认为旅游是"旅行"和"游览"相互结合的活动,二者既有联系又有区别。由于人们所处的时代环境不同,经济发展水平存在差异,对旅游概念的认知也存在较大差异。因而,国内外对旅游的认识不一,对现代旅游定义的理解可谓"仁者见仁,智者见智"。

(一)国外关于"旅游"的定义

目前,国际旅游学术界对于旅游仍无统一的定义,较有代表性的定义如下。

(1)1857 年,英国出版的《牛津英语词典》中对"旅游"有了最早的描述,即"离家远行,又回到家里,在此期间参观游览一个地方或者几个地方"的行为。

(2)1927 年,德国蒙根·罗特等学者出版的《国家科学词典》把"旅游"定义为一种社会交往活动。以狭义的角度理解,旅游是那些为满足生活和文化的需求,或为满足自己各种各样的愿望而暂时离开自己的住地,并作为经济和文化商品的消费者的人逗留在异地的交往活动。而"旅游"一词在德语中是"陌生"和"交往"之意。

(3)1942 年,瑞士著名学者汉泽克尔和克拉普夫在合著的《普通旅游学纲要》中写道:"旅游是非定居者的旅行和暂时居留而引起的现象和关系的总和。这些人不会长期定居,并不牵涉任何赚钱活动。"这个定义于 20 世纪 70 年代由国际旅游科学专家协会(Association of International Scientific Experts in Tourism)通过,简称"艾斯特(AIEST)定义",也是目前国际上普遍接受的比较权威的旅游定义。

(4)1980 年,马尼拉会议之后,世界旅游组织(World Tourism Organization,简称 UNWTO)提出用"人员运动"代替"旅游"一词,将其定义为"人们出于非移民及和平目的,或者出于导致实现经济、社会、文化及精神方面的个人发展及促进人与人之间的了解与合作等目的而进行的旅行活动"。

(5)1991 年 6 月 25 日,世界旅游组织在加拿大召开了"旅游统计国际大会",对旅游的定义是:"旅游即包括人们为了休闲、商务和其他目的,离开他们惯常的环境,到某些地方及在某些地方停留,但连续不超过一年的活动。"之后,世界旅游组织又进一步完善对"旅游"的定义:"旅游是指人们为了休闲、商务或其他目的而旅行到惯常环境之外的地方并在那里停留持续时间不超过一年的活动,且访问的主要目的不应是通过所从事的活动而从访问地获取报酬。"到目前为止,国内外业界和学界普遍接受的是世界旅游组织关于"旅游"的定义。

(二)国内关于"旅游"的定义

(1)《中国百科大辞典》指出:"旅游是人们观赏自然风景和人文景观的旅行游览活动,包含人们旅行游览、观赏风物、增长知识、体育锻炼、度假疗养、消遣娱乐、探险猎奇、考察研究、宗教朝觐、购物留念、品尝佳肴及探亲访友等暂时性移居活动。从经济学观点看,是一种新型的高级消费形式。"

(2)李天元和王连义认为:"旅游是非定居者出于和平目的的旅行和逗留而引起的现象和关系的总和,这些活动不会导致在旅游地定居和就业。"

(3)谢彦君认为:"旅游是个人以前往异地,寻求愉悦为主要目的而度过的一种具有社会、休闲和消费属性的短暂经历。"

(4)沈祖样认为:"旅游是旅游者这一旅游主体借助旅游媒介等外部条件,通过对旅游客体的能动的活动,为实现自身某种简要而做的非定居的旅行的一个动态过程的文化复合体。"

（5）魏向东认为："旅游是旅游者在自己可自由支配的时间内,为了满足一定的文化享受目的,如休闲、娱乐、求知、增加阅历等,通过异地游览的方式所进行的一项文化体验和文化交流活动,并由之而导致的一系列社会反应和社会关系。"

回归旅游
的原始含义

由上述定义可以看出,不同学者对旅游的认识、研究的出发点与侧重点不同,对旅游的定义也不尽相同。

旅游是集食、厕、住、行、游、购、娱于一体的综合性社会活动,其涉及面广泛而复杂,人们从不同的角度对旅游进行研究,对旅游概念有着不同的理解。随着社会的发展,旅游研究领域不断拓展,与旅游相关的新兴学科、交叉学科和边缘学科不断涌现,旅游实践也发生了根本性的变化。

（三）旅游的定义与内涵

本书采用世界旅游组织对旅游的定义。即"旅游"是指人们为了休闲、商务或其他目的而旅行到惯常环境之外的地方并在那里停留持续时间不超过一年的活动,且访问的主要目的不应是通过所从事的活动而从访问地获取报酬。其内涵包括以下几个方面。

1.旅游者是旅游活动的主体

旅游活动可能是个人行为,也可能是团体或组织统一的行动,一旦有众多的个体或团体行为汇聚成社会性的活动现象,便带来巨大的社会影响,从而引起人们的关注。旅游活动的产生需要旅游者的参与,没有旅游者的活动也不能称之为旅游活动,因此,旅游者是旅游活动的唯一主体。

2.旅游的目的在于寻求别样的体验

旅游在本质上是追求一种身心舒适与情感愉悦的过程,旅游者需要悦耳悦目,更需要悦心悦意与悦志悦神,旅游活动是浅层次的观光娱乐与深层次的情感体验和精神愉悦的统一,是一个由感动到心动再到精神升华的过程。

3.旅游是一种异地性的活动

旅游活动是旅游者离开熟悉的惯常生活环境,去寻求异地感受与体验的过程,虽然在本质上同在惯常环境中所进行的一些行为是一致的,但这些行为却发生在异地。

旅游业带动效应强

4.旅游是一种短暂性的活动

旅游本质上是人们对日常生活环境的一种暂时性的"逃逸",不管离开多远的距离,总要回到日常生活的原点,因此,旅游活动的时间不会过长,这使它与迁徙或移民等有着本质的区别。

5.旅游是一种非营利性的活动

旅游者外出旅游,无论是出于观光娱乐的目的,还是出于情感体验的目的,都需要花费一定的精力、体力和财力,而不是从旅游目的地获得经济利益。

6.旅游是动态与静态的统一

旅游是一个动态过程与静止状态的统一体,动态过程表现为旅游活动时刻处于变化之中,静止状态表现为旅游现象的相对稳定状态,因此旅游活动和旅游现象是一个问题的两个侧面,它们不可分割。

三、旅游学科

（一）旅游学是新兴的边缘学科

学习旅游，需要知晓旅游学科所涉及的相关领域。旅游学是研究人类旅游活动发生、发展规律的一般科学，是一门新兴的边缘学科，它与人类学、管理学、心理学、经济学、社会学、环境学、生态学、法学及历史学、地理学等诸多学科有着密切联系（见图1-1），因而旅游学的研究必须吸取上述学科的理论成果。同时，由于旅游活动有其自身特有的规律，因而，旅游学有自己的理论，而不是上述学科理论的简单叠加和堆砌。

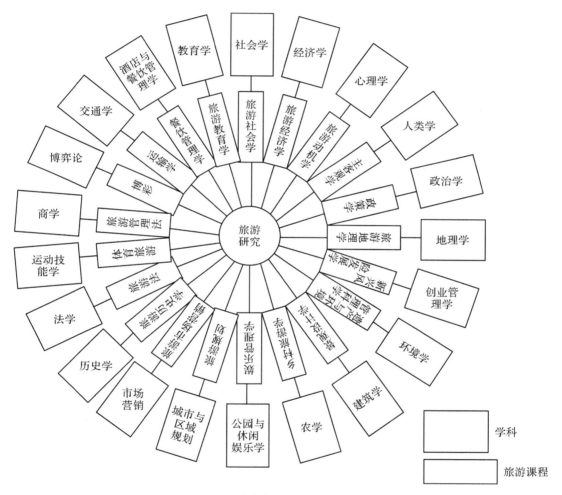

图 1-1　旅游学与其他学科的关系

资料来源：吴必虎，黄潇婷.旅游学概论［M］.北京：中国人民大学出版社，2013.

（二）旅游学的研究内容

旅游学研究一般包括以下内容。

（1）旅游的基本概念和原理。

（2）旅游发展变化的规律。

（3）旅游的主体——旅游者。

（4）旅游的客体——旅游资源。

（5）旅游媒介——旅游业，主要包括旅游业的性质和特点、发展问题、构成要素、发展规划、管理范畴（旅游业的管理体制、旅游政策、旅游法规等）等。

（6）旅游业的影响，主要指旅游对政治、经济、文化、环境、社会等方面的影响。

（7）旅游产品与市场营销。

（8）旅游业的发展趋势。

（9）旅游就业与创业。

（10）其他相关内容。

第二节　旅游的本质与特征

本质是指事物固有的决定事物性质面貌和发展的根本属性，是一种事物与其他事物区别的内在根据；旅游是一个综合体，它的现象复杂，属性也是多方面的，但可以通过具有共同点的现象分析出最基本最重要的属性，然后找出本质。

特征是一个事物区别于其他事物的外在标志，也是事物本质的外在显现。分析和探究旅游的特征，深入了解旅游的本质，人们才能更好地区别什么是旅游，什么不是旅游。

一、旅游的本质属性

（一）旅游具有流动性

旅游在形式上最容易被观察到的属性是旅游者在不同的地域空间流动。旅游的动机是旅游者被异地的旅游吸引物所吸引。由于旅游吸引物在异地他乡，旅游者要满足旅游愿望，必须完成前往异地的旅行。另外，人们外出旅游一般不会满足于只在某一处逗留，而是借助旅游，经常从一个景区到另一个景区，通过空间移动实现旅游目的，这种从客源地到目的地的旅行，使旅游成为一个固有的地理现象特征。

🔗 婺源赏花经济

（二）旅游具有经济性

旅游是一种消费活动，因此也是一种经济现象。社会经济发展到一定水平，人们有可自由支配的收入，旅游才有可能产生，旅游完全是一种消费活动。在旅游过程中，旅游者获得食、厕、住、行、游、购、娱等良好的接待服务，才能实现旅游的目的。为了满足旅游者的需求，使旅游活动顺利开展，旅游业要为境内外旅游者提供各种服务，如线路安排、交通运输、景点导游、餐饮住宿、娱乐购物等，服务需求和服务供给之间是一种经济关系。从旅游需求和旅游供给角度分析，旅游是从客源地向目的地输出大量资金，对客源地或接待地区的经济均有不同程度的直接或间接的影响，这使旅游活动表现出经济现象的特征。

（三）旅游具有社会性

旅游是人类社会发展到一定阶段的产物。当社会生产力发展到人们有闲暇时间、有追求审美意识的时候，旅游便出现了。旅游是人的活动，人脱离不了社会，旅游自然属于社会活动，这在旅游的过程中得以体现。如旅游者做出旅游的决定，会受到社会文化价值观的支配;旅游者在途中所组成的临时社会团体,要有彼此的交往;旅游者去异国他乡,接待地的相关部门要为旅游者提供物质和精神方面的服务;在与旅游目的地居民交往中,旅游者带来的异域文化与当地传统文化发生碰撞,相互会产生或正面或负面的影响;旅游者通过这种民间交往,增进了人们彼此之间的感情,在国际旅游中还可能缓和国与国之间的关系,加深各国与各民族之间的相互了解和友情,因此,旅游具有一种民间外交的形式。由此可见,旅游活动是一种具有广泛影响的社会现象。

（四）旅游具有休闲性

旅游是一种具有休闲性的消费享受生活方式。对今天的人们来说,旅游是"逃逸"和"追求"。"逃逸"是人们要逃离原有的生活状态,暂时摒弃生活中的各种压力、烦恼、令人窒息的空间等,享受快乐生活。旅游就是要逃离这种生活,去追求快乐,通过旅游活动,旅游者体验自然的、随意的、轻松愉悦的和休闲的过程,享受和快乐成为最高追求,游客陶醉于山水、忘情于风物,尽情地慰藉身心,甚至可以"放纵"自己,不为"面子"束缚。丰富的旅游活动使人们获得巨大的享受。

（五）旅游具有文化性

旅游是一种具有文化性的审美活动。旅游是人的活动,人是文化的创造者和继承者,人有意识的行为具有文化的烙印,旅游活动自然是一种文化活动。旅游以追求愉悦为目的,愉悦是由审美来获得的,审美追求是旅游者外出旅游的主要动机。旅游活动开启后,作为旅游对象的自然或人文旅游资源成了美的载体,包含着人类文化因素,自然资源投射了人的情感,成为观赏对象;人文旅游资源具有社会政治、经济、历史、宗教、艺术和民俗风情等诸多的文化因素,具有社会美,成为旅游的对象;旅游者通过对这些文化载体的审美,进行旅游活动。在旅游活动中旅游业有着举足轻重的作用,旅游设施和接待服务是人的活动成果,因此具有文化内涵,如饮食文化、礼仪文化等,旅游业是创造美和生产美的行业,为旅游者审美提供服务。

二、旅游的基本特征

在不同历史时期,旅游活动的表现形式、内容和规模不尽相同,但旅游活动的基本特征却是一致的,它始终贯穿于人类活动的全过程。

（一）异地性

人的本能与天性就喜欢追新猎奇,求知求异。人们长期在一个地方生活,往往对自己日常所熟悉的事物和氛围感到平淡乏味,希望到异地探新猎奇,进行文化交流和生活体验,而旅游活动恰好能满足人们的这种需要。所以,异地性是旅游活动的显著特点之一,旅游的"异地性"还排除了在常住地内的旅行和在住所与工作场所之间的往返。

三亚过冬

（二）流动性

旅游的异地性决定了旅游活动的流动性,旅游者从客源地流向目的地,从一个游览地流向另一个游览地,从目的地返回常驻地,旅游者的流动,构成了对交通的需求,成为旅游活动的重要特点之一。

（三）暂时性

旅游者按预先计划好的时间外出旅游，又按时返回，是一种不同于在常住地的活动方式，只是临时在外地的一种停留，所以，暂时性是旅游活动的特点之一，为了旅游统计的需要，有关组织对"暂时"做了规定，如世界旅游组织规定不超过一年。

（四）综合性

旅游者外出旅游的目的多种多样，如休闲观光、娱乐购物、探亲访友、宗教朝觐等，这对旅游活动的客体要求也千差万别。旅游者在外出旅游期间，对食、厕、住、行、游、购、娱方面的服务都有不同需求。旅游资源有自然、人文等多种类别。旅游活动同自然、社会、经济、文化各要素紧密联系，涉及社会的诸多方面，各要素构成复杂关系，反映了旅游活动综合性的特点。

（五）审美性

每个旅游者的愿望都是追求身心愉悦，获取最大的审美享受。在旅游活动中能够享受到自然之美、人文之美、艺术之美、服务之美等，旅游的审美需求、审美感受、审美情趣等贯穿于游览活动的全过程，旅游活动中的一切都审美化了，所以旅游活动具有审美性。

第三节　旅游的构成要素

旅游活动涉及多方面的要素，在不同时期，人们对旅游要素的归纳，反映了对旅游业不同发展阶段、层次和规律的认识水平。随着旅游业的不断发展，人们对旅游要素的认识也会得到不断深化、更加全面。

一、旅游要素的发展历程

（一）第一阶段（1978—1984年），旅游"三要素"

在我国旅游发展初期，国内先后有学者在著作或译著中对旅游的要素进行了归纳与总结，提出了旅游"三要素"，将其归纳为饭店、交通和服务，或归纳为旅行社、交通、饭店。当时的一些国外著作中也论及交通、饭店、餐饮、娱乐业等旅游要素。

（二）第二阶段（1985—1990年），旅游"五要素"

随着改革开放初期中国旅游业的迅猛发展，党中央、国务院高度重视旅游产业的发展与壮大，将旅游事业定位为一项综合性的经济事业，国民经济的一个重要组成部分。当时的旅游业是我国重要的创汇产业，国家发展旅游业的重要目的是尽快解决外汇短缺这一问题。此阶段，由旅游活动衍生出来的游客商品购买行为开始进入了业界的视野，于是有学者提出了旅游"五要素"的概念，将游客购买行为增加到旅游要素中，即食、住、游、行、购等。

（三）第三阶段（1991—2014年），旅游"六要素"

1991年《中国旅游经济发展战略研究报告》提出"食、住、行、游、购、娱"六要素概念，并得到业界的普遍认同。旅游"六要素"既反映出旅游者的需求与消费者的基本结构，又刻画出旅游供给与旅游业的主体结构，既简单又通俗，符合人们对旅游现象的表面感知，自此一直沿用。

（四）第四阶段（**2015 年至今**），旅游 **"七要素"**

2015 年,原国家旅游局召开全国旅游工作会议,基于我国旅游业现阶段的实践总结,对传统旅游"六要素"进行了丰富与拓展,在旅游景区强力推行"厕所革命",成效明显。并提出了新的旅游"七要素",即文、商、养、学、闲、情、奇等(见图 1-2)。

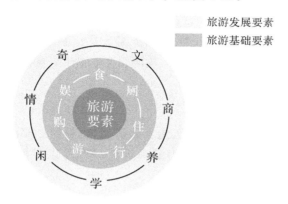

图 1-2 旅游要素圈层示意

二、旅游的基础要素

（一）食

民以食为天,饮食是旅游活动必不可少的组成部分,是旅游活动顺利进行的基本保证。对现代旅游者来说,饮食既是一种需要也是旅游享受追求之一,同时对旅游业来说,餐饮服务产品好坏影响着旅游活动的质量。

（二）厕

2015 年 4 月,党和国家领导人曾经就"厕所革命"做出重要指示,强调抓"厕所革命"是提升旅游品质的务实之举。2015 年起,原国家旅游局在全国范围内启动三年旅游厕所建设和管理行动。自启动以来,全国旅游系统将"厕所革命"作为基础工程、文明工程、民生工程来抓,精心部署,强力推进"厕所革命",取得显著成效。综上所述,理应把"厕"这一要素增加到旅游要素中,形成"食、厕、住、行、游、购、娱"七大旅游基础要素。之所以在旅游要素中增加"厕"这一要素,并放在"食"的后面那么重要的位置,是因为如厕是吃饭之后最基础、最紧迫的原始需求,属于旅游的基础要素,而旅游地往往对此最不注意。

（三）住

住宿休息是旅游活动顺利进行的基本条件之一,是旅游活动的重要保障,住宿条件的满足程度会影响旅游者对旅游活动的质量和旅游服务业的评价。

（四）行

旅游者离开惯常环境到异地进行旅游活动,首先要进行空间的位移,即要出行。行是联系旅游者与旅游对象、客源地与目的地的重要环节,同时也是旅游活动的内容。旅游交通是实现旅游"行"的必要手段,旅游交通安排恰当,可以提高旅行的舒适度,也可以丰富旅游活动的内容。

（五）游

旅游活动中最基本和最重要的内容是游览，它也是旅游者期望的旅游核心内容，没有"游"就没有旅游活动，"游览"从根本上决定了旅游活动的质量，游览活动组织的成功与否直接决定着旅游者满意度的高低。

（六）购

旅游购物是旅游者旅游活动的重要内容，旅游者在旅游过程中要购买一些与旅游相关的产品，这些产品有助于旅游活动的进行。旅游服务业提供好的旅游产品，对旅游体验质量的提高有极大的帮助。

（七）娱

在旅游活动中，旅游者观赏或参与当地文娱活动，也是增进旅游体验的重要途径，对旅游活动起着添砖加瓦的作用。组织好旅游娱乐活动，不仅可以缓解旅游者的疲劳，还可以丰富和充实旅游活动，增加美好记忆。

三、旅游的发展要素

（一）文

将"文"作为旅游发展的一个要素，并居旅游发展要素之首，是因为文化是旅游魅力之所在，旅游的各个环节都应具有文化内涵；同时，"文"也是指文化旅游，如以鉴赏异国异地传统文化、追寻文化名人遗踪或参加当地举办的各种文化活动为目的的旅游等。

（二）商

"商"是指商务旅游，包括商务旅游、会议会展、奖励旅游等旅游新需求、新要素。随着国内外经济发展及社会交往的不断增强，商务活动越来越频繁，商务旅游已经发展成为旅游业的一个重要细分市场，中国正向全球第一大商务旅游市场全力冲刺，商务旅游潜力巨大。

（三）养

"养"是指养生旅游，包括养生、养老、养心、体育健身等健康旅游新需求、新要素。随着我国人均可支配收入的不断提高和人们对人口老龄化、亚健康的日渐重视，人们对健康养生的需求充分释放，养生旅游作为康养与旅游融合产生的新业态应运而生，深受游客青睐，也将迎来重大发展机遇。

研学旅游

（四）学

"学"是指研学旅游，包括修学旅游、科考、培训、拓展训练、摄影、采风，以及各种夏令营、冬令营等活动。旅游是修身养性之道，中华民族自古就把旅游和读书结合在一起，崇尚"读万卷书，行万里路"。《易经》中的"观国之光"，先哲孔子笔下的"知者乐水，仁者乐山"，正体现出游历对拓宽个人眼界、增长个人知识及修身养性方面的作用。唐诗、宋词、元曲中的许多名篇，就是在游历中产生的。研学旅游就是人们尤其是学生增长知识、丰富阅历、拓宽眼界的良好方式。当前，研学旅游不仅受学生及家长广泛关注，也受到许多职场青年的追捧，他们逐渐加入到此行列中以提高自身综合素养；研学旅游的目的地已经从国内转向世界各地；研学旅游的内容也从最初的观光旅游发展到社会调查、寄宿家庭等多种体验。

（五）闲

"闲"是指休闲度假,包括乡村休闲、都市休闲、度假等各类休闲旅游新产品和新要素,是未来旅游发展的方向和主体。经过40多年的快速发展,我国旅游已从少数人的奢侈消费发展成为人民群众大众化的消费,成为人民群众日常生活的重要内容,我国已进入"大众旅游时代",休闲度假、放松身心日益成为广大游客的重要需求。

（六）情

"情"是指情感旅游,包括婚庆、婚恋、纪念日旅游、宗教朝觐等各类精神和情感的旅游新业态、新要素。旅游业是幸福导向、快乐导向的产业,被列为"五大幸福产业"之首,情感旅游也是让广大游客获得主观幸福感的直接方式之一。随着人们消费水平的提高和思想意识、价值观念的转变,以情感为主题的、以"追求幸福"为目标的旅游产品受到许多游客的喜爱。情感旅游在未来具备很大的发展空间。

🔗 *新婚蜜月旅游*

（七）奇

"奇"是指探奇,包括探索、探险、探秘、游乐、新奇体验等探索性的旅游新产品、新要素。在大众旅游时代,随着游客出游频度、广度、深度不断增加和出游经验逐渐丰富,部分旅游爱好者们已经不满足于普通形式的旅游活动,徒步、登山、骑行、攀岩、探秘等深度体验类的旅行方式渐受青睐。目前,市场上此类旅游产品种类繁多,如高山徒步、森林探险、沙漠跋涉、洞穴探秘、极地体验等,均有一定的游客规模。

🔗 *新奇旅游*

依据当前旅游发展实际,归纳出"文、商、养、学、闲、情、奇"旅游发展七要素,也只是基于现阶段旅游实践的总结。随着旅游不断升级,今后还会拓展出更新、更多的旅游发展要素,这是旅游业蓬勃发展的大趋势。

第四节　旅游的基本类型

旅游的分类是旅游学研究的重要内容之一,既是旅游研究不断深入的必然要求,也是识别和应对不同类型旅游活动的需要,对提升旅游者的体验质量和提高旅游企业的管理服务水平具有重要意义。

一、常用分类标准及划分类型

旅游活动是范围宽泛、内容丰富、形式多样的综合性社会现象,基于不同的划分标准,可以进行不同的分类(见表1-1)。

📹 *出入境旅游与境内旅游的对比*

表 1-1　旅游的基本类型

划分标准	分　类
地域	出入境旅游、境内旅游等
旅游组织形式	团体旅游、散客旅游等
旅游目的	观光旅游、度假旅游、文化旅游、探险旅游、专项旅游等

续　表

划分标准	分　类
旅游活动距离	近程旅游、中远程旅游等
计价方式	全包价旅游、半包价旅游、小包价旅游、零包价旅游等
旅行方式	航空旅游、铁路旅游、汽车旅游、轮船旅游、徒步旅游等
享受程度	豪华旅游、标准旅游、经济旅游等
经费来源	自费旅游、公费旅游、奖励旅游和社会旅游等

🔗 和田特种旅游

🔗 海南旅游

在上述类型中,目前最常见的是基于地域划分的类型,基于旅游组织形式划分的类型,以及基于旅游目的划分的类型。

二、基于地域划分的类型

(一)出入境旅游

出入境旅游是指一个国家(地区)的居民跨越国(地区)界到其他国家(地区)进行旅游的活动。出入境旅游可分为两种,一种是本国(地区)居民跨越国(地区)界到其他国家(地区)去旅游,即出境旅游;另一种是其他国家(地区)的居民前来某目的国(地区)旅游,即入境旅游。

在我国,不论是大陆居民前往港澳台地区旅游,还是港澳台居民来大陆旅游,均按出境和入境旅游进行统计。

(二)境内旅游

境内旅游是指一个国家(地区)的居民离开自己的惯常居住地,到境内其他地方旅游的活动。外国侨民在其居住国(地区)境内开展旅游活动,应纳入该居住国(地区)的境内旅游统计。

出入境旅游与境内旅游有不同的特点,他们的主要差别如表 1-2 所示。

表 1-2　出入境旅游与境内旅游的比较

事　项	出入境旅游	境内旅游
便利程度	出入境旅游的各种手续相对烦琐	境内旅游比较便利
逗留时间	出入境旅游逗留的时间较长	境内旅游一般逗留时间短
消费程度	出入境旅游的消费水平通常较高	境内旅游的消费水平一般较低
经济作用	出入境旅游的消费直接造成国家(地区)之间财富的转移	境内旅游消费促使境内财富在地区间的重新分配

三、基于旅游组织形式划分的类型

(一)团体旅游

团体旅游是指旅游者从旅游供应商处购买的一种包含旅游日程安排、旅行路线、住宿旅馆、参观项目等内容的组合旅游产品。这类旅游产品通常都按事先约定的计划进行,旅行社将购买这一产品的旅游者组织到一起,以旅行团的形式开展旅游活动。

团体旅游对旅游者而言,主要优点是省力省心,安全感强,常会享受到某种价格的优惠;缺点是集体统一行动,旅游者的个人活动会受到预定计划安排的限制,使旅游活动的开展缺乏灵活性和个人自主性。对旅游经营者而言,最大的优点是有利于旅游产品的批量生产,降低单位产品的成本。

（二）散客旅游

散客旅游又称自助旅游或自由行旅游,它是由旅游者自行安排旅游行程,采取零星现付各项旅游费用的旅游形式。有时候,散客旅游者会通过旅行社购买机票、预定旅馆和雇请导游,但此时旅行社的作用仅仅是辅助性的,只会介入旅游者行程中的个别环节,或仅提供某种专项服务。

散客旅游对旅游者而言的最大优点在于自主性强,旅游行程的开展灵活机动,不受团队限制;缺点是较少享受团体旅游的优惠价格。但散客旅游也可采取自行组团的形式购买单个旅游产品,但因为全部行程是旅游者自行安排的,所以依然属于散客旅游。

四、基于旅游目的划分的类型

（一）观光旅游

观光旅游是以参观游览、欣赏自然景观、人文景观和民俗风情为主要目的旅游活动。在不少国家或地区,"观光"一词即游览、观赏的同义词,观光者即旅游者。观光旅游具有以下特点。

(1)旅游者多以观赏静态的自然风光、文物古迹、民俗风情、都市风貌等为主,旅游活动的参与性与交流性不强。

(2)旅游者多喜欢选择知名度高、美誉度高的旅游地。

(3)旅游者的活动空间范围广,自由度大,重游率低。

(4)旅游者流动性大,逗留时间短,在旅游地的消费量偏少。

(5)受季节气候的影响大,旅游的淡旺季非常明显。

观光旅游是历史最悠久、最常见的一种旅游活动。旅游者通过离开常居环境,游历他乡,鉴赏大自然造化之美及享受现代化城市生活的情趣等多方面,达到开阔眼界、增长见识、陶冶性情、怡悦心情的目的。

（二）度假旅游

度假旅游是以度假和休闲为主要目的旅游活动。度假旅游的主要特点如下。

度假旅游

(1)度假旅游与其他类型的旅游相比,最大区别在于目的地的选择上,要选择能使旅游者的身心得到充分休息的目的地。

(2)旅游者对旅游地的环境有明显的要求,他们在自然环境方面要求环境优美,气候宜人,空气清新,远离喧嚣;在旅游设施条件方面,主张健康和舒适至上,对费用的考虑倒在其次。

(3)旅游者的年龄和身份特征明显,多为高收入者,群体以中老年人居多,消费水平高,愿意支付金钱获得高层次的享受,得到精神和身体的放松。

(4)旅游者在旅游地的逗留时间较长,重游率一般比较高。

安阳文化旅游

（三）文化旅游

文化旅游是以认识体察人类文化为目的和内容的一种旅游活动。文化旅游形式多样，主要有历史文化类、民俗文化类、区域文化类和文物考古类等旅游形式。

文化旅游的特点如下。

（1）旅游者一般具有较高的文化修养，期望通过旅游活动，亲身接触新鲜的文化，满足对不同地域、不同国别、不同民族的文化的浓厚兴趣。

（2）旅游者多数具有某些方面的特殊兴趣和某种专长，希望在旅游活动中与志趣相投的人交流。

（3）旅游者的文化程度或专业水平较高，对目的地的文化知识、历史背景等较熟悉，对导游服务的水平要求较高。

文化旅游属于高层次旅游。在全球化背景下，随着国际文化交流与合作的增强，国民文化素质的不断提高和对精神文化的追求日益强烈，文化旅游已经成为深受旅游市场追捧的旅游活动之一。

（四）探险旅游

探险旅游是旅游者到人迹罕至或有危险的特殊环境进行考察的活动。探险旅游充满神秘性、危险性和刺激性。探险旅游的主要特点如下。

（1）环境选择上，以相对纯净的自然环境为旅游目的地，开展形式多样、内容丰富的活动。

（2）参与对象上，参加探险旅游的多以中青年人群为主。

（3）感官体验上，旅游者对各种活动有很强的冒险精神，追求刺激；愿意投入到活动中，得到丰富、深刻的心灵体验。

根据目的的不同，探险旅游大体可分三种：第一种是因厌倦繁华都市车马喧嚣的生活，向往幽静或神奇刺激之地进行探险旅游；第二种是以追求自我突破为目的的冒险旅行，如乘气球环球旅行，驾游艇或小船周游世界等；第三种是以科学考察为主要目的的探险旅游，如高山探险旅游、沙漠探险旅游、海洋探险旅游等。

探险旅游在西方社会备受推崇而盛行，成为西方社会较重要的旅游类型之一，这主要是受传统文化和个性特征等方面因素的影响。近年来，探险旅游在我国也有所发展，受到具有探险精神的年轻人的青睐。

（五）专项旅游

乡村旅游

专项旅游是为社会、经济、宗教、文化、保健等某一专门目的而进行的旅游活动。专项旅游的特点如下。

1.针对性强

专项旅游主要针对有某些特殊兴趣爱好的群体，而不是所有旅游者。专项旅游是针对宗教、文化或科研活动进行的旅游活动，不会同时包括很多其他内容。

红色旅游

2.设计难度大

专项旅游是针对某一专门目的而开展的旅游活动，可以利用的旅游资源比较单一。为避免旅游者产生枯燥乏味之感，在旅游设计时，需要综合考虑多方面因素，需为这一专门资源搭配多种小型活动，因而增加了设计的难度。

3.费用相对较高

开展专项旅游,一方面,景区的开发成本和维护费用较高,如对红色遗址进行开发时既要向居住的居民支付补偿费用,又要支付遗址修整的费用;另一方面,旅游线路一般比较长,旅游者吃、住、行等花费自然增多。

专项旅游是针对不同职业、不同文化层次和不同兴趣爱好的特定群体设计的旅游形式,能很好地满足旅游者的不同需要,因而受到旅游者的普遍欢迎。在现代社会追求刺激、时尚、新鲜和个性化的背景之下,专项旅游将呈现出旺盛的发展势头。

课业测评

第一章课业测评

参考文献

白翠玲.旅游学概论[M].杭州:浙江大学出版社,2013.

刘扬林.旅游学概论[M].北京:清华大学出版社,2009.

刘琼英,汪东亮.旅游学概论[M].桂林:广西师范大学出版社,2017.

孙洪波,周坤.旅游学概论[M].上海:上海交通大学出版社,2017.

王昆欣.旅游概论[M].北京:高等教育出版社,2021.

吴必虎,黄潇婷.旅游学概论[M].北京:中国人民大学出版社,2013.

谢彦君.基础旅游学[M].4版.北京:商务印书馆,2015.

朱华.旅游学概论[M].北京:北京大学出版社,2014.

第二章　旅游的产生与发展

名言名句

对青年人来说,旅行是教育的一部分;对于老年人来说,旅行是阅历的一部分。

——弗朗西斯·培根

学习目标

【知识目标】

1.知晓人类古代旅行活动的历史及特点。

2.掌握工业革命对近代旅游发展的影响。

3.理解世界现代旅游迅速发展的原因、特征及趋势。

4.知晓我国不同历史时期旅游发展的特点。

📖 第二章思维导图

【能力目标】

1.能够正确认识旅游产生的基础条件。

2.能够讲述托马斯·库克及陈光甫等对旅游发展的贡献。

3.能够根据现代旅游的发展原因,分析当前一些旅游现象。

4.能够学会客观分析当今中国旅游业发展的现状。

【素养目标】

1.培养对旅游专业的学习兴趣。

2.具有对中外旅游发展有突出贡献者的敬重之心。

3.具有敢为人先的开拓创新精神与坚韧不拔的意志。

4.学会养成爱岗敬业的品质及良好的旅游道德规范。

案例导入

世界旅游日

世界旅游日(World Tourism Day),是由世界旅游组织确定的旅游工作者和旅游者的节日。1970年国际官方旅游宣传组织联盟(世界旅游组织的前身)在墨西哥城召开的特别代表大会上通过了成立世界旅游组织的章程。1979年9月,世界旅游组织第三次代表大会正式将9月27日定为世界旅游日。选定这一天为世界旅游日,一是因为世界旅游组织的前身"国际官方旅游联盟"于1970年的这一天在墨西哥城的特别代表大会上通过了世界旅游组织的章程。此外,这一天又恰好是北半球的旅游高峰刚过去,南半球的旅游旺季刚到来的交接时间。

确定世界旅游日的意义在于发展出入境旅游、境内旅游,促进各国(地区)文化、艺术、经济、贸易的交流,增进各国(地区)人民的相互了解,推动社会进步。世界旅游组织每年都提出宣传口号,世界各国旅游组织根据宣传口号和要求开展活动。

资料来源:根据百度百科相关资料整理,https://baike.baidu.com/item/%E4%B8%96%E7%95%8C%E6%97%85%E6%B8%B8%E6%97%A5/1078997? from＝kg_qa。

思考:结合对旅游的认识,收集世界旅游日的活动主题。

第一节　世界旅游的发展历程

　　旅游作为人类活动的一种,是人类社会经济发展到一定阶段的产物,它伴随着社会经济的发展而发展,不是自古有之。从人类早期的基本的生存和生产活动到现在全球旅游成为一种生活方式,纵观世界旅游的发展历程,大致可以分为 3 个发展阶段:一是古代旅行时期,从原始社会末期至 19 世纪中叶;二是近代旅游时期,从 19 世纪中叶至第二次世界大战结束;三是现代旅游时期,从第二次世界大战结束至今。研究人类旅游产生和发展的历史进程,可以从中探寻旅游发展的内在规律,从而为促进现代旅游的发展寻求一些帮助。

一、古代旅行时期

(一)古代旅行的几个时期

　　目前,学者们普遍认为,现代意义上的旅游活动是从古代的旅行发展而来的,而古代旅行活动主要活跃在世界古文明的发源地,如古埃及、古巴比伦、古希腊、古罗马、中国等,大致经历了以下几个时期。

古代希腊
文明的回声

　　1.古希腊时期

　　(1)医疗旅行

　　公元前 3 世纪,古希腊旅游者开始外出旅行,前往药神所居住的圣地访问,在寻医问药的同时也进行着旅游的活动。

　　(2)宗教旅行

　　古希腊作为欧洲文明的发源地,其神话和宗教对西方文明有重要影响。公元前 5 世纪,古希腊宗教旅行发展最为突出。古希腊的提洛岛、德尔斐和奥林匹斯山是当时世界著名的宗教圣地。在建有宙斯神庙(世界七大奇迹之一)的奥林匹亚,奥林匹亚节是最负盛名的庆典,节日期间会举行赛马、赛车、赛跑、角斗等运动,后来发展为奥林匹克运动。

　　西亚、北非的神秘文化及东方文明对当时的欧洲人具有强大的吸引力,促使他们到北非、西亚旅行、探险和学习。

　　2.罗马帝国时期

　　罗马帝国时期的旅行活动非常广泛,包括本土旅行和跨地域旅行。

　　(1)本土旅行

　　本土旅行早期最受青睐的游览地集中在那不勒斯湾一带。大约在公元前 150 年,罗马人因军事开始修建公路。到了图拉真皇帝在位时期(98—117 年),罗马已经拥有 80000 千米的公路网,北到苏格兰和德国,南到地中海南部沿岸,东至波斯湾,即现在的伊拉克和科威特。随着公路网的完善,在公路边出现了专门的住宿设施,如驿站。这些交通和住宿的有利条件都为罗马人进行远途旅行提供了方便。

🔗 罗马帝国

（2）跨地域旅行

罗马帝国时代是古代旅行的全盛时期,2 世纪的罗马帝国幅员辽阔,地跨亚非欧三大洲,地中海几乎成为其内海,政治统一,水陆交通发达,加之钱币为各地所通用,拉丁语也成为当时的通用语言,因此,罗马人可以到西西里岛、罗德岛、特洛伊及埃及等地旅行。当时的哲学家、历史学家普鲁塔克说:"这个世界的涉足者将他们一生中最宝贵的时间都花在旅馆和船上。"为适应旅行的发展,罗马人还推出了自创的导游手册,用不同的符号来表明各个客栈的等级。罗马帝国后期,基督教取得合法地位,朝拜圣地的宗教旅行随之兴起。

3.阿拉伯帝国时期

中世纪封建社会时期是西方历史上一段比较黑暗的历史时期,在这一时期旅行活动处于低潮。但是 7 世纪阿拉伯帝国的兴起极大地推动了旅行活动的发展。阿拉伯帝国是一个宗教国家,所以在驿道上宗教朝圣的旅客络绎不绝。阿拉伯帝国横跨亚洲、非洲、欧洲,在8—9 世纪达到鼎盛时期,帝国以巴格达为中心,驿道四通八达,这些都为宗教旅游提供了便利条件。

4.资本主义扩张时期

（1）海外扩展

15 世纪,西方资本主义开始萌芽,西班牙、葡萄牙和英国相继成为海上强国,开始对外扩张和进行财富掠夺。欧洲商人、航海家在封建君主的支持下掀起了规模浩大的世界航海旅行热潮。

（2）环球旅行

随着科技的进步,西方科学家已经证明地球是圆的,使得环球旅行成为可能。奥斯曼帝国占据了当时通往东方的道路,通往印度、中国的海上通路被割断,天主教人士传播宗教的热忱及欧洲商人们对东方财富的向往,使得寻找新的航路势在必行。1487—1488 年,迪亚士率船队沿非洲西海岸到达好望角;1492 年,哥伦布率船队横渡大西洋到达美洲新大陆;1497—1498 年,达伽马率船队沿非洲西海岸,绕过好望角进入印度洋,开辟了前往印度的新航线;1519—1522 年,麦哲伦率船队横渡大西洋,绕过麦哲伦海峡,穿越太平洋,完成了首次环球航行。新航路的开辟使得隔绝的世界开始走向开放,改变了世界历史发展的进程。

5.温泉疗养地的开发时期

罗马人较早使用温泉,后来扩大到英国及整个欧洲大陆。1562 年,一位名叫威廉·特纳的医生出版了一本著作,谈到英格兰、德国、意大利的天然温泉,对各种体质都有疗效,引起温泉旅行的热潮,这一潮流一直延续了两个世纪,才开始向海水域转移。英国巴斯的温泉区是一个非常有名的度假胜地,18 世纪末 19 世纪初,各国君主多次来访,让巴斯成为上流阶层重要的社会活动中心,由此,温泉旅游地由疗养胜地演变为娱乐社交中心。

6.文艺复兴时期

14—17 世纪的欧洲文艺复兴时期运动注重对自由和知识的追求,提倡人的个性解放。从 17 世纪初开始,"大旅游"成为这一潮流的直接产物。在英国女王伊丽莎白的鼓励下,许多年轻人纷纷到欧洲大陆旅行以完成学业,增长知识。这一时期,上流社会的人认为要完成绅士教育,"大旅游"是其必须经历的。参与这种活动的人要在一位导师的陪同下,花 3 年或 3 年多的时间,遍游欧洲各大文化中心。一般来说,旅行日程首先是在法国(主要是巴黎)逗留较长一段时间;然后再在意大利待上一年,参观热那亚、米兰、佛罗伦萨、罗马和威尼斯;最后经德国和低地国家(荷兰、卢森堡和比利时三国),取道瑞士返回。1670年,"大旅游"一词已经得到普通的使用;18世纪末,这种风尚已在社会的中上阶层中牢固地确定下来。

(二)古代旅行的特点

1. 商人开创了旅行的先河

为什么说商人开创了旅游先河

随着人类社会的不断进步、三次社会大分工的出现,以及商品经济的不断发展,产品交换的范围不断扩大,同一个区域的商品已经不能满足人们的需求,人们需要到其他地区交换自己的产品或商品,因而便产生了旅行经商。所以,早期的旅行,与其说是休闲或度假活动,不如说是人们为了扩大对其他地区的了解和接触而产生的一种活动,这一时期旅行的目的在于贸易,因而在早期主要是商人开创了旅行的道路,商务旅行一直贯穿了旅行的发展过程。被誉为"海上民族"的腓尼基人,早在3000多年前就有了发达的商业和手工业,而精湛的造船技术也为商业活动提供了条件,因此,腓尼基最早出现了商业旅行。

威尼斯商人

2. 多种旅行活动并存

商务旅行是古代旅行活动的最主要的形式,除此之外,还有其他多种旅行活动,如帝王巡游、宗教旅行、考察旅行、温泉度假旅行及教育旅行等。

3. 古代旅行参与人数不多,不具有普遍意义

到了工业革命前期,旅行的人数虽然增加了,但旅行仍然是属于统治阶级或上层社会的活动,普通的大众不具备外出旅行的条件,因此不具有普遍的意义。

迁徙、旅行与旅游的区别

4. 出现了一批旅行家或旅行作品

古代旅行时期的旅行活动在不断发展中,这一过程中也出现了一批旅行家,其旅行作品成为旅行研究的重要文献及佐证资料。

二、近代旅游时期

(一)工业革命对旅游的影响

工业革命是指资本主义机器大工业代替工场手工业的过程。它于18世纪60年代首先发生于当时资本主义最发达的英国,至19世纪30年代末在英国基本完成,美、法、德、日等国也在19世纪先后完成。这场工业革命既是生产技术的巨大革命,又是生产关系的深刻变革。它促进了资本主义生产力的迅速发展,提高了生产社会化的程度。产业革命给社会经济带来巨大变化的同时,也促进了旅行向旅游转化,为旅游的发展创造了必要的条件,对近代旅游的发展产生了深远影响,具体表现在以下几个方面。

1. 加速了城市化的发展

18世纪后半叶,蒸汽机的发明促使产业革命开始,加速了城市化的进程,使人们工作、生活地点的重心从农村转移到工业城市。这一变化最终使人们产生适时逃避节奏紧张的城市生活,返回自由、宁静的大自然中去放松身心的需要。

2.改变了人们的工作性质

人们从忙闲有致的多样化农业劳动开始转向枯燥、重复的单性大机器工业劳动。这一工作性质的变化促使人们需要间歇性地改变工作环境,从繁忙单调的工作中解脱,从而使外出旅游的人数剧增。

西欧北美

工业革命

3.带来了阶级关系的新变化

工业革命造就了工业资产阶级,一大批新兴的资产阶级拥有金钱和财富,追求享乐主义,喜爱游山玩水、外出度假、漫游世界,从而扩大了外出旅游的人数。

4.为近代旅游孕育了社会需求

产业革命使社会财富极大增长,中产阶级的人数日益增加,社会财富的增加在很大程度上充实了旅游的队伍,旅游需求逐渐形成社会化规模。

5.使大规模的人员流动成为可能

蒸汽技术在交通工具运输中得到应用,出现了蒸汽动力的轮船、火车等新式交通工具,为外出旅游创造了便利的交通条件,从而使大规模的人群流动成为可能。

19世纪时,旅行在很多方面具有了今天意义上旅游的特点。"tourism"(旅游)和"tourist"(旅游者)在英文中出现。

(二)托马斯·库克与近代旅游业的诞生

近代旅游业的产生有两个标志:一是1825年斯蒂芬孙修建的铁路投入运营,它标志着新型旅行交通工具的诞生;二是1841年英国人托马斯·库克(1808—1892,英国旅行商,近代旅游业的先驱者)组织的人类第一次火车团体旅游,它标志着人类有组织的群众性旅游活动的产生。

1841年7月5日,托马斯·库克包租了一列火车,运送了570人从莱斯特前往拉夫巴勒参加禁酒大会,往返行程22英里(约35千米),团体收费每人1先令,免费提供带火腿肉的午餐及小吃,还有一个唱赞美诗的乐队跟随。这次短途活动成为近代旅游及旅游业的开端。此后,他率先在英国正式创办了托马斯·库克旅行社(即现今的"通济隆旅行社"),被公认为商业性旅游的鼻祖(见图2-1)。

图2-1 托马斯·库克

1845年夏,托马斯·库克自任领队,组织了350人的消遣观光团去利物浦旅游。托马斯·库克本人对这次的团体旅行进行了周密的计划,并事先亲自考察旅游线路,确定沿途的游览点,与各地客栈老板商定旅客的吃、住等事宜。利物浦之行结束后,托马斯·库克整理并出版《利物浦之行手册》,该手册成为早期的旅游指南。

1846年,他又组织350人到苏格兰集体旅游,并配有向导。旅游团所到之处受到热烈欢迎,从此,托马斯·库克旅行社的名字开始蜚声于英伦三岛。

1851 年,库克组织了有 16.5 万多人参加的"伦敦水晶宫"世界博览会。

1855 年,库克组织了从英国莱斯特前往法国巴黎的旅游,在巴黎停留游览 4 天,全程用一次性包价,其中包括在巴黎的住宿和往返旅费,总计 36 先令。事实上,这也是世界上组织出国包价旅游的开端。

1872 年,他创办了最早的旅游支票,可在世界各大城市通行;通济隆旅行社还编印了世界最早的旅游杂志,曾被译成 7 国文字,再版达 17 次之多。

1872 年,托马斯·库克自任导游,第一次组织了环球旅游。这次环球旅游的成功受到世人的称颂。接着,他又在欧洲、美洲、澳大利亚与中东建立起自己的系统。

1880 年,他打开印度大门,拓展了埃及市场,成为世界上第一个旅游代理商,被誉为"世界旅游之父"。托马斯·库克在旅游史上创下了众多第一,开创了旅行社服务的基本模式,为旅游业做出了重大贡献,对世界经济发展也产生了深远影响。

（三）近代旅游业的发展

自 19 世纪下半叶开始,类似旅行社的组织在欧洲的英国、法国、德国等国家纷纷成立（见表 2-1）。

表 2-1　19 世纪下半叶欧洲主要国家的旅游组织

时间	国家	组织
1857 年	英国	登山俱乐部
1885 年	英国	帐篷俱乐部
1890 年	法国	观光俱乐部
1890 年	德国	观光俱乐部

从 1850 年起,美国的运通公司兼营旅行代理业务,并于 1891 年发行了旅行支票,后来与英国的通济隆公司、比利时的"铁路卧车公司"并称为 20 世纪初三大旅行代理业务公司。这些组织的出现,推动了旅游活动商业化的进程。改变了旅游产品的销售形式,对世界旅游业的发展起到了积极的促进作用。

旅行社业务发展的同时,旅游交通、餐饮住宿、旅游景区等旅游服务行业也得到了发展。运输部门利用掌握交通工具的条件,经办了旅游业务。如 1822 年,英国的罗伯特·司麦脱经办了轮船旅游业务。1895—1896 年,美国捷运公司在伦敦和巴黎建立办事处,所经营的业务大多是旅游业务。轮船、火车是近代主要的交通工具,在近代旅游中发挥了重要作用。随着贸易和旅游活动的发展,在铁路、公路和码头建造了许多较舒适的旅馆供旅游者使用。19 世纪末,旅游促进了伦敦西区旅馆业的大规模发展。另外,旅游地的建设也有所推进,出现了国家或私人投资开发旅游资源的情况,兴建了游乐场、运动场、财场、疗养地、浴场等旅游设施,使人们旅游活动的形式和内容更为丰富多彩,改变了过去仅靠客观存在的旅游资源吸引游客的状况。

（四）世界近代旅游发展的特点

以托马斯·库克旅行社的诞生为标志,人类社会的旅游发展史步入了近代时期。近代旅游相对于以前的旅游表现出了新的特点。

1. 以消遣为目的的旅游规模不断扩大

以消遣为目的进行外出观光度假的人数超过了传统的商务旅游,使旅游活动具有了现代意义,并对社会产生了较大的影响。

2. 旅游参与者的层次更为广泛

新生的资产阶级中部分产业工人成为旅游活动的参与者,并且在旅游者中的比重不断增加,旅游不再仅仅是贵族的活动了。当然,由于受社会经济发展水平的制约,参加旅游的还只是上层社会阶级和中产阶级,占社会绝大多数的平民百姓还不具备旅游的主观和客观条件。

3. 旅游业促使旅游活动商业化

旅游业使得旅游活动走向商业化和社会化,旅游消费需求和旅游服务供给不断出现并迅速增长,这种需求和供给的互动作用,进一步促进了旅游活动在更广阔的层面上展开。

4. 旅游活动的形式更加多样化

回归自然成为时尚。交通条件的改善,使旅游活动的距离进一步增大。交通工具的进步,带来了新的旅游方式,改变了人们的时空观。新的交通方式价格合理、舒适快捷,使人们的旅游范围扩大,国际旅游人数有了增长,甚至出现了环球旅游。

三、现代旅游时期

第二次世界大战以后,世界结束了长期的战争局面,经济开始持续稳定地发展,交通稳步改善,旅游业也得到了快速的发展。旅游需求持续稳定地扩大,促进旅游供给不断地增长,同时,各地区之间、国家之间旅游竞争也越来越激烈。并且,旅游需求的增长,也推进了旅游方式的改变,在传统度假旅游的基础上,各种新兴旅游活动层出不穷,如生态旅游、绿色旅游、探险旅游等,这些特征共同构成了现代旅游。

(一)现代旅游迅速发展的原因

1. 国际和平环境——提供了必要保证

在经历了第二次世界大战的战火之后,世界各国共同认识到和平的重要性。第二次世界大战后,虽然世界局部地区战争和边境纠纷不断,但总体上没有形成大规模的战乱。从全球整体来看,世界处在相对和平稳定的状态,和平与发展成为当今时代的主题。和平的环境一方面有利于各国进行经济建设,另一方面也促进了各国人民之间开展政治、经济、文化的交流。这为世界旅游业的迅速发展提供了必要的保证。

2. 经济迅速发展——奠定了物质基础

第二次世界大战后,各国都致力于经济建设,全球经济总量迅速增长,各个国家的国民生产总值和人均收入水平都不断提高,人均可自由支配收入的增加对旅游业的迅速发展和普及奠定了极其重要的物质基础。国际上的经济统计资料表明:当一国人均国民生产总值达到 300 美元时,居民将普遍产生国内旅游的动机;达到 1000 美元时,将产生国际旅游的动机;超过 3000 美元时,将产生洲际旅游的动机。

3. 交通工具改进——方便了出行选择

在火车提高运力和速度的同时,汽车被大量投入到旅游交通运营之中,飞机也以快速、舒适等特点成为长距离旅行的主要交通工具,这为人们的旅游提供了更便捷的条件,促进了旅游活动空间的广泛延伸。汽车具有方便、灵活、自由等特点,促进了中、短途旅游的发展。飞机成为人们进行远距离旅游的主要交通工具,同时伴随着技术的进步、成本的降低,飞机的票价也一直呈现下降的趋势,这在一定程度上也缓解了人们出行的经济限制。

4. 科技快速发展——腾出了闲暇时间

随着科技的发展,生产力取得了长足的进步,生产自动化程度大大提高,人们的必要劳动时间缩短,再加上各国假期制度的完善,全社会成员的闲暇时间普遍增加,尤其是带薪假期的实现,为人们外出旅游提供了时间上的保证。

5. 城市化进程加快——增强了旅游需求

随着城市化进程的加快,城市居民特别是劳动就业人员,绝大多数从事单调乏味的重复性工作,精神上承受极大压力,他们急需放松紧张的情绪,以调节精神状态,提高生活质量,因而外出旅游的需求普遍增加。

此外,人口基数增大也带来旅游总需求的增长。第二次世界大战结束时,世界仅有25.00亿人;截至2023年7月28日,全球人口总数为80.32亿人。庞大的人口基数,使旅游者绝对数大幅增长。

6. 政府鼓励支持——提供了政策保障

随着大众旅游的兴起,旅游业在国民经济中的地位日益凸显。各国、各地区为了改善人民生活水平,提高生活质量,把鼓励和支持旅游的发展作为一项重要的社会工作。因此,有条件的国家和地区,都采取了有效措施支持旅游业的发展。几乎所有的国家或地区都设立了全国性的旅游管理组织,并采取了经济的、法律的、政治的手段促进旅游业的发展。很多地区在人才、经济上对旅游业的发展实行更加宽松的政策。同时,国家或地区对于假期的变化,对公共假日和带薪假日进行适当的调整,为国民出游提供了时间上的方便,所以政府行为的促进和带动成为现代旅游业迅速发展的重要因素之一。

（二）现代旅游的主要特征

1. 游客的大众性

大众性是指参加旅游的阶层越来越广泛。旅游由过去只有贵族、官僚、富商、巨贾等少数人才能享受的一种奢侈的游乐活动,变成普通劳动阶层也能广泛参与的民众性的社会活动。第二次世界大战以后,旅游活动在世界各地各个阶层都普遍开展起来,参加旅游的人数越来越多,人们外出旅游的频率也在不断增加。这个特点在发达国家表现得比较明显(见表2-2)。早在20世纪80年代,美国国内旅游就已达近12亿人次;英国每年出国旅游的人次几乎达到全国人口的半数,每年平均外出旅游3~4次的人占全国总人口的55%;而在法国,平均每年外出度假3~4次的人也占到全国人口的45%;在瑞典,这个数字则高达75%。可见,旅游已经成为人们日常生活不可缺少的一部分。

表 2-2 20 世纪 80 年代部分国家旅游情况

国家	旅游人数占比	年均旅游次数
英国	55%	3~4
法国	45%	3~4
瑞典	75%	3~4

资料来源:刘琼英,汪东亮.旅游学概论[M].桂林:广西师范大学出版社,2017.

旅游概论

2.地理的集中性

虽然现代旅游活动已经发展成为一种全球性的社会经济活动,但从旅游活动的分布来看,表现出极大的不平衡性,往往集中在某些国家或地区,甚至集中在某些具体的旅游景点。从全球来看(见表2-3),50%的旅游接待工作在欧洲,美洲占全世界旅游接待量的26%,东亚和太平洋地区的旅游接待量占18%,而非洲、中东和南亚加在一起仅为6%。全世界90%以上的国际旅游者来自发达的国家和地区。同时,他们又接待世界80%的国际旅游者。同样,在某个国家(地区)内,各地旅游发展也具有地理上的集中性。

表2-3 现代旅游活动接待量各大洲占比情况

地点	占比
欧洲	50%
美洲	26%
东亚和太平洋地区	18%
非洲、中东和南亚	6%

资料来源:刘琼英,汪东亮.旅游学概论[M].桂林:广西师范大学出版社,2017.

3.旅游的季节性

季节性是现代旅游业的一大特点。形成旅游季节性的原因主要有:自然季节性因素、社会季节性因素及偶发性因素。一般来说,主要依赖自然旅游资源吸引游客的国家和地区,旅游接待量的季节性波动比较大;主要依靠人文旅游资源吸引游客的国家和地区,旅游接待量的季节性波动就比较小。消遣型旅游受季节性制约多一些,事务型旅游几乎不受季节性影响。四季分明的国家和地区,一年中接待游客的波动量比较大。如我国游客外出旅行多集中在8—11月,外国游客来华旅行也多集中在这一时期,而12月至次年2月为旅游淡季。

4.增长的持续性

第二次世界大战后,世界经济的发展经历了许多曲折的过程,尤其是很多西方国家的经济都经历了多年经济危机的冲击,但是旅游业的发展却经久不衰,至今仍方兴未艾。虽然个别年度旅游人数及旅游收入略有波动,但整个世界旅游发展的情况仍呈上升趋势。

5.种类的多样性与个性化

随着社会经济与文明程度的发展,传统的商务旅游、宗教旅游、消遣旅游及教育旅游稳步发展,而消遣型的度假、休闲旅游和参与性旅游项目逐渐成为现代旅游活动的主体。同时,人们对于旅游的需求也呈现多样化的特点,各种各样的旅游种类的涌现,如文化旅游、艺术旅游、生态旅游、疗养旅游、探险旅游、考察旅游、红色旅游、体育旅游、新婚旅游、民俗旅游、会议旅游、探亲旅游、美食旅游、购物旅游、乡村旅游等,大大丰富了旅游市场。

6.经营逐渐走向集团化

集团化经营可以说是第二次世界大战后现代旅游发展的方向,一些旅游企业尤其是大型的旅游企业与公司,为了适应旅游业高速发展的需要,也为了在旅游市场上增强竞争力,不仅在行业内与其他企业实现联合,而且还组建跨行业、跨国界的企业,实行集团化的经营。在饭店也出现了饭店连锁集团和饭店合作集团。在旅行社行业则有世界著名的卡尔森和瓦根里特两家大旅游公司的洲际联合。值得人们关注的是,在20世纪90年代中后期,还出现了旅游企业和相关行业企业的合并及合作经营的浪潮,而且这种合作联盟和合并趋势目前有增无减,在21世纪,集团化经营的态势将进一步加剧。

第二节　中国旅游的发展历程

中国是具有 5000 多年历史的文明古国,也是世界上旅行游览活动兴起最早的国家之一。中华文化光辉灿烂,博大精深。研究中国旅游活动,对中国历史上不同时期的旅游活动进行分类和分析,对于提高中华民族的认同感和自豪感,增强中华民族的吸引力和凝聚力,进行爱国主义教育具有重要意义。

一、中国古代旅游

(一)中国古代旅游的阶段

中国早在先秦古书中就有关于华夏先民在遥远古代旅游的传说,而有文字记载的旅游活动,也可以追溯至公元前 2000 多年。随着朝代的更替,以及社会经济政治和科技文化的发展变化,旅游活动也随之经历了兴衰起伏的发展变化过程。

在原始社会时期,生产力极其低下,人类的生产工具主要是简陋的石块,人们在自然分工的基础上靠渔猎和采集食物为生,生存随时遭受着自然灾害的威胁。到新石器时代中期为止,由于缺乏劳动剩余物,人类还不存在有意识的自愿外出旅行的需要。

在人类历史上第一次社会大分工,即畜牧业和农业实现分工之后,游牧部落与农业部落间的产品交换现象便已开始萌发。第二次社会大分工,即手工业与农业和畜牧业的分离,使劳动生产率进一步提高,商品经济得到发展,并加速了私有制的形成。随着社会分工范围的扩大,特

"商人"名称的由来

别是生产技术的进步和生产率的提高,劳动剩余产品数量增多,从而使产品交换的范围得以扩大,数量得以增加,开始出现专门从事商品交换的商人阶级,这便是所谓的第三次社会大分工,即商业从农业、牧畜业和手工业中分离出来(见图 2-2)。商品经济的发展使不同产品交换的地域范围不断扩大。人们需要了解其他地区的生产和需求情况,要到其他地区交换自己的产品或商品,因而便产生了旅行经商或外出交换产品的需要。所以旅行最初实际上并不是消遣和度假活动,而是由人们扩大贸易、扩大对其他地区的了解和接触的需要所产生的一种活动。因而在最初的年代,主要是商人开创了旅行的通路。

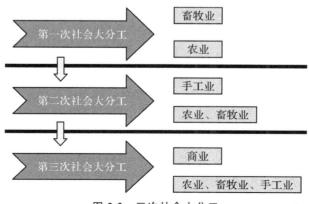

图 2-2　三次社会大分工

奴隶制社会是一个相当残酷的社会,但在当时却是巨大的进步。它促进了社会生产各行业之间体力劳动与脑力劳动进一步的分工,从而使生产力的提高、交换的扩大、艺术和科学的创立等成为可能,使人类比在原始社会取得了更大的进步。商朝是奴隶制鼎盛的时期,生产工具和生产技术的进步及新的社会分工使生产效率空前提高。剩余劳动产品的增加和以交换为目的的商品生产的扩大,以及商人对生产和流通的促进,使商品经济得到很大的发展。商人这个词正是来源于商朝。

舟车到了商代更加普及和先进,牛、马等大牲畜也普遍用于交通运输,使商代商人的足迹在东北方向到达了渤海沿岸乃至朝鲜半岛,在东南方向到达了今日的浙江,在西南方向到达了今日的皖、鄂乃至四川,在西北方向到达了今日的陕、甘、宁地区乃至新疆,几乎遍及他们所知道的世界。

到春秋战国时期,商业活动有了更大的发展,出现了许多大商人,他们负货贩运周游天下。这一时期,产品交换和经商贸易是人们外出旅行的主要原因,但这并不意味着当时没有以消遣为目的的旅行。在我国奴隶制社会中,以消遣为目的的旅行主要表现为奴隶主阶级的享乐旅行。当时,生产力的发展所带来的劳动剩余物被奴隶主及其家庭生活享用,其中包括供其外出巡视和游历时挥霍的部分,但这种享乐旅行仅限于以天子为代表的少数奴隶主。

🔗 中国大运河

旅行与交通是密不可分的。中国封建社会时期的交通情况在一定程度上可反映当时旅行的发展情况。水路交通在我国有着悠久的历史,早在春秋时代便有水运的记载。随着汉朝漕运政策的实施,以后的历代封建王朝也大都将漕运纳入国家的重要政策,从而使水路交通运输成为中国封建时期重要的交通方式。其中,隋代在发展水路交通上的贡献最大。隋文帝时期首先开凿山阳渎,打通淮水连通长江的水路。到隋炀帝时期,又相继开凿了通济渠(由黄河连接汴、泗两河以通淮水)、邗沟(即山阳渎,以通长江)、永济渠(通至黄河以北的涿郡)和江南河(由镇江经苏州至杭州,以连通长江与钱塘江),从而构成华北与江南的运河网。

由此,水路交通日盛。唐朝建都长安(今西安),在水路运输上也利用隋朝所开的运河,江南物资多经长江、邗沟、淮水、汴河、黄河,溯洛水而至洛阳,由洛阳再溯黄河上行,经渭水直抵长安。宋朝建都开封后,则利用汴河的漕运,运输江南物资和荆湖南北"六路"粮米。元、明、清三朝均建都北京,为了弥补内河漕运的不足,遂又发展海运。由江苏太仓起,过长江口北上,绕山东半岛至天津,然后再经通县(今北京通州区)的通惠河至北京。封建社会水路交通的发展虽由国家发展漕运所致,但客观上也便利了人们利用水路旅行往来。

除了水路交通之外,陆路交通建设也有很大的发展。首先是秦朝"驰道"和"直道"的建设。"驰道"以咸阳为中心,"东穷燕齐,南极吴楚,江湖之上,濒海之观毕至。道广五十步,三丈而树,厚筑其外,隐以金椎,树以青松"(《汉书·贾山传》)。"直道"从咸阳北的云阳至九原郡(今包头西南),全长700多千米。此外,秦朝还在西南边疆地区修筑了"五尺道",在今日的湖南、江西、广东、广西之间修筑了"新道",形成了以咸阳为中心、四通八达的道路网。

秦以后历代的道路建设也不断有新的发展,历代驿站制度的发展对这一点有所反映。驿站是历代政府沿陆路和水路所设立的馆舍机构,其目的在于传送官方文书和国家物资,招待公务往来人员,供给宿舍、车马、船轿、人夫、米粮及饲料,等等。其名称因时代而有所不同,史书中见到的置、邮、驿、亭、站、军台、水驿、递运所等名称,可统称为驿。早在《周礼》和先秦典籍中,便有传置邮驿的记载,但那时驿站的设置并不普遍。自秦之后,历朝都进行了道路的建设,驿站制度不断发展。以唐朝的驿制为例,当时每隔 15 千米设一驿。《新唐书·百官志》记载,唐朝设驿站 1639 所。照此推算,仅设有驿站的道路里程便近 25000 千米。随着之后朝代疆域的扩大,道路的通达范围也不断发展。到清朝时,驿站的设置范围已扩展到蒙古、新疆和西藏地区。

(二)中国古代旅游的形式

古代的中国旅游在不同的时期有不同的形式和内容,这主要是由当时的社会背景决定的。概括一下古代社会人们的旅行游览活动,主要有以下几种基本形式。

1. 帝王巡游

自古以来,中国各朝代帝王为了加强中央集权制的统治,颂扬自己的功绩,炫耀武力,震慑群臣和百姓,同时也为了满足自己游览享乐的欲望,大都兴师动众到各地巡狩、巡幸、巡游。很多人把西周时期的周穆王视为帝王巡游第一人,传说他曾宣称:天下诸侯各国要遍布王辇之车辙和御骑之蹄印。此外,秦始皇五次巡游监察四方,汉武帝周行天下巡察天地,隋炀帝修运河下扬州,康熙、乾隆下江南等,都是史学家公认的帝王巡游活动。

大隋风云——游幸江都

2. 政治旅游

政治旅游是指因某种政治动机而进行的旅游活动。它起始于春秋战国时期,春秋战国时期是中国历史上一次大动荡时期,同时也是思想大繁荣时期,在这一时期,奴隶制行将崩溃、封建制逐渐形成。代表不同阶段、阶层的思想家、理论家从各自的阶级利益出发,或著书立说,争鸣论战,或带领门徒周游各国,宣传自己的政见,以求得到重用。当时士族阶层的游说活动主要是为名利忙碌,但长期的旅游实践也必然从中获得审美感受,客观上也促进了旅游的发展,并对后代产生了深远的影响。孔子、孟子、苏秦便是这一旅游的代表人物。

大国军师——管仲

3. 士人漫游

士人漫游主要是指文人学士为了各种目的而进行旅行游览活动。士人漫游起始于先秦,各个时期的士人漫游的目的又各有侧重,其形式和内容也有相应的变化。如先秦时期的士人漫游主要是为从政,故游说之士较多。魏晋南北朝时期的士人主要是因为政治上不得志而追求适意娱情、消遣排忧的生活,故多走上寄情山水、啸傲风月的漫游道路。隋唐以后科举制度调动了中下层知识分子从政的热情,因此,"宦游"(即为谋取官职的旅游)和"游学"(即考察旅游)十分盛行。这一时期的代表人物有陶渊明、李白、杜甫、柳宗元、欧阳修、陆游、苏轼等。

苏轼——潇洒东坡

4. 学术考察旅游

学术考察旅游主要是指一些专家、学者或矢志求学之士为了考证先贤遗著的正误或探索客观世界的奥秘,又或开创一门新学科而进行的治学与旅游相结合的实践活动,它是中国文化的优良传统之一。许多矢志求学之士,崇尚实学或深知"尽信书则不如无书"的道理,或为了获得"读万卷书"所无法获得的知识信息,都热衷于"行万里路",以补"读万卷书"之不足。他们通过长期艰苦的实地考察旅行,在取得学术和科学上的伟大成就的同时,也成为著名的旅行家。司马迁、李时珍、徐霞客、顾炎武便是其杰出的代表人物。

徐霞客行万里

5.外交旅游

张骞出使西域

外交旅游是为了达到某种政治目的,肩负国家使命而去往其他国家的一种旅行。先秦时期的外交旅行突出地表现为各诸侯的外交活动和说士的游说。吴国季札北上"观周乐"就是这种旅行的代表。西汉时期的张骞是著名的外交家,他两次出使西域,到达大宛、康居、月氏、大夏、安息等国,并把各国使节带回汉朝,汉武帝连年派很多使官去这些国家,打开了中国通往西域的道路,中国丝绸从这条道路源源不断地运往西方,因而这条路被称为"丝绸之路"。此外,三国时期的朱应、康泰,唐代的杜环,元代的汪大渊,明代的郑和,都是中国古代外交旅行的杰出代表。

6.宗教旅游

宗教旅游是以朝拜、寻仙、取经、求法、布道为目的的一种古老的旅游活动形式。如秦朝时秦始皇曾派方士到瀛洲求取长生不老药,唐朝时玄奘去往印度求取佛教真经。古代中国的国际性宗教旅游,主要是佛教徒以朝拜、学佛、传法为目的的旅行活动,这一活动从魏晋开始盛行到唐代形成高潮,出现了徐福、法显、玄奘、鉴真等著名的宗教旅行家。

7.商务旅游

财神范蠡

商务旅游主要是以经商为目的的旅行,旅行者主要是商人。在中国古代,商与贾两字连用,以区别不同的商业活动。东汉经济学家郑玄认为:"商"是指往来各地做买卖,"贾"是指设肆售货。"商旅"则是指为做买卖而往返各地的商业旅行活动。春秋战国时期商业的发展,就出现了陶朱公(范蠡)、吕不韦等有名的大商人,他们负货贩运,周游天下。"商路"是指商旅所经路线。中国古代有许多著名的商路。中国的货品行销五洲、闻名世界,经商旅游功不可没,在中国封建社会发展历史中扮演了举足轻重的角色。时至今日,部分商路又演变为历史古迹,成为现代旅游的优良资源,其中最著名的包括丝绸之路、茶马古道等。

8.节庆旅游

中国古代不同民族的生活习俗和节庆民俗不同,由此形成了具有浓郁民族特点和地方特色的旅行或游览活动。如春节庙会、元宵灯市、清明踏青、重阳登高、中秋赏月等,都是中国亿万群众沿袭数千年的喜庆佳节,这些节庆中都多少带有一定的旅游活动,尤其是中国各个少数民族的传统节日,更多是伴随旅游内容的载歌载舞的群众性活动,如傣族的泼水节、藏族的雪顿节、蒙古族的那达慕大会等,都是各族人民群众为欢庆节日而举行的健康、愉快、生动活泼且丰富多彩的游览和娱乐活动。

(三)中国古代旅游的特点

纵观我国古代旅游活动,可以看出以下五个特点。

第一,古代旅游是还局限在少数人的个人活动。旅游者主要局限在帝王、贵族、官保、士大夫阶层等上层社会。平民百姓出游次数少,一般仅在节庆日近地出游,如踏青、赶庙会等。

第二,以学术考察为主要目的的旅游在古代旅行家中占据重要地位,这主要是受到了古代"读万卷书,行万里路"的儒家思想的影响。

第三,古代旅游活动和当时的社会政治、经济、文化的发展密切相关。当社会安定、昌盛的时候,旅游活动就会比较活跃;反之,在社会动荡、民不聊生的时候,旅游发展就一落千丈。因此,不同的历史时期,旅游具有不同的时代内容和特点。

第四,古代国际旅游的主要形式有政治交往(如互派使者)、宗教求法和经商贸易,游程比较险,历时比较长,游历的成果多以"游记""见闻"等题材出现。

第五,古代旅游基本上以旅行为主,与以获得经济收入为目的的旅游业有本质的不同,但是某些私营旅馆业和观光业已具有初级旅游业的雏形。

二、中国近代旅游

(一)中国近代旅游业的诞生

中国近代旅游是指从 1840 年鸦片战争开始到 1949 年中华人民共和国成立这段历史时期的旅游。1840 年,帝国主义列强利用坚船利炮打开了中国封建社会闭关锁国的大门,随之而来的,是一大批西方商人、传教士、学者和一些冒险家纷纷来到中国,在中国沿海和内陆地区进行经商、传教、游览、探索等活动,在北戴河、庐山等风景名胜区建别墅。西方列强给中国人民带来了无尽的灾难,但同时也促进了中国近代化的进程。他们带来了西方先进的思想和理念,并在租界修铁路、公路、公园、游乐场,这些都带动了旅游业的发展。这一时期,出境旅游也有开展,其中部分是出国游历的学者,更多的是到西方学习的学生。19 世纪 70 年代"洋务运动"时期,出现了"留学热潮"。从 1872 年开始,清政府先后派遣四批 12～14 岁的少年去美、英、德、日等国家学习西方先进的科技,其中著名的有邓世昌、詹天佑、严复等。到 1906 年底,官费、自费的留学生达到 8000 多人。他们在学习、考察过程中也进行了游历活动,黄兴、康有为、孙中山是他们当中的杰出代表。

最早在中国办理旅游代理业务的是西方人。早在 20 世纪初,西方的一些公司如英国通济隆公司、美国运通公司、日本国际观光局便先后进入中国,从事旅游代理业务。但由于社会动荡和对中国国情缺乏了解,没有打开局面。1923 年 8 月,中国人自己建立和经营的第一家旅行代理机构——上海

📖 陈光甫

商业储蓄银行旅行部在上海诞生,标志着中国近代旅游业的兴起。从此,中国旅游进入了由个体化、分散的传统旅游向有组织的、团体型的近代旅游转化的新阶段。该旅行部由陈光甫先生创办,主要业务是为出游者安排行程及办理各种手续事宜。1927 年 6 月,该部从上海商业储蓄银行独立出来,成立了中国旅行社,至此,中国第一家独立的正式的旅行社诞生了。1928—1938 年,中国旅行社在全国各地设立了 58 个分社或办事处(见表 2-4),另在纽约、伦敦、新加坡、加尔各答、河内、仰光、马尼拉等地设立了办事机构。除上海的中国旅行社外,中华人民共和国成立前还有几家地方性的旅行社,但规模都不大,如 1935 年成立的中国汽车旅行社、1936 年成立的国际旅游协会、1937 年成立的有声旅行团等。这些企业社团虽然规模不大,实力较弱,但标志着中国旅游业作为一个新兴的行业的产生。

表 2-4　中国近代成立的部分旅行社

时间	旅行社
1923 年	上海商业储蓄银行旅行部
1927 年	中国旅行社
1935 年	中国汽车旅行社
1936 年	国际旅游协会
1937 年	有声旅行团

（二）中国近代旅游的特点

1. 旅游活动局部存在，尚未形成产业

近代中国旅游活动局部存在，有一定的发展，但未形成产业，原因在于以下几方面。

（1）近代中国旅游业的发展与帝国主义的殖民侵略活动密切相关，随着殖民活动来到中国的西方商人、传教士、学者和一些冒险家们，在中国沿海和广大内陆地区游历，在一些通商口岸和风景名胜地区巧取豪夺建造房舍，供其经商、传教、游览和休憩之用，因此，并不能促进中国旅游业健康正常发展。

（2）清朝政府与部分西方列强建立外交关系，向西方各国家派驻使节，不少外交官员出于谈判或考察的目的去往异域，游历甚为广泛。

（3）19世纪洋务运动之后，中国出现"留学热潮"，在政府的支持下，不少青少年漂洋过海出国留学，也有一部分人为了学习西方的科技知识，自费出国学习，他们在学习科学知识的同时得以游学欧美。

（4）底层贫民当中的不少人出国出卖劳动力，其中也有一些人在谋生之余顺道游览观赏。

2. 旅游发展的载体基本形成

（1）旅行社

随着帝国主义列强对中国的侵略活动的加深，中外各种形式的联系也不断加强，中国的大门被打开得越来越大，尽管西方人来华旅游大多与殖民侵略活动联系在一起，中国人出国旅行大多和洋务留学活动密切相关，但是来华旅行的外国人和出国旅行的中国人的人数都大大增加。由此产生了对专门的旅行服务机构和组织的需求。1923年8月，中国第一家旅行社前身——上海商业储蓄银行旅行部成立，1927年6月更名为中国旅行社，此后，全国陆续出现了多家专门从事旅游服务的机构。

（2）交通

铁路是近代旅游的主要交通工具，中国从1897年起建设了中东铁路、胶济铁路、滇越铁路、广九铁路。近代中国的内河航运、远洋航运、公路运输和民用航空的发展为旅游和旅游业的发展提供了一定的条件。

（3）旅游住宿

近代旅馆从清朝末期开始发展，有外资经营的西式旅馆、民族资本经营的中西式旅馆、铁路沿线的招商客栈，以及会馆和公寓等。

①西式旅馆是指鸦片战争之后，西方资本进入后在中国建立的旅馆，西式旅馆大多按照西方建筑风格进行设计和装修，经营方式也按照西方的模式，由西方人负责，雇几个中国人经营。这类旅馆大多建于租界或西方列强的势力范围之内，在上海最多，如法国卢夫勒式的皇宫饭店、德国恺撒式的德华饭店、美国斯塔特勒式的美国饭店、英国皇家式的维多利亚饭店等。

②中西式旅馆是中国民族资本投资兴建的中西风格兼具的新式旅馆。中西式旅馆既吸取了西方旅馆的优点，又继承中国的历史传统，其建筑形式多为庭园式，如北京的长安春饭店、东方饭店、中央饭店，天津的国民饭店，以及当时上海的中央饭店、大中华饭店、扬子饭店、国际饭店等。

③招商客栈是指中华民国建立后随铁路兴建而发展起来的旅馆。据有关部门的统计，1934年重要铁路线上有记载的旅馆和客栈有1000家左右，主要接待过往旅行者和客商。

④会馆和公寓在中国出现较早,汉代京师已有同郡人的邸舍。公寓与旅馆相似,不同之处是接待对象以居住较长时间的旅客为主,房租收取也多以月计。

三、中国现代旅游

中国现代旅游是指中华人民共和国成立以来的旅游,大体经过了初创、开拓、停滞和发展四个时期。

（一）初创时期（1949—1955 年）

这个时期,我国旅游业发展的主要任务是增进我国与各国人民的相互了解和友谊,宣传我国的社会主义制度。首先开展经营的是国际入境旅游业务,其基本特点是旅游接待多为单纯的政治接待,不计成本,不讲效益,因此,此时的旅游是事业而不是产业。

除了单纯地以公费接待观光团、考察团之外,这一时期主要的旅游形式就是华侨的探亲旅游。华侨服务社和中国国际旅行社两个旅游机构的建立,标志着我国现代旅游业的诞生。1949 年 11 月,中华人民共和国第一家华侨旅行社——厦门华侨服务社正式成立。1950 年及以后,广东省的深圳、汕头、广州,福建省的福州、泉州等十几个城市都建立起华侨服务社或分社。从此,中国旅游业从早期的公费接待少量观光团,发展到组织华侨回国或组织港澳同胞自费回内地观光、旅游、探亲等。

1954 年 4 月 15 日,中华人民共和国第一家经营国际旅游业务的国际性旅行社——中国国际旅行社在北京成立。自 1954 年日内瓦会议后,特别是 1955 年万隆会议召开后,中国的国际地位空前提高,国际影响日益扩大,与中国建立外交关系的国家的数量明显增加。1954年以后,该社开始接待外国自费旅游者。

（二）开拓时期（1956—1966 年）

1. 华侨旅行服务总社的建立

1957 年 3 月,华侨服务社专业会议在北京召开,对各地华侨服务社成立以来的工作进行了总结,并决定建立全国华侨旅行服务总社。同年 4 月 22 日,在将全国华侨服务社统一为华侨旅行服务社的基础上,正式成立了华侨旅行服务总社。

2. 国际旅游业务的新拓展

到 1957 年底,中国国际旅行社已经和 11 个社会主义国家的旅行社有业务往来,另外还与西方 113 个旅游机构建立了联系。20 世纪 50 年代中期,国际旅行社积极采取各种措施,组织各国自费旅游者旅华。到 20 世纪 60 年代中期,客源构成发生了明显的变化,由 20 世纪 50 年代末 60 年代初的苏联、东欧国家旅游者占其接待的国际旅游者总数的 90％以上,转为西方国家的旅游者占该社接待外国旅游者总数的 85％以上。

3. 中国旅行游览事业管理局的诞生

随着国内外形势的发展和国际合作、交往的拓宽,中国国际旅行社的业务已无法跟上发展的步伐,党中央决定建立国家旅游行政机构,以更好地对全国的旅游事业进行统筹规划。1964 年 6 月 5 日,国务院决定成立中国旅行游览事业管理局(简称旅游局)。经全国人大常委会 1964 年 7 月 22 日正式批准,旅游局作为国务院的直属机构,负责全国旅游事业的管理。旅游局成立后,中国国际旅行社将以接待为主,旅游局则负责管理全国的旅游事业,制定发展规划、年度计划和进行统筹安排等。从此,我国的旅游事业的发展开始步入正轨,并于 1965 年接待了 12877 名旅游者,创造了中华人民共和国成立以来的最高旅游人数接待纪录,旅游业至此已有了初步的发展。

(三)停滞时期(1967—1977 年)

1966 年 5 月开始的 10 年"文化大革命"时期,正是现代旅游业作为国民经济主要部门在工业发达国家得以确立的时期。而中国刚刚起步的旅游事业却受到了严重干扰和破坏,处于萧条和停滞阶段。"十年动乱"时期,旅游业遭受到极大的破坏,入境旅游者骤减,华侨旅行服务总社被迫撤销,各地旅游行政机构停止了正常工作。

(四)发展时期(1978 年至今)

"十年动乱"结束后,我国旅游事业逐渐得以恢复,尤其是改革开放以后,旅游事业进入了一个全面大发展的时期,取得了巨大的成就。具体表现在以下几个方面。

1. 从中央到地方建立起了一整套旅游管理体制

1978 年,中国旅行游览事业管理局改为中国旅行游览事业管理总局,各省、直辖市、自治区相应建立省、直辖市、自治区旅游局。1981 年 4 月 7 日,国务院成立旅游工作领导小组,同年制定了我国旅游业发展的五年计划。1982 年 8 月 23 日,中国旅行游览事业管理总局改为中华人民共和国国家旅游局,以加强对全国旅游业的统一领导,更有效地贯彻党中央和国务院有关发展旅游业的一系列方针政策。其间,许多县市也陆续成立了旅游局,形成了从中央到地方的有序管理。

2. 经营体制多元化使竞争机制增强

从 20 世纪 80 年代开始,旅游业和国内其他行业一样,经营体制由原来的国家独家经营逐渐转向多元化经营,出现了以国有旅游企业为主导,多种企业形式共同发展的模式,包括集体企业、中外合资企业、独资企业、私营企业等多种形式。在资金筹集方面,实行国家、地方、部门、集体、个人一起上的方针,极大地调动了各个方面的积极性,同时加快了旅游业的发展步伐。

3. 实行政企分开

中华人民共和国成立以来,旅游行业一直扮演着政府部门外事接待工作的角色。20 世纪 80 年代,我国的企业改革正在进行,从 1979 年开始明确将实行企业化定为旅游体制改革的核心。经过改革,1979 年 10 月,中国国际旅行社等正式成为国有企业单位,旅游业实现了从事业型向企业经营型的经营方式的转变。

4. 推行现代企业制度

20 世纪 80 年代后期,在我国旅游行业中集团化组织开始萌芽。跨入 90 年代,随着改革的不断深化,旅游企业集团又朝公司化方向迈进。部分国有企业进行股份制试点工作,建立了大公司,一部分旅游企业集团获得国有资产管理局授予的国有资产管理权,一批饭店管理公司开始建立。江苏、云南等旅游部门直属企业及一些其他部门的旅游企业先后建立了公司化的旅游企业集团。中国国际旅行社总社还被列为全国 100 个现代企业制度的试点单位。

5. 实行股份制

1993 年 6 月 7 日,上海新锦江成为我国第一家在上海证券交易所挂牌上市的旅游企业。这种通过发行股票上市的办法,使这些旅游企业获得了重要契机,从而实现了飞跃式的发展。同时,企业突破了原有的传统融资渠道,进入资本大市场,利用社会力量发展企业,发展旅游业,取得了意想不到的效果。旅游企业的改制上市,加快了全行业建立现代企业制度的步伐,对全行业企业制度创新具有重要意义和促进作用。

6. 形成全国旅游市场网络

自改革开放至今,旅游供给全面增长,旅游生产力得到全面快速的发展,配套设施明显改善。

在旅行社方面,由 20 世纪 80 年代的三大旅行社——中国国际旅行社、中国旅行社、中国青年旅行社三足鼎立的局面,发展到 2017 年末,全国纳入统计范围的旅行社共有27900 家。

在旅游资源方面,1978 年以来,国家每年拨出专款,对风景名胜区进行开发建设、整修和保护,并投资新建了一批新的旅游区和旅游景点。

在饭店建设方面,自 20 世纪 80 年代起,国家采取多种渠道集资改建、扩建和兴建了一大批现代化饭店。到 2017 年末,全国共有住宿和餐饮法人企业 45000 家左右(其中住宿业19000 家,包括星级饭店 11600 家、五星级酒店 824 家、四星级酒店 2425 家)。

休闲度假方面,现有国家级旅游度假区 26 个、旅游休闲示范城市 10 个、国家生态旅游示范区 110 个。专题旅游方面,现有中国邮轮旅游发展实验区 6 个,国家湿地旅游示范基地10 个,在建自驾车、房车营地 514 个,还有一大批健康旅游、工业旅游、体育旅游、科技旅游、研学旅游等“旅游＋”融合发展新产品。初步形成观光旅游和休闲度假旅游并重、旅游传统业态和新业态齐升的新格局。

7. 三大市场全面发展,市场前景越来越广阔

首先,入境旅游持续快速发展。邓小平曾提出的到 20 世纪末我国旅游外汇收入要达到100 亿美元的宏伟目标,实际上在 1996 年就提前实现了。其次,境内旅游方兴未艾。境内旅游自 20 世纪 80 年代中期开始升温,90 年代走上快车道,近几年已发展成为广大城乡居民重要的消费领域和国家扩大内需的重要方式。最后,我国的出境旅游经历了一个从无到有、从“出境探亲游”到“公民自费出境游”的发展过程。三大旅游市场持续健康增长,境内旅游市场高速增长,出境市场平稳发展,供给侧结构性改革成效明显。

8. 产业地位不断突破,经济拉动作用更加突出

《国务院关于加快发展旅游业的意见》(国发〔2009〕41 号)提出,把旅游业培育成国民经济的战略性支柱产业和人民群众更加满意的现代服务业。国民经济的战略性支柱产业定位了旅游业的经济属性;人民群众更加满意的现代服务业定位了旅游业的综合属性,突出了民生属性。旅游直接和间接就业占全国就业总人口的 10.29%。

9. 国际地位不断提高,国际合作日益频繁活跃

目前,我国的入境接待人数居世界第一,旅游创汇居世界前列;境内旅游已成为世界上最大的境内旅游市场,我国同时也是世界上最大的出境旅游客源地,成为世界其他各国(地区)瞩目的焦点。特别是 1997 年亚洲金融危机和 2008 年的国际金融危机期间,许多国家(地区)的旅游业遭到沉重打击,我国旅游业却一直坚挺,继续保持着较快的增长。这充分显示了我国旅游业的实力,大大提高了我国旅游业的国际地位。同时,我国还十分注重进一步发展多边和双边旅游合作与交流,积极参加世界旅游组织和地区性旅游组织的各项活动,与主要客源国(地区)及周边国家和地区的交流不断扩展与深化。目前,中国公民出境旅游目

的地已达 150 个。我国连续多年保持世界第一大出境旅游客源国和全球第四大入境旅游接待国地位。

10.新组建文化和旅游部

2018 年 4 月 8 日,新组建的文化和旅游部正式挂牌。文化是旅游的灵魂,旅游是文化的载体。满足人民过上美好生活新期待,必须提供丰富的精神食粮。根据《深化党和国家机构改革方案》,文化部、国家旅游局进行了职责整合,组建文化和旅游部,作为国务院的组成部门,以统筹文化事业、文化产业发展和旅游资源开发,进一步增强和彰显文化自信,坚持中国特色社会主义文化发展道路,提高国家文化软实力和中华文化影响力。

课业测评

第二章课业测评

参考文献

郭胜.旅游学概论[M].北京:高等教育出版社,2017.

郭剑英,沈苏彦.旅游学概论[M].北京:中国林业出版社,2016.

洪帅.旅游学概论[M].上海:上海交通大学出版社,2017.

刘琼英,汪东亮.旅游学概论[M].桂林:广西师范大学出版社,2017.

孙洪波,周坤.旅游学概论[M].上海:上海交通大学出版社,2017.

沈文馥.旅游行业认知[M].厦门:厦门大学出版社,2011.

李天元.旅游学概论[M].7 版.天津:南开大学出版社,2014.

谢春山,孙洪波.旅游学概论[M].大连:大连理工大学出版社,2011.

章艺,郑昭彦.旅游学概论[M].上海:华东师范大学出版社,2014.

张吉献.旅游学概论[M].北京:机械工业出版社,2012.

张耀武.旅游概论[M].北京:中国旅游出版社,2018.

第三章　旅游者

名言名句

　　旅行在我看来还是一种颇为有益的锻炼,心灵在施行中不断地进行新的未知事物的活动。

——米歇尔·德·蒙田

学习目标

【知识目标】

　　1.理解旅游者的概念、内涵及特点。

　　2.知晓旅游者形成的主客观条件。

　　3.掌握旅游者的权利和义务。

　　4.熟悉旅游者类型的划分。

　　📄 第三章思维导图

【能力目标】

　　1.学会利用网络资源查找针对不同旅游者的统计信息。

　　2.能够分析成为旅游者的主观条件。

　　3.能够遵守旅游者的义务,维护旅游者的权利。

　　4.能够将理论学习与自身实际相结合,成为文明的旅游者。

【素养目标】

　　1.具有博采众家之长的学习的意识。

　　2.具有遵守旅游者权利和义务的意识。

　　3.具有主动为旅游者服务的意识。

　　4.具有对不同类型旅游者提供个性化服务的意识。

案例导入

文明游客才是最美的风景

　　文明出游,其实是老生常谈的话题了。道理大家都懂,而且已经上升到法律和制度的层面。但无论面对怎样的美景,总有些游客不分场合,为了一己之乐,做出些让人大跌眼镜的事儿,如破坏花草树木、乱扔果皮纸屑、在文物古迹上乱刻乱画、随地吐痰甚至大小便等。

　　出门旅游,本是一件寻找美、发现美、体验美的好事。大家暂时抛开繁忙的工作,拂去身边的烦恼,在让人愉悦的环境中放松身心,在未知中收获好的心情。但休闲游玩的过程也是一个展现自我的过程,游客的一言一行、一举一动反映了一个人的文明素养。当然,文明素养不是与生俱来的,既需自内而外的自我修炼,也需由外至内的约束监管。出游时,与其对不文明行为抱以看客心理,置身事外,不如自我检点、率先垂范,自觉地把"文明"收入行囊,在旅游过程中时刻注意自己的言谈举止,做一个文明有礼的游客,为旅途营造文明氛围。

资料来源:中国文明网,http://www.wenming.cn/wmpl_pd/wmdd/201803/t20180327_4632812.shtml。

思考:结合所在城市与地区,谈谈对旅游者文明出游的认识。

第一节　认识旅游者

旅游者的
定义和形成条件

　　旅游活动是一项全面而综合的活动。要开展旅游活动,首先要有能够开展旅游活动的对象,即旅游活动的主体:游客。旅游者使旅游活动成为一种社会现象,成为旅游业;没有旅游者,旅游活动就无法实现,也没有旅游业。那什么样的人才算是旅游者呢?

一、旅游者的定义

我们在对旅游者下定义时,应该把握旅游者的以下特征。

(一)地域上的异地性

旅游者必须是离开常住地,去异国他乡参观访问的人。

国际组织对
旅游者的定义

(二)时间上的短暂性

旅游者前往异国他乡进行参观访问具有暂时性的特点,不可永久性居留(最长为一年)。

(三)动机上的娱乐性

　　旅游者外出旅游,主要动机是获得精神上的满足。基于以上认识,国家文化和旅游部及国家统计局给出的定义是:旅游是指离开惯常居住地、不以谋生为目的,出行 6 小时、10 千米以上的活动。从事这种活动的人,就是旅游者。中国对外公布的旅游统计数据都是以此为口径和依据进行统计的,统计成果收录于每年的《中国旅游统计年鉴》中。

　　同样基于以上认识,我们认为旅游者有广义与狭义之分。狭义的旅游者是指以休闲、观光、度假为主要目的,暂时离开常住地到异国他乡旅行游览的人。而广义的旅游者则是指基于任何目的,暂时离开常住地到异国他乡以获得精神满足的人。旅游者在异国他乡连续停留时间不超过 12 个月。

二、旅行者、游客与旅游者概念界定

　　按照世界旅游组织的定义,"旅行者"(traveler)按照是否离开惯常环境、是否持续停留少于 12 个月,以及旅行的主要目的是否是从访问地获得报酬,分为"游客"(visitor)和"其他旅行者"(non-visitor);而游客则按照是否在访问地过夜,分为"旅游者"(tourist)和"短途游览者"(或称一日游客,excursionist)。另外,根据旅游者的活动范围,可将其划分为国际出入境旅游者和境内旅游者,其中,国际出入境旅游者又可根据流向的不同分为国际出境旅游者和国际入境旅游者(见图 3-1)。

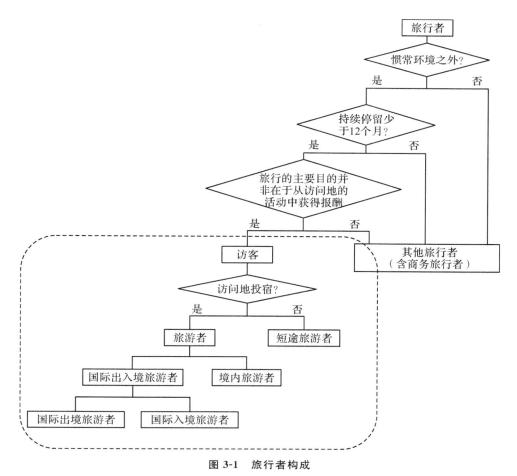

图 3-1　旅行者构成

资料来源：参见刘伟.旅游概论［M］.北京：高等教育出版社，2019.

第二节　旅游者的形成条件

旅游者是旅游活动的主体，但不是每个人都会去旅游。要成为旅游者，需要具备一定的条件，可以从客观条件和主观条件两方面去考察。

一、旅游者形成的客观条件

（一）可自由支配的收入

旅游活动是一种消费行为，游客必须付钱购买旅游商品和服务。因此，游客必须有收入基础才能实现旅游消费。

旅游消费不是为了维持生存的必须消费，而是在满足基本的物质生活消费之后的消遣型消费，因此一个人或其家庭的收入不可能全部用于旅游。如果一个人想成为一名游客，他必须在满足基本生活外获得剩余收入。

可自由支配收入是指扣除所有税收、社会消费及日常生活必需消费后个人或家庭收入中剩余的收入部分。只有这部分收入才是真正可以用于旅游的。可自由支配收入的多少决定了每个人是否可以成为一名游客。它影响每个人的旅游支付能力,影响游客的消费水平和消费构成,也影响游客对目的地、旅游方式和旅游内容的选择。

(二)闲暇时间

异地性是旅游活动的基本特征。因此,闲暇时间是游客形成的另一个重要客观条件。一般来说,个人时间可分为三个部分:工作时间、生活时间和休闲时间。其中,工作时间是指人们为了维持个人和家庭的生存而外出工作赚钱所需的劳动时间,包括合法的就业工作时间(如中国目前实行每天 8 小时,每周 5 天的工作制)和必要的加班时间;生活时间是指为满足人们的生理需求(如吃饭、睡觉等)和处理日常琐事(如家庭事务等)所花费的时间;闲暇时间意味着人们可以利用自己的空闲时间从事娱乐活动、社交活动或感兴趣的其他事情的时间,也被称为自由支配时间。在现代社会中,闲暇时间一般分为以下四类。

1. 每日闲暇时间

每日闲暇时间是指工作、学习和生活所需时间之外的剩余时间。这部分时间不集中,可用于休息或娱乐等活动,但一般不能用于旅游。

2. 每周闲暇时间

周末休息或每周轮休的时间,通常为 1~2 天,可用于一些短途旅行。

3. 公共假日

从全球的角度来看,不同国家假期的分布和持续时间各不相同。一般来说,利用公共假期开展旅游活动是大部分人的选择。

4. 带薪假期

通常情况下连续工作超过一年的员工可以在一段时间内享受带薪假期。各国带薪假期的时间长短各不相同。中国于 2008 年 1 月 1 日实施的《职工带薪年休假条例》规定:职工累计工作已满 1 年不满 10 年的,年休假 5 天;已满 10 年不满 20 年的,年休假 10 天;已满 20 年的,年休假 15 天。另外,国家法定休假日、休息日不计入年休假的假期。由于带薪假期漫长而集中,是人们出行特别是长途旅行的最佳时间。

法国人的
带薪休假

以上四种闲暇时间主要用于在职人员的休闲旅行,公务旅行和离职员工的旅行不受时间因素的限制。此外,对于教师和学生来说,寒暑假是进行旅游活动的最佳时间。总之,旅游需要时间,充足而集中的闲暇时间是实现旅游的重要条件。

(三)其他客观条件

收入水平和闲暇时间是旅游者能够出游的主要客观条件,但并不意味着一个人有这两个条件就能成为旅游者。除此之外,旅游者的形成也受其他客观因素的影响,主要分为外部因素和内部因素。

1. 外部因素

旅游者对各种外部因素比较敏感,外部环境的微小变化都可能影响旅游者的外出旅游计划。影响旅游者出游的外部因素主要包括两个方面,一是目的地的自然因素,如是否出现了海啸、洪水、地震等自然灾害现象;二是目的地的社会条件,如政治环境、社会治安、交通情况是否稳定、安全等。

2.内部因素

内部因素主要是指旅游者的年龄、性别、职业、身体状况和教育程度等个人因素。其中，身体健康和个人家庭状况是两个最重要的条件。

如果旅游者没有健康的身体，则很难旅行。从世界旅游业整体来看，中青年游客比例最大。根据国家旅游局对中国国际游客的统计，50 岁以下的游客约占游客总数的 80%。然而，近年来，随着人们收入水平和医疗水平的提高，人体状况大大改善，平均寿命大大提高，老年旅游市场的潜力也越来越大。

个人家庭状况主要是指其他家庭成员情况。一般而言，有 4 岁以下婴儿需要照顾的家庭外出旅游的可能性较小。此外，有老年人或病人的家庭外出旅游的条件也不充足。

二、旅游者形成的主观条件

如果一个人没有旅行计划，即使他们有上述可自由支配的收入、闲暇时间等条件，他们也不会成为旅游者。只有当一个人有旅游的主观愿望和动机时，才会把金钱和时间投入旅游活动，这种旅游动机就是形成旅游者的主观条件。

（一）旅游动机

1.旅游动机的概念

动机是激励人们行动的主观因素，也是驱使一个人做某事的内在动力。任何使个人参与活动以满足个人需求的愿望都被称为这种活动的动机。因此，旅游动机是刺激人们外出旅游的内在动力，也就是说，是促使一个人产生外出旅游的意图、选择去哪里、开展什么样的旅游活动的心理动机。

2.旅游动机的相关理论

心理学认为，需要是人的积极性的基础和根源，动机是推动人们活动的直接原因，动机是需要的表现形式。一个人的行为动机总是为满足自己的某种需要而产生的，当人的需要具有某种特定的目标时，需要才转化为动机。也就是说，有什么样的需要，便会有什么样的动机表现出来。

（1）马斯洛的需要层次论

1943 年，美国著名心理学家、行为科学家亚伯拉罕·马斯洛提出了需求层次理论。他将人的需求划分为五个层次，由低到高分别是生理需求、安全需求、社交需求、尊重需求和自我实现需求（见图 3-2）。

①生理需求是指人类维持自身生存最基本的需求，如对食物、水、衣服、健康和空气的需求。这种需求是满足人类生存最基本的和最低限度的要求。

②安全需求是指为追求个人生理和心理安全的所有需求，包括人身安全，稳定的生活，以及避免遭受痛苦、威胁或疾病的需求。稳定的收入、良好的公共安全环境、健全的法律制度都属于安全需求。

③社交需求是指个人与他人互动的所有需求，例如友谊、爱情、归属感等。

④尊重需求是指他人对自己的认可及自我认可的需求，如尊严、地位、自信、名誉等。尊重需求既包括个人的自我价值感，也包括他人对自己的认可与尊重。

⑤自我实现需求意味着想成为自己所期望的人，找到自己的位置，发挥自己的潜力，并取得最大的成就。

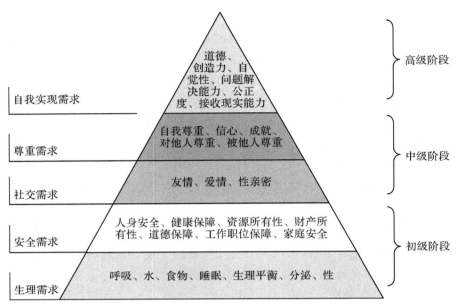

图 3-2　马斯洛需求层次图

在五个层次的需求中,前两个是基本物质需求,后三个是精神需求。旅游动机的产生与需求层次理论中的后三个需求密切相关。可以说马斯洛的需求层次理论对旅游动机的研究具有一定的指导意义。

(2)斯坦利·普洛格的理论

美国心理学家斯坦利·普洛格从事旅游咨询工作 40 年,被称为"目的地博士"。他将人的心理类型划分为三大类:依赖型、冒险型和中间型(见图 3-3)。心理类型的人格特征对目的地及旅游活动的选择有着重大的影响,不同心理类型的人选择差异很大。

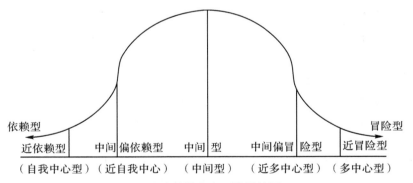

图 3-3　旅游者心理类型简图

资料来源:张耀武.旅游概论[M].北京:中国旅游出版社,2018.

①依赖型心理类型。其人格特征表现为:在日常生活中思想相对封闭、谨慎和保守;恋群,喜欢在亲友等熟人中生活,不愿寻求新的观念或新的经历;缺乏自信和主观性,喜欢由权威来引导他们的生活;被动,缺乏进取精神,更愿意遵守规章制度;在花钱方面更加克制,更喜欢购买受欢迎的品牌消费品。

对旅游活动的影响:谨小慎微,不愿冒险,出游频率不高。在选择旅游目的地时,他们往往更趋向于他们熟悉的地方,更喜欢传统的旅游热点。在旅游地逗留期间,他们花费较少,喜欢购买标志性较强的旅游纪念品,且会选择自己熟悉的娱乐活动。

②冒险型心理类型。其人格方面表现为天性好奇,充满自信,有进取精神,喜欢探索和挑战新奇和具有多样性的事物;做事当机立断而不犹豫;花钱相对比较随意,喜欢选择刚刚上市的新产品。

其对旅游的影响是:他们旅行频繁,往往选择文化多样化的小型目的地;一般来说,待在目的地的时间较长,花费更多,喜欢购买个性化的工艺品;喜欢寻找新的旅游目的地,而不盲从和重复。

③中间型心理类型。其人格特征表现为:介于依赖型心理类型与冒险型心理类型两个极端类型之间,特点不明显。

其对旅游活动的影响:对目的地的选择要求不严格,一般会避免选择传统的旅游热点或高风险地区。

(3)罗伯特·麦金托什的理论

罗伯特·麦金托什是美国著名的旅游教授,他把旅游者的旅游动机类型划分为四种类型,广为旅游研究者所引用(见表 3-1)。

表 3-1　罗伯特·麦金托什的旅游动机理论

动机类型	目的
身体方面的动机	通过度假休息、体育活动、海滩消遣、娱乐活动、异地疗养等形式,精神得到放松,能够消除紧张烦躁的心理,获得健康的身体
文化方面的动机	通过旅游获得异国他乡的知识,了解、欣赏异地的音乐、艺术、民俗、语言、宗教等,进行文化交流
人际方面的动机	通过探亲访友,希望在异地结识新朋友,建立新友谊,摆脱日常生活压力和家庭事务的繁杂
地位与声望方面的动机	通过考察、交流、会议、科普、出差、求学、从事个人感兴趣的研究等关系个人成就和发展的活动,享受被人承认、尊重的感觉

资料来源:赵长华.旅游概论[M].北京:旅游教育出版社,2003.

(4)田中喜一的理念

日本学者田中喜一对德国人 R.格里克斯曼的四种动机进行了细分,认为旅游动机是由心理的动机、身体的动机、精神的动机和经济的动机四种基本类型构成的(见表 3-2)。

表 3-2　田中喜一旅游动机理论

动机类型	目　的
心理的动机	思乡、交游、信仰
身体的动机	运动、修养、治疗
精神的动机	欢乐、知识、见闻
经济的动机	商业、购物

资料来源:刘纯.关于旅游行为及其动机的研究[J].社会科学家,1992(1):60-64.

(5)屠如骥的"九求"框架

中国学者屠如骥对海外来华旅游者的旅游动机进行了调查研究,将旅游动机归纳为"九求"框架:求实动机、求新动机、求名动机、求美动机、求胜动机、求趣动机、求知动机、求情动机和求健动机。

事实上,由于旅游是一种综合性的活动,能够满足人们多方面的需要,而人们外出旅游时,也很少是出于某一个方面的动机。因此,人们的旅游往往是多种动机共同作用的结果。

3.影响旅游动机的因素

影响动机的因素有很多,这些因素有的来自人们自身,也有的来自外部的客观环境。这些不同因素使旅游动机具有多样性和复杂性的特征。

(1)个性特征因素

生理素质及后天的社会环境的不同,导致人们具有不同的个性特征,个性特征极大地影响着人们的旅游动机。为了解释个性心理特征对旅游动机的影响,从而为旅游资源开发、旅游市场营销、旅游服务管理提供依据,心理学家把人的个性心理特征进行了分类。其中,较有代表性的是美国心理学家斯坦利·普洛格的游客心理类型模式。该模式把人们的个性心理模式分为五种类型,即自我中心型、近自我中心型、中间型、近多中心型和多中心型。其中,自我中心型和多中心型处于两个极端,其心理特征如表3-3所示。

表3-3　自我中心型和多中心型行为比较

选项	自我中心型	多中心型
目的地选择	喜欢去熟悉的旅游目的地 喜欢常规性的旅游活动 喜欢熟悉的气氛	喜欢去不熟悉的旅游地区 喜欢获得新鲜经历和享受新的喜悦 喜欢与不同文化背景的人会晤、交谈
活动范围	活动范围小	活动范围大
住宿要求	喜欢有完善的旅游设施	只求一般的饭店
主要日程安排	全部日程都要事先安排好	希望只安排基本的旅游活动,有充分的自主时间

在现实生活中,处于自我中心型和多中心型这两个极端的人并不多见,大多数人处于这两者之间,即其他三种心理类型之中。

(2)个人自身的客观条件

除了受人格心理特征的影响外,人们的出行动机还受到自身性别、年龄、文化程度、家庭结构等客观条件的影响。

就性别而言,从历史发展的角度来看,男性比女性更多地从事社会事务和体力劳动,因此男性对外部世界了解更多,他们的旅游动机更强。两性之间体力的差异导致了对旅游内容的不同选择,例如,冒险旅游和商务旅游中是男性占主导地位,而购物旅游则由女性主导。随着社会的进步,两性之间旅游动机的差异逐渐减小。

就年龄而言,每个年龄阶段的旅行愿望和需求会有所不同。例如年轻人对新的、奇怪的、冒险性活动更感兴趣,但由于积蓄不多,他们往往选择更低成本的旅行方式;中年人体力良好,经济条件稳定,旅游动力强,选择的多样性更大;老人一般都有积蓄,偏向于选择安全舒适、慢节奏的旅行团。

教育程度与文化水平和旅游动机之间也存在密切关系。一般而言,受过高等教育的人见多识广,并且对旅游目的地的陌生环境具有很强的适应性。据统计,在国际游客中,有60%的人接受过高等教育,35%的人接受过中等教育,只有5%的人是文盲。

不同的家庭结构也会影响个人旅游的动机。没有孩子、没有老人的家庭的旅游动机比有孩子、有老人的家庭的旅游动机更强,随着孩子的成长,家庭的旅游动机也会随之变化。

（3）社会因素

社会的政治、经济和文化环境等因素也会影响人们的旅游动机。稳定的政局、安定的社会环境会消除人们旅游的担忧。相反，战乱、恐怖活动等将抑制甚至打消人们的旅游动机。不同文化中民族习俗和宗教信仰的差异也会导致不同的旅游动机。

总之，影响旅游动机的因素是多方面的。随着社会的发展，人们的旅游动机具有多样化和复杂性的特点。旅游业的快速发展导致旅游市场竞争日趋激烈，及时而准确地推出符合市场需求的旅游产品和服务，才能在激烈的竞争中立于不败之地。

（二）旅游需求

1. 旅游需求概述

（1）旅游需求的定义

旅游需求是指人们愿意并且能够在特定时间段内以特定价格水平购买的旅游产品的数量。旅游需求的产生，首先是人们具有某种物质性或非物质性需要，并能在各种动机的驱动下以旅游活动来满足这些需要；其次，需要或动机要转化为经济学意义上的旅游需求，支付能力和闲暇时间是两个重要的限制因素。

（2）旅游需求的分类

根据消费者人数来划分，可以将旅游需求分为个体需求和社会需求（市场需求）。个体需求是指个体在一定时期内在一定价格水平下愿意而且能够购买的旅游产品的数量，而社会需求是指社会整体或其一部分在一定时期内、在一定价格水平下愿意而且能够购买的旅游产品数量的总和。旅游需求研究更多的是关注社会需求，它反映了整个旅游活动和产业部门运行的状态和趋势。但对社会需求的研究通常以对个体需求的研究为基础。

（3）旅游需求的特点

① 高弹性

与一般产品的市场需求相比，旅游需求的弹性较大。旅游需求弹性是指由于价格、收入、汇率等因素的变化而引起旅游需求变化的程度，通常主要分析价格弹性和收入弹性。价格一般与需求负相关，而收入和需求正相关。旅游产品不是必需品，容易受到价格、收入等因素的影响，因此需求弹性较大。

② 季节性

旅游活动有明显的季节性变化特点，季节性可以通过各种因素呈现，如客流量、旅游消费和景区门票收入等。旅游的季节性取决于旅游资源的类型和旅游活动的类型。在自然旅游资源占主导地位的地方，旅游市场需求的季节性更加明显；在人类旅游资源占主导地位的情况下，旅游市场需求的季节性波动相对较小。

③ 集中性

旅游需求的集中性体现在时间和地域上。在时间方面，节假日或旺季往往人满为患，工作日或淡季人流较少；在地理空间方面，大部分旅游需求来自经济发达、教育水平较高的地区，而经济不发达或教育水平落后的地区旅游需求不高。

2. 衡量旅游需求的指标

在旅游研究和统计中，通常需要使用一些指标来计算和预测旅游需求。

（1）旅游者人数

旅游者人数是最常见的需求指标，反映了一定时间内目的国家或地区接待游客的数量。一般以访客人数来进行统计。在对访客人数进行的统计中,世界各国的做法不尽相同。以中国环球旅行人数统计为例,中国根据国家边境的登记记录统计本国的访客人数。在某些国家或地区,通过抽样调查或根据酒店的住宿登记来衡量一段时间内的访客人数。目前这些统计方法,都或多或少存在不足之处。

(2)旅游者停留时间

旅游者停留时间是指从旅游者抵达目的地起到离开目的地的一次旅程所用的时间。通常采用两个指标来衡量,即旅游者停留天数和旅游者人均停留天数。旅游者停留天数是指一定时期内旅游者人数与人均过夜数的乘积,它从时间上反映旅游者的需求情况。旅游者人均停留天数是指一定时期内所有旅游者在一次旅程中在目的地停留天数的平均值,它揭示出不同时期旅游需求的变化趋势。

在某些时期(如客源地的经济衰退)时期,虽然人们也在旅行,但他们减少了在目的地停留的天数。结果,目的地的游客数量没有减少,但由于每人停留的天数减少,旅游收入可能会减少。因此,将人均住宿天数与游客数量相匹配,并计算游客的访问次数,可以更准确地反映访问活动的实际情况,也便于与以往同期的数据进行比较。

(3)旅游消费

旅游消费指的是旅行期间游客自身或其名义下的各种消费总和。根据世界旅游组织的定义,国内旅游支出是指国内游客在其国内旅游过程中产生的费用。包括旅客在路途中和在目的地产生的费用、旅游前的准备费用和旅游结束后产生的费用;国际旅游支出是指出境游客在其他国家(地区)的费用,包括外国航空公司的运输费用,还包括旅行前后在目的地国家(地区)支付的物品或服务费。在中国的旅游统计中,旅游支出总额等于出境旅游(外汇)支出和境内旅游支出的总和。

第三节　旅游者的权利和义务

随着经济的发展和人民生活水平的不断提高,出国旅游已成为消费的热点。明确游客在旅游活动中的权利和义务非常重要。《中华人民共和国旅游法》于 2013 年 10 月 1 日起施行,规定了游客的权利和义务。旅游者只有了解自己的权利和义务,才能了解如何在旅行过程中保护自己的合法权益,遵守旅游法律、法规、规章和相关规定,减少旅游投诉的出现,形成良性循环,促进旅游业的可持续健康发展。

一、旅游者的主要权利

(一)知悉真情权

游客有权知道他们购买的旅游产品和服务的真实状态。游客有权知道旅行合同中的行程安排、最低成团人数、服务项目的具体内容和标准、自由活动时间表及旅行社责任减免信息;有权要求旅行社提前提供目的地的法律法规、社会习俗、宗教禁忌和活动等相关信息。

(二)拒绝强制交易权

游客有权根据自己的喜好选择旅游产品和服务,有权拒绝旅游经营者的强制交易行为。对于未与游客达成协议或未被游客要求,指定购物场所并安排游客参加的消费,对于导游强迫游客购物或参与单独的付款项目的,旅游者有权拒绝,或在旅行结束后 30 天内,要求旅行社退还货物款项并退还另行付费项目的费用。

（三）合同转让权

除了旅行社有正当理由外,旅游者有权在旅游行程开始前将旅游合同的权利和义务转让给第三方,因此而增加的成本由游客和第三方承担。

（四）合同解除权

包价旅游合同签订后,如果未能达到约定人数导致不能出团,游客不同意旅行社委托其他单位履行合同的,有权终止合同并要求退还已收取的所有费用。在旅游行程结束前,如果旅游者取消合同,旅行社在扣除必要的费用后,应将余额退还给游客。

因不可抗力或旅行社已尽合理注意义务仍然因无法避免的事件导致合同不能完全履行,又不同意旅行社变更合同的,旅游者有权终止合同。在取消合同的情况下,旅游者有权要求旅行社退回在扣除已消费和不可退还的费用之外的全部余额。

（五）损害赔偿请求权

游客有权要求旅行社按照合同提供产品和服务。如果游客的人身或财产遭到侵害,有权依法获得赔偿。

在景区和住宿经营者将其某些商业项目或场地交给他人经营住宿、餐饮、购物、观光、娱乐、交通等业务的情况下,游客有权要求景区和住宿经营者对实际经营者对游客造成的损害承担连带责任。

旅行社有履约条件,但仍拒绝履行合同,造成游客人身伤害或滞留等严重后果的,旅游者有权要求旅行社支付游客旅游成本一倍到三倍的赔偿。

（六）受尊重权

游客的尊严、民族风俗和宗教信仰有权得到尊重。游客有权要求旅游活动中的相关经营者在其商业活动中对其知悉的游客的个人信息保密。

（七）安全保障权

游客有权要求旅行社确保他们提供的商品和服务符合保护个人人身和财产安全的要求,游客有权要求旅行经营者为正确使用相关设施和设备提供必要的提示和安全预防措施,对于不向游客开放的紧急措施、商业服务场所和设施、不适合特定人群参加的活动等,以明示的方式做出说明或者警示。

（八）救助请求权

旅游者有权要求旅行社、地方政府和相关机构在其人身和财产安全遭受危险时提供及时的帮助。当中国出境游客在境外遇到麻烦时,他们有权要求中国在当地组织或机构在各自的职能范围内提供援助和保护。

（九）协助返程请求权

旅行合同如果在旅游行程中被取消,游客有权要求旅行社协助其返回出发地或游客指定的合理地点。如果由于旅行社或执行人的原因终止合同的,旅游者有权要求旅行社承担返程费用。

（十）投诉举报权

旅游者如若发现旅行社有违法行为,有权向相关主管部门报告。如果旅游者与旅行社发生争议,旅游者有权向相关主管部门或旅游投诉受理机构投诉,申请调解或向人民法院提起诉讼。

二、旅游者的主要义务

（一）文明旅游义务

游客应在旅游活动中遵守社会公共秩序和社会道德,尊重当地习俗、文化传统和宗教信仰,遵守旅游规范和文明行为,爱护公共卫生,保护生态环境。

（二）不损害他人合法权益的义务

在进行旅游活动时,游客不得干扰他人的旅游活动,不得损害他人的合法权益。如有造成损害的,应当依法承担赔偿责任。

（三）个人健康信息告知义务

当旅游者购买或接受旅游服务时,应该如实告知旅行社与旅游活动相关的个人健康信息,并谨慎选择参加的旅游行程或旅游项目。

（四）安全配合义务

游客应遵守旅游活动中的安全警示,不得携带危害公共安全的物品。游客应配合国家采取的措施,以及有关部门、机构或旅行社采取的安全防范和应急措施,暂时限制旅游活动,以应对重大突发事件。违反安全警示规定,或者违反国家应对暂时限制旅游活动的重大事故的措施、安全防范措施和应急措施的,应当依法承担相应的责任。

（五）遵守出入境管理义务

出境游客不得在国外非法逗留,入境游客不得在境内非法逗留。随团出入境的游客不得随意分离或分组。

三、文明旅游

旅游活动是不同国家和地区之间游客的流动,文化的交流。目前,在我国旅游业蓬勃发展的今天,仍然有许多不文明的旅游现象出现,影响旅游的和谐之美。因此,旅游业的发展必须采取有效措施,消除这些不文明行为,加强公民礼貌教育,提高人民素质,构建和谐社会。

（一）旅游者的不文明行为

中国游客在国内外旅游过程中表现出的不文明行为主要包括以下几个方面。

（1）随处乱扔垃圾,随口吐痰,污染公共环境。

不文明游客
该如何"拉黑"

（2）无视禁烟标志,在公共场合随便抽烟;无视个人形象,随意做出各种不雅动作。

（3）公共场合插队,破坏公共秩序,乘坐公共汽车不给老人、病人和孕妇让座,不讲究文明礼让。

（4）在公共场大声喧哗，影响他人。

（5）对景观文物和服务设施进行涂鸦和破坏，踩踏绿地，攀爬和折叠花草树木。投食和殴打动物，危害动物生命安全。

（6）在教堂、寺庙等宗教场所玩耍，不遵从宗教礼俗，不尊重当地居民的习俗。

（7）在公共场所赤裸上身，在卧室外穿着睡衣或衣冠不整，影响市容。

（8）热衷于低级乐趣，传播封建迷信和黄色段子，胡编乱造政治笑话，影响社会风气。

（9）说脏话，粗鲁傲慢，遇到纠纷或不满意的状况就愤怒和恶语相向，缺乏基本的社交礼仪。

（10）爱贪小便宜。

造成国民不文明行为的原因有很多。有游客个人的因素，也有社会、文化和教育传统等方面的问题。

首先，人民的不文明行为是缺乏礼仪教育的后果之一。文化素养低，环境意识差，游客只图个人利益，而不关心集体利益和环境健康，这是人民素质低下的体现。

其次，旅游过程中"道德弱化"现象是游客不文明行为的重要原因。游客摆脱了日常生活的熟人圈，到了一个陌生的环境，这使得他们对自己的行为有较少的顾忌和限制。甚至平常表现文明的人也开始不文明起来。旅游过程的休闲和放松也将导致不同程度的自由放任和无拘无束。

最后，缺乏旅游经验是旅游不文明现象的原因之一。中国游客充分参与旅游活动的时间很短，由于缺乏旅游经验，许多游客在旅游过程中不懂得尊重当地的社会习俗和宗教信仰，出现了不文明的行为。

（二）旅游者文明旅游行为的改善途径

1.做好文明教育

文明是一种习惯，它代表着公民素质。提高公民素质必须从小抓起，家长、学校、社会都要承担起责任，帮助孩子养成有意识地遵守社会道德和行为规范的习惯，从根本上提升公民文明的整体素质。

2.强化旅行社管理

旅行社是旅游活动的重要环节，加强旅行社管理非常重要。旅游前，旅行社应告知游客目的地的相关社会习俗、礼节规范和行为规范。要将"旅游者文明旅游承诺"作为旅游合同的附件，以敦促游客遵守道德和爱护环境。在旅游过程中，导游还应注意自身的文明形象，及时提醒和制止游客的不文明行为。旅游管理部门应建立完善的奖惩制度，对做得好的旅行社及其团队予以表彰和奖励。对于不履行职责，产生不利影响的旅游企业及相关人员，予以通报批评，问题严重者取消其从业资格。

3.在旅游景点采取有效措施

第一，景区应提供足够的设施，以防止游客的不文明行为。比如合理地投放垃圾桶，合理建造旅游厕所；另外，景区应张贴具有亲和力的提醒文字，教育和引导游客了解生态知识和旅游规范，唤醒游客的生态责任意识，使游客在耳濡目染中养成良好的行为习惯。

第二，景区管理人员对景区的卫生环境应当负首要责任，他们应首先以身作则，带头保护环境，并且要有监督和提醒游客的责任意识。

第三,景区应制定相对完整的规章制度,以劝阻或惩罚可能出现的各种不文明行为,并且加强人员管理,切实落实对不文明行为的惩治。

第四,相关部门应加强引导和管理。政府环保部门,社会环保组织,旅游管理部门等旅游相关部门应充分利用各种媒体,促进文明旅游,提高公众环保意识。同时,揭露不良习惯,抨击不文明行为,提高全体公民的文明素质。

第四节 旅游者类型

旅游者的类型

旅游市场由具有不同特征的旅游者组成,不同的旅游者的旅游需求和动机不同,旅游体验质量也存在差异。因此,研究旅游者的类型十分有必要。

一、旅游者的类型划分

由于研究视角和目的不同,旅游者分类的标准也不同。

(一)根据旅游者的人口统计特征划分

(1)根据旅游者的年龄,可分为少年旅游者(6~15岁)、青年旅游者(16~40岁)、中年旅游者(41~60岁)和老年旅游者(60岁以上)。

(2)根据旅游者的性别,可分为男性旅游者和女性旅游者。

(3)根据旅游者的收入水平,可分为经济型旅游者和奢侈型旅游者。

(4)根据旅游者的职业类型,可分为商人、公务员、教师、工人、农民、学生、服务人员和其他类型的旅游者。

(5)根据旅游者的受教育程度,可分为受过高等教育的旅游者、受过中等教育的旅游者和低学历的旅游者。

(6)根据旅游者的家庭结构,可分为单身旅游者、两人(夫妻或情侣)旅游者、三口之家旅游者,多代同堂旅游者等。

定制旅游
为何受青睐

(二)根据旅游者旅游的外部特征

(1)根据旅游者是否越过一国或一地边境的标准可分为境内游客和境外游客。

(2)根据旅游者所及地理区域的范围,从小到大,可分为当地旅游者、城郊旅游者、省内旅游者、境内旅游者、境外旅游者、洲际旅游者、全球旅游者和外太空旅游者。

(3)根据旅游者旅游持续时间的长短,可分为长假旅游者(数月至1年)、中短期旅游者(2天至1个月)及一日往返旅游者。

(4)根据旅游交通标准,可分为徒步旅游者、骑马旅游者、自行车旅游者、汽车旅游者、自驾车旅游者、火车旅游者、飞机旅游者、船舶旅游者等。

此外,还有其他一些分类标准。如根据组织形式,旅游者可分为团体旅游者、个体旅游者和包价旅游者;根据旅游费用来源,可分为自费旅游者、公费旅游者和奖励性旅游者三类;

根据旅游住宿类型,可分为星级酒店旅游者、经济型酒店旅游者、酒店旅游者、亲友家旅游者、当地接待家庭旅游者。

二、基于访问目的的旅游者类型特点

(一)观光消遣型旅游者

观光消遣型旅游者是传统意义上狭义的旅游者。这类型旅游者的主要旅游动机是放松和愉悦身心。他们的主要特点如下。

1.人数多,比重大

观光消遣型旅游者是旅游者构成的主体类型,人数最多,占据比重最大。

2.季节性强

旅游活动本质上是季节性的,季节性的形成有两个原因。一是目的地的原因,如气候和旅游资源的季节性属性。二是旅游者自己的原因,如旅游者节假日安排的季节性,客观上形成了旅游季节之间的差异。

3.旅游目的地的选择自由度较大

观光消遣型旅游者对旅游目的地并没有限制性要求,旅游者可根据自身需要和喜好自由选择目的地旅游。

4.对价格敏感

观光消遣型旅游者大多是自筹资金,一般来说,他们对价格更敏感。大多数旅游者都是经济型旅游者,他们的消费能力相对较弱。

5.旅游需求多样化

观光消遣型旅游者人数众多,构成复杂,旅游者兴趣爱好广泛,对旅游目的地的需求也呈现出多样化的特点。

(二)差旅型旅游者

差旅型旅游者是指以差旅事务为主要目的,附带进行旅游活动的旅游者。其事务主要包括公务、商务、会展等几类。这一类旅游者的主要特点如下。

1.人数相对较少,但出行频率高

差旅型旅游者相对来说数量较少,但由于事务繁忙,往往出行频率很高,而且几乎不受季节性影响,只要有需要,随时可以出行。

2.目的地选择自由度低

差旅型旅游者是因处理事务而出行,因此目的地选择受事务目的限制,自由度较低或者根本没有选择余地,旅游活动往往是随事务而衍生。

3.对价格不敏感

这类旅游者的旅游往往是公费的,因此对价格并不敏感。

4.对服务要求高

差旅型旅游者具有一定的身份和地位,由于自身收入水平和公费出行,对价格不敏感,自然就会注重舒适和便捷,希望得到高品质的服务,经常会有个性化服务要求。

文化旅游新气象

（三）文化型旅游者

文化型旅游者主要是指通过旅游满足精神追求和文化需求的旅游者。历史文化、民族民间文化、宗教文化和科学调查等，都会成为吸引他们的文化类型。这类旅游者的主要特点如下。

1. 受教育水平较高

他们往往都受过高等教育，文化修养和基本素养相对较高，求知欲望强，懂得也乐意欣赏各类文化旅游资源带来的精神享受。

2. 具有某种专长或某种特殊的兴趣

这类旅游者往往具有某种专长或者某种特殊的兴趣，渴望与同行或者有共同兴趣爱好的人交流，对他们擅长或喜欢的领域有很强的情感投入。

3. 旅游服务需求个性化

文化型旅游者出行往往都围绕明确的文化内容和主题，一般不走常规旅游线路，也很少参加人数众多的旅游团，喜欢自助的小众化团队，对旅游服务人员的文化素养要求相对较高。

医疗旅游

（四）医疗保健型旅游者

随着社会老龄化进程的加快，中老年人的"银发"旅游市场不断壮大，养生养老旅游需求快速发展。他们主要参加一些有益于身体和心理健康方面的旅游活动，以达到消除疲劳、强身健体、治疗慢性疾病等目的，可以被称为养生养老保健型旅游者。这类旅游者的主要特点如下。

1. 对旅游目的地环境要求高

这类游客的目的非常明确，以保健为主体，辅以观光和娱乐。因此，他们非常关心旅游目的地的自然环境是否适合医疗保健，并且喜欢环境优雅、空气清新、无噪音的地方。最好要有温泉、天然氧吧等一类的旅游资源。

2. 主要构成人员为中老年人

中老年人对养生养老保健需求更高，退休后他们也有更多时间进行养生养老保健旅游活动。

3. 对旅游目的地配套设施的要求高

这一类旅游者往往都希望旅游目的地有相关的健身、疗养、运动场所和设备，同时，既要求环境安静也要求交通和生活便利，适宜中老年人居住。

4. 逗留时间长

这类旅游者不会频繁地变换旅游目的地，走马观花似的观赏风景，而是喜欢较长时间待在一个地方，安静、舒适地享受旅游时光。与此同时，如果他们真的喜欢一个地方，那么再访率就相对较高。

老年旅游市场升温，部分旅行社瞄准"银发游"市场

5. 消费能力不强

中老年人尤其是离职退休人员，收入相对较低，消费能力和消费意愿相对不强，对价格敏感，追求经济性。

北海：畅游蔚蓝大海，环岛亲子游受欢迎

（五）家庭及个人事务型旅游者

家庭及个人事务型旅游者是指以探亲访友、出席婚礼、参加开学典礼等涉及处理个人或家庭事务为目的而外出的旅游者。这类旅游者的主要特点如下。

（1）这类旅游者多是自费旅游，因此对价格较为敏感。

（2）由于他们出行的主要目的是处理个人或家庭事务，通常是利用带薪假期和传统节假日，或根据事务的紧迫性确定出游时间，因而受自然因素和季节的影响较小。

（3）对目的地的选择缺乏自由性。

旅游者类型不限于上面列出的类型，旅游者的需求往往不那么简单，而是呈现多样化和多种需求交织的综合性。这里只针对主要旅游者类型及其特点进行了分析。这些是旅游市场研究和细分的基础，有助于旅游产品的设计，旅游产品的开发和营销。

课业测评

第三章课业测评

参考文献

白翠玲.旅游学概论[M].杭州：浙江大学出版社，2013.

刘纯.关于旅游行为及其动机的研究[J].社会科学家，1992(1)：60-64.

刘扬林.旅游学概论[M].北京：清华大学出版社，2009.

刘琼英，汪东亮.旅游学概论[M].桂林：广西师范大学出版社，2017.

刘伟.旅游概论[M].北京：高等教育出版社，2019.

孙洪波，周坤.旅游学概论[M].上海：上海交通大学出版社，2017.

吴必虎，黄潇婷.旅游学概论[M].北京：中国人民大学出版社，2013.

闻芳，杨辉.旅游学概论[M].镇江：江苏大学出版社，2018.

谢彦君.基础旅游学[M].4版.北京：商务印书馆，2015.

朱华.旅游学概论[M].北京：北京大学出版社，2015.

张耀武.旅游概论[M].北京：中国旅游出版社，2018.

赵长华.旅游概论[M].北京：旅游教育出版社，2003.

第四章　旅游资源

名言名句

世界是一本书,从不旅行的人等于只看了这本书的一页而已。

——圣·奥勒留·奥古斯丁

学习目标

【知识目标】

1.掌握旅游资源的基本概念。

2.掌握旅游资源的分类。

3.知晓旅游资源开发的基本内容及原则。

4.知晓旅游资源保护的基本措施及原则。

📄 第四章思维导图

【能力目标】

1.能够讲述旅游资源的概念及在旅游业发展中的重要性。

2.能够学会根据分类标准对旅游资源进行分类。

3.能够运用旅游资源开发的原则分析当地旅游资源开发的得与失。

4.能够清楚认识旅游资源开发与保护之间的关系。

【素养目标】

1.具有独立探究的学习习惯。

2.具有科学的旅游资源分类意识。

3.具有旅游资源保护与开发的意识。

4.具有协同互助的团队意识。

案例导入

张掖七彩丹霞地貌遭到人为破坏

我国丹霞地貌中发育最大最好的地区之一当属张掖丹霞景区,它的地貌造型极为丰富,是中国彩色丹霞和窗棂状宫殿式丹霞的典型代表,具有很高的科考和旅游观赏价值,当选为"中国最美的七大丹霞"之一,全球 25 个梦幻旅行地之一,"世界十大神奇地理奇观"之一。

2018 年 8 月 28 日发布的两段视频,把张掖丹霞景区推到大众的眼前。视频的主人公是两男一女,这三名游客在七彩丹霞岩体的表面大步行走,其中一名黑衣男子还手拎鞋子,赤脚踩踏岩面。这段视频的拍摄者也赤着双足,在岩体表面踢起沙土。观看视频时,可以听到他一遍遍重复着:"我破坏了 6000 年的(原始地貌)。"

这段视频是被当事人自己发布在网络平台上的,他还附上文字称:"不是有一个新闻说踩了一脚,要用 60 年恢复,我们几个不知道踩了多少脚,我还弄了沙子。"随后,该名游客将视频再度上传,附带的文字说明为:"重要的是(事)发两遍,我们去的后山不用门票,比给门票的还要好看。"

甘肃张掖七彩丹霞旅游景区工作人员张凌龙介绍说,该网友拍摄的视频中所涉及的景观范围,属于七彩丹霞核心区域,是目前还没有正式开发出来的一些特级保护区,这个保护区整体地貌资源非常珍贵,它的表层非常酥软,有地质专家表示,游客留下一个脚印需要60年才能恢复。

这一脚一个坑,让多少人心痛?"公然破坏原始地貌,还沾沾自喜,出言不逊,太嚣张!"不少人对视频中恶意毁坏丹霞地貌的行为进行谴责,也有不少人称:"强烈建议拘捕!重罚!列入黑名单!"

在网友的声讨下,此人删除了该视频。

甘肃张掖市政府新闻办8月28日披露,当日18时,破坏张掖丹霞地貌的2名涉事人员到甘肃省张掖市临泽县公安局自首。

资料来源:中国新闻网,http://www.chinanews.com/sh/2018/08-28/8612838.shtml。

思考: 从本案例中我们可以得到哪些启示?

第一节 认识旅游资源

旅游资源作为旅游活动体系的基本构成要素,是旅游活动的客体,是旅游者进行旅游活动的对象,是旅游业经营活动的基础,是发展旅游业的基本条件。旅游业发展经历告诉我们,一个国家或地区旅游资源的特色、丰度、分布状况及开发保护水平,直接影响着该国或该地区的旅游客流的流量和流向、旅游业的经营规模和效益,以及发展前景。

一、旅游资源的概念

目前国内外学者对旅游资源这一概念并没有统一的定义,而是从不同侧重点对其进行了多种多样的定义与解读。

在西方国家并无旅游资源这一概念,与之相近的一个专业名词为"tourist attraction",即旅游吸引物。两者意义基本相同,但部分语境中旅游吸引物包含的内容范畴比旅游资源更广泛一些。旅游资源和旅游吸引物的主要区别在于,旅游吸引物是一个系统性概念,任何能够吸引游客前来参观的自然客体和人文因素都可被视为旅游吸引物,包括已经开发为景区的旅游资源(已成为旅游产品)和未被开发的旅游资源(未成为旅游产品)。

在国内,迄今为止关于"旅游资源"的定义多种多样,学术界也并无统一的定义,较为典型的有以下几种(见表 4-1)。

表 4-1　国内主要学者关于"旅游资源"的定义

姓名	提出时间	主要观点
郭来喜	1982 年	凡能为旅游者提供游览观赏、知识乐趣、度假疗养、娱乐、休息、探险猎奇、考察研究,以及人们之间友好往来和消磨休闲时间的客体和劳务都可以称为旅游资源
保继刚	1993 年	旅游资源是指对旅游者具有吸引力的自然存在和历史文化遗产,以及直接用于旅游目的的人工创造物

姓名	提出时间	主要观点
刘振礼、王兵	2001 年	旅游资源可被称作旅游吸引因素,即在现代社会能够吸引旅游者,使其产生旅游动机并实施旅游行为的因素的总和,它能够被旅游业利用,并且在通常情况下能够产生社会效益、环境效益和经济效益
谢彦君	2001 年	旅游资源是客观地存在于一定的地域空间并因其所具有的审美和愉悦价值而使旅游者为之向往的自然存在、历史文化遗产和社会现象
陈传康、刘振	2004 年	旅游资源是在现实条件下,能够吸引人们产生旅游动机并进行旅游活动的各种因素的总和,它是旅游业产生和发展的基础

总体而言,一是旅游资源需要具备吸引力,它能够激发旅游者的旅游动机,旅游吸引功能是确定旅游资源的前提;二是旅游资源包括的内容既有自然形成的,也有人为创造的;三是旅游资源能够为旅游业利用,产生三大经济效益。因此,原国家旅游局(现为中华人民共和国文化和旅游部)在国家标准《旅游资源分类、调查与评价》(GB/T 18972—2003)和《旅游规划通则》(GB/T 18971—2003)中对旅游资源的概念给予了解释:"所谓旅游资源(tourism resources)是指:自然界和人类社会凡能对旅游者产生吸引力,可以为旅游业开发利用,并可产生经济效益、社会效益和环境效益的各种事物和因素。"因此,旅游资源又称为"旅游吸引物"(tourist attraction)(见图 4-1)。此定义充分考虑了旅游界多年来对旅游资源的研究成果,具有极高的科学性和权威性,为本书所采用。

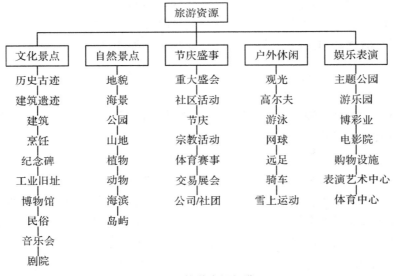

图 4-1　旅游资源概览

资料来源:刘伟.旅游概论[M].北京:高等教育出版社,2019.

二、旅游资源的特征

吸引力是旅游资源区别于其他资源的本质属性,是旅游资源的核心要素。其具有以下几个方面的特征。

（一）客观性

旅游资源大多是自然形成、客观存在的,既有时间发展的必然性,也有空间位置的客观性。旅游活动产生之前,自然资源是人类赖以生存的根本条件。从旅游活动发展历史来看,人类与大自然的关系经历了恐惧—回避—崇拜—赞美的过程。从对自然资源的利用发展到欣赏,是人类生存能力、生产能力和认识水平提高的表现。因此,自然资源的发展是客观存在的,对自然资源旅游属性的发现和利用是人类自身发展成熟的表现。

人文旅游资源也有存在的历史轨迹,是历史发展的必然产物,不以当今人类的意志为转移。例如文物、遗迹、皇陵、庙宇等,它们所包含的历史内涵与旅游业基本无甚关联,而它们最终成为客观层面上的旅游资源,则必定是由于其历史沉淀大大不同于当今的社会文化,其中强烈的对比和反差形成了巨大的吸引力。

旅游资源的客观性特征使其具有了不可替代的垄断性。历史遗产和天然旅游资源都具有地理上的不可移动性,因而成为该地垄断的特点。无论是我国的长城、埃及的金字塔、东非的天然动物园还是英格兰的绿景,都是如此。当然,社会经济的发展和技术条件的进步,为各种形式的"赝品""山寨"景观的出现提供了可能性,但此类旅游资源的价值正在于它的环境、地理位置,以及其中包含的历史或文化内涵的独特性,即便按照原样百分百进行仿制,也是毫无意义与魅力的。

（二）多样性

从旅游资源的定义可以得知,旅游资源是一个内涵非常广泛的集合概念,在表现形式上具有多样性的特点。旅游资源的多样性是由旅游资源的客观多样性和千差万别的旅游需求决定的。客观世界的复杂性和人们旅游动机的多样性必然形成多种多样的旅游资源。

一山一水一圣人

（三）定向性

在某种程度上来说,对旅游资源吸引力的评估是极为主观的。一种具体的旅游资源对某些旅游者具有较大的吸引力,而对其他旅游者则完全不具吸引力。任何一项旅游资源的吸引力都是定向的,没有哪项旅游资源可以吸引整个市场,或者对每一个旅游者产生一样大的吸引力。

（四）易损性

旅游资源的客观性和垄断性,使其自然地排斥人造的资源和人为的痕迹。文物改动(甚至移动)的痕迹过重,就会沦为伪文物,伪文物相对文物,对旅游者的吸引力是很小的。对旅游资源一定要小心利用,大力保护,才可使其免于被破坏。

不仅是有形的旅游资源,无形的旅游资源也会面临同样的问题。被使用过度的有形资源可能被毁坏,甚至不可再生。无形资源一旦遭到破坏在短期内也是难以修复的,如一项维护不当的无形资源日接待游客量大大超过其环境承载的能力,故其生态系统和水质发生了无可挽回的破坏;又如少数民族旅游地过度商业化的民俗表演,将难以再恢复民俗文化的原始魅力。

（五）可创新性

游客的审美、兴趣会随着时间的推移及时尚潮流的变化而不停变动，因此，将目光聚焦于已有的旅游资源上是远远不够的，而有必要进行合理的创新与开发。此外，一些地区并不具备传统意义上的旅游资源，或者此类资源较为匮乏，这些地区要想在旅游业中找到新的出路，就必须借助资金和人力创造新资源。新加坡在这方面就做了很多很好的尝试。在城市游乐方面，有以迪士尼乐园为代表的各类主题公园。近年来，颇具民族与地方特色的新型人造旅游项目也屡见不鲜，如洛阳牡丹花会、山东潍坊的风筝节等。

认识旅游资源的这些特点，对一个国家或地区的旅游规划和开发、旅游市场营销及旅游资源的保护等工作都具有一定的现实意义，能够使其更好地发展旅游业。

第二节　旅游资源的分类

旅游资源分类是指根据旅游资源的相似性和差异性进行归并或划分出具有一定从属关系的不同等级类别的工作过程。分类的目的是将旅游资源条理化、系统化，便于开发利用旅游资源，并在此基础上进行科学研究，更加深入认识各类旅游资源的属性。

一、旅游资源分类的依据

由于旅游资源的属性、特点及与事物之间的关系是多方面的，因而分类的标准也是多方面的，人们可以根据自身要求选取不同的标准进行。常见的标准如下。

陕西红色旅游

（一）根据成因分类

成因是指旅游资源形成的基本原因、过程。如人文旅游资源是人类创造的；自然旅游资源是自然界赋予的，是天然形成的。

（二）根据属性分类

属性是指旅游资源的性质、特点、存在形式、状态等。例如自然旅游资源中的地质地貌旅游资源、水体旅游资源、气候旅游资源、生物旅游资源等，它们的性状不同，因而可以区分为不同的类别。

（三）根据功能分类

旅游资源的功能是指其能够满足旅游者的某些旅游活动需求的特性。部分旅游资源可以满足的需求是多方面的，因而具有多种旅游功能。根据功能不同，旅游资源可以划分为多个类别，如观光游览型、参与体验型、购物型等旅游资源。

（四）根据时间分类

旅游资源的时间分类是指根据旅游资源形成时间上的不同而做的分类。如依据时间因素可把建筑旅游资源分为古代建筑与现代建筑。

以上四项是比较常见的旅游资源分类标准，除此以外，还可根据具体需要从其他方面进行分类，如旅游资源的开发利用情况、管理级别、质量好坏等。

二、常见分类方法

（一）按中华人民共和国国家标准的分类法

目前最新版本的《旅游资源分类、调查与评价》(GBT 18972—2003)由原国家旅游局提出，由原国家质量监督检验检疫总局(现为国家市场监督管理总局)发布于 2003 年 2 月 24 日，2003 年 5 月 1 日正式施行。其中基于我国旅游资源现状，按照国内旅游资源的现存状况、形态、特性和特征等，将其划分为 8 个主类、31 个亚类、155 个基本类型。每一层次的旅游资源类型都有相应的汉语拼音代号，前 4 个主类属于自然旅游资源，后 4 个主类属于人文旅游资源。这种分类方法主要用于旅游资源全面调查和科学分析，是我国各地开展旅游资源调查、评价和研究的基本方法。具体分类可扫描二维码了解。

旅游资源分类

该国家标准文件也存在着很多问题，诸如概念模糊、前后重复、类型缺项、细分不够等。很多专家学者对这些问题进行了分析，提出了修改意见，目前正在完善中。

（二）按旅游资源的基本属性的分类法

什么是国家公园

这是目前最常见、应用最广泛的一种分类法，主要依据旅游资源的基本成因，将旅游资源分为自然旅游资源与人文旅游资源两大类，即所谓的"二分法"，这种划分体系最早是由 M. 彼得斯提出的。

自然旅游资源是指由地貌、水体、气候、动植物等自然地理要素所构成的、吸引人们前往进行旅游活动的天然景观，人文旅游资源是指吸引人们产生旅游动机的人为因素形成的物质形态与精神形态旅游资源。旅游资源"二分法"具体分类如表 4-2 所示。

表 4-2　旅游资源"二分法"具体分类

	类型	内容
自然资源分类	地表类	包括典型地质构造、标准地层剖面、古生物化石点、山岳、峡谷、峰林、石林、土林、火山、沙漠、沙滩(海滩、河滩)、岛屿、洞穴、丹霞景观、风蚀风光、海蚀风光等
	水体类	包括海洋、冰川、河湖、瀑布、溪潭、名泉、浪潮等
	生物类	包括森林、草原、古树名木、花卉、园艺、珍稀植物群落、特殊物候景观、野生动物(群)栖居地等
	气象气候类	包括宜人气候旅游资源(如避暑胜地、避寒胜地、空气清新地)，以及冰雪、佛光、蜃景、海、雾海、雾凇、雪景、雨成景观、风成景观等气象类旅游资源
	太空天象胜景类	如极光、日出日落、彗星、流星雨、日(月)食等奇观
人文资源分类	历史类	包括人类历史遗迹、古建筑、古园林、古陵墓、石窟岩画、古代工程遗迹等
	风俗民情类	包括具有地方特色的和民族特色的建筑(民居、村寨)、服饰、歌舞、节庆、集市、风俗等
	宗教类	包括宗教建筑、宗教活动、宗教园林、宗教艺术、宗教文化等
	休憩服务类	包括现代园林、疗养设施、美食名菜、特殊医疗等
	文化娱乐类	包括文化设施、娱乐设施及相关娱乐活动等
	近现代人文景观类	包括近现代革命活动遗址、纪念塔(馆)、有意义的近现代建筑及造型艺术作品，以及交通购物、体育、商务与会议旅游资源

世界遗产中心

国内学者魏向东综合有关分类法,按旅游资源的成因和外在表现形式将旅游资源分为自然旅游资源、人文旅游资源和社会旅游资源,即所谓的"三分法"。

与"二分法"相比,"三分法"从自然与人文资源中列出了部分有特点的旅游资源,把它单列为社会旅游资源(见表4-3)。

表4-3 旅游资源"三分法"具体分类

类型	内容
自然旅游资源	地质旅游资源,水文旅游资源,地貌旅游资源,气象、气候旅游资源,生物旅游资源,太空旅游资源
人文旅游资源	历史文化名城旅游资源、古迹旅游资源、宗教文化旅游资源(包含各类宗教建筑、宗教园林、宗教艺术、宗教文化现象等)、交通旅游资源(包含古代交通及现代交通旅游资源)、建筑与园林旅游资源(包含古代与近现代建筑、园林及现代人造建筑)、文学艺术类旅游资源
社会旅游资源	民俗风情旅游资源、购物旅游资源、会议旅游资源、商务旅游资源、城市景观旅游资源、娱乐旅游资源、体育保健旅游资源

(三)其他分类方法

除以上分类外,许多学者和部门也提出了自己的分类方法。

1.按照旅游资源的功能分类

旅游资源根据具体功能的不同,可分为以下六大类型。

(1)观光游览型旅游资源

以各种优美的自然风光、著名的古建筑、城镇风貌、园林建筑为主,供旅游者观光游览和鉴赏,旅游者从中可获得各种美感享受,借以陶冶性情。

(2)参与型旅游资源

也有人称作体验型旅游资源,包括冲浪、漂流、赛马、渔猎、龙舟竞渡、游泳、制作、品味、访问、节庆活动、集市贸易等。

(3)购物型旅游资源

包括各种土特产、工艺品、艺术品、文物商品及仿制品等旅游商品,主要供旅游者购买。

(4)休疗保健型旅游资源

包括各种康复保健、度假疗养设施与活动,例如疗养院、度假村、温泉浴、沙浴、森林浴、健身房等。

(5)文化型旅游资源

包括富有文化科学内涵的各类博物展览、科学技术活动、文化教育设施等,旅游者从中可以获得一定的文化科学知识,开阔眼界,增长阅历。

(6)情感型旅游资源

主要包括名人故居、名人古墓、各类纪念地等,可供开展寻祖、探亲访友、怀古等旅游活动,以表达旅游者的思古、怀念、敬仰等感情。

2.按照旅游资源是否为可再生资源分类

可再生性旅游资源一般是指那些在旅游过程中被部分消耗掉,但仍能通过适当途径人工再生产进行补充的一类旅游资源,如动植物旅游资源、旅游纪念品与土特产等。

不可再生性旅游资源一般是指那些自然生成的资源或长期历史发展过程中的遗存物,这类旅游资源一旦在旅游过程中遭到人为的破坏,其后果不堪设想且极难挽回,即使能部分复原,其原有的旅游观赏价值也将会大打折扣,如地质地貌旅游资源等。

3.按照旅游资源的价值及管理级别分类

国家级的旅游资源主要包括:国务院公布的国家重点风景名胜区、国家历史文化名城和国家重点文物保护单位,原国家林业局(现为国家林业和草原局)批准的国家自然保护区、国家森林公园,自然资源部批准的国家地质公园等。值得注意的是,在国家级旅游资源中,还存在一个特殊的组成部分,即被联合国教科文组织列入《世界遗产名录》的名胜古迹(通常我们称之为"世界遗产")和列入"人与生物圈"保护区网络的自然保护区。

良渚古城遗址列入《世界遗产名录》

省(区、市)级旅游资源主要包括:省(区、市)级风景名胜区,省(区、市)级历史文化名城(镇),省(区、市)级文物保护单位,省(区、市)级自然保护区,省(区、市)级森林公园等。

什么是世界遗产

市(县)级旅游资源主要包括:市(县)级风景名胜区、市(县)级文物保护单位等。

第三节　旅游资源的开发

精准适当的开发可以最大限度地发挥和提升旅游资源的价值,但错误开发会造成难以预料的后果。泰山如果没有开凿道路,旅游价值就不能够充分发挥;如开发过度,游人过多,保护不当,就会给山体与水体造成污染。

一、旅游资源开发的必要性

(一)关于旅游资源

1.现实的旅游资源

这是指已开发为旅游产品的旅游资源,它不仅可以吸引游客,而且已经接待了大批游客前来参观访问,在客观上已经进行了必要的接待统计。

2.潜在的旅游资源

这是指未开发为旅游产品或未充分开发的旅游资源。该项旅游资源本身可能具有独特的美感,或者某种能够吸引游人的特色,但由于交通条件、服务设施等条件不充分,加之知名度可能较低,还尚未有游客或者游客较少。

航拍中国

(二)关于"开发"

当一项旅游资源未被开发,仍处于原始状态时,我们可称其为潜在旅游资源。需要强调的是,旅游资源的开发并不是一个将非旅游资源转变成旅游资源的过程,而是一个将潜在旅游资源变成现实旅游资源的过程。它不是创造,而是利用或深度利用,是一个经济过程,也可能是一个明确或变更资源产权关系的过程。

（三）开发工作的必要性

旅游资源开发工作的直接目的是提高和发挥旅游资源的吸引力,使其成为更多游客的旅游对象,即将潜在旅游资源转化为现实旅游资源。而开发的最终目的,则是在此基础上实现经济效益,即将潜在的资源优势转化为现实的经济功能。而旅游开发对于现实旅游资源也是同样重要的,即便是已经成功商业化的旅游资源也要通过再生性开发,巩固和改善其对游客的吸引力。

二、旅游资源开发的目的

从静态上看,旅游资源开发的目的是为了更好地开拓、利用旅游资源,对与之有关的旅游接待条件进行开发和建设,使旅游资源所在地成为一个有吸引力的旅游环境或接待空间。从动态上看,旅游资源开发是为了适应旅游市场的变化,满足不断变化的旅游消费者的需求,使旅游资源保持较强的吸引力和生命活力。

（一）将旅游资源由潜在向现实转化

旅游资源在开发之前,大多处于潜在的状态,一般都缺乏现代旅游活动所需要的基本条件而难以融入旅游业,无法开展大规模的旅游接待活动。因此,对旅游资源的开发和建设是客观必要的。这种建设从内容、形式上来说,不仅指对尚未利用的旅游资源的初次开发,也可以是对已经开发利用了的景观或旅游吸引物的深度开发,或对其功能的进一步发掘;不仅指对一个新景点的创造,也指对现实存在的旅游资源的归整和加工。从其性质来看,它既可以以开发建设为主,也可以以保持维护为主。并且这种开发建设活动的内容、性质是一个发展变化的动态过程,在旅游点生命周期的不同阶段表现出不同的侧重点。如一个旅游点从初创期到成熟期,将经历从尚未利用的初次开发到成熟阶段的深度开发,其开发工作的性质也由开发向保护转化。

（二）提高可进入性

可进入性问题主要是指交通、通信条件,包括交通线路、交通设施、交通方式及现代化的通信设施等。旅游活动的异地性特征表明,旅游者通常是经过一定距离的旅行后,才进行游览活动的;即旅游者从所居住的地方到目的地,必须借助于一定的交通条件。因此,进出交通的便利、快捷、舒适是旅游开发首要的基础工作。旅游讲究"旅速游缓"。从出发地到目的地的旅行时间要尽可能缩短,还要尽量做到安全、舒适,降低交通费用在整个旅游消费支出中的比例。景区内部的交通状况同样重要,通常要求做到"进得来、散得开、出得去"。这样,不仅可使游客来得方便,取得完美的旅游经历,还可以使旅游资源的开发者在保障旅游品质的同时,获得预定的各项效益。提高可进入性,还要在满足现代旅游者需求的前提下,建设良好的通信设施。

（三）建设和完善旅游配套设施

旅游吸引物是旅游者到达旅游地后的主要目标,但单单建设或维护该主体是远远不够的。旅游地还需要向旅游者提供食、住、行等相关服务,以满足游客的基本需要。因此,配套设施的建设在旅游资源开发过程中占据重要地位。旅游配套设施包括旅游基础设施和旅游服务设施两种。前者即当地居民生活所必需的设施,如供水、供电、邮政、排污、道路、银行、商店、医院、治安等。后者指依据旅游者生活标准建造的、非当地居民必需的设施,比如直接为游客服务的旅游饭店、旅游商店、游乐场所等。旅游开发的基本条件是要建设和完善保障当地居民生活所需的基础设施,这也是发展旅游业的基本条件。建设和完善旅游者消费所需要的旅游服务设施(星级饭店、游乐设施、景点景观开发、旅游商店等),是旅游业发展的必要条件。

(四)培训人才,完善旅游服务

为满足旅游业发展需要,在进行资源开发时,还要培训专门的人才(如饭店管理、景区管理、营销、导游、生态环保、计划、人力资源、财会等)。旅游专业人才可在人力资源方面为旅游开发提供保障。如今,旅游服务质量在游客心中占有的分量越来越重,较高的服务质量可以更好地吸引游客。因此,不可轻看旅游服务,在硬件条件改善的同时,也要加强培训,提高服务人员的专业水平。

三、旅游资源开发的原则

(一)突出独特性的原则

旅游资源贵在稀有,其质量在很大程度上取决于其与众不同的独特性。这是它们能够对旅游者产生吸引力的根本所在。因此,突出旅游资源本身原有的特征,有意识地保存和增强这些特征具有十分重要的意义。这一原则体现在如下方面。

西藏林芝藏式特色旅游:南迦巴瓦峰下的幸福生活

1.尽量保持自然和历史的原始风貌

任何过分修饰和全面毁旧翻新的做法都是不可取的。这一点对于自然和历史旅游资源来说尤为重要。过分修饰、全面毁旧翻新等做法或者会破坏其原本的自然美感、历史内涵,或者会对生态环境造成影响,进而使其旅游价值大大降低,吸引力不增反减。旅游资源开发者必须对市场有足够而深入的了解,对某一项旅游资源内涵的价值有正确深刻的见解,而不能仅靠自己主观的"想当然",对旅游资源进行错误改造开发。当然,对那些虽有记载或传说,但实物遗迹全不存在的历史人文资源,根据史料或传说在原址复建应另当别论。即使如此,也要注意调查研究,使复建建筑外观、材料、风格等尽量符合历史,反映历史特征,而不能贪图简便,直接套用现代的建筑材料和建筑风格。

2.充分挖掘当地特有的旅游资源

突出自己的优越性,即所谓"人无我有,人有我佳"。不论是借用或开发自然和历史遗产,还是创新当代人造旅游资源,都要通过开发措施强化旅游资源的独特性,以确保旅游资源的吸引力和竞争力。旅游资源开发,就是要发挥和提高旅游资源的吸引力,发展旅游业。在吸引更多旅游者来访并为其提供服务的同时,推动旅游地社会、经济的发展。对境内旅游而言,还要满足人民日益增长的物质和文化需求。

3.努力反映当地的文化特色

独特性是旅游资源吸引力和竞争力的核心。突出民族化、保持某些传统格调也是为了发挥独特性,同时这也有利于树立起某一地区的总体旅游形象。对大多数旅游者来说,体验异乡风情是他们出行的一大目的。假如旅游地被开发得千篇一律,毫无特色,与客源地无甚不同,旅客自然不愿前来。即使来过一次,以后也难再返故地重游,除非此旅游地会有新的变化。单以建筑风格为例,假如开发商过度崇拜西方现代建筑式样,那么西方游客来此地后就不会感到新奇。但这并不是说一切只能"土"而不能"洋",更不是说一切只能"旧"而不能"新"。旅游开发中应突出民族文化和地方文化,主要是指在环境外观上要使人能感受到民族和地方风情。而旅游服务设施,其内部环境和设施非但不宜"旧",还必须符合游客的生活习惯并使其具有熟悉感。

(二)经济效益、社会效益和环境效益相统一的原则

旅游资源开发的目的是发展旅游业,从而达到挣取外汇、回笼货币、解决就业、发展地区经济等目的,实现一定的经济效益。由此,旅游资源的开发首先必须服从当地社会经济发展的需要。并非所有拥有旅游资源的地区都可以或者都应该发展旅游业。在开发旅游业所付出的机会成本大于它能带来的收益的情况下,这种开发对当地全局来讲显然是不经济的。其次,在国家或地方决定发展旅游业的情况下,也要根据自己的经济实力和有关开发项目的投资效益预测,分期分批、有计划、有重点地优先开展某些项目,不能不加选择地盲目开发,更不能不分先后地全面开发。再次,对开发项目投资的规模、建设周期的长短、对游客的吸引力、回收期限及经济效益等方面,应进行投入、产出分析。经济效益并非旅游资源开发追求的唯一目标,在讲求经济效益的同时还要保证开发活动不能超过社会和环境的限度,否则会造成资源破坏、环境质量下降、社会治安混乱等负面影响,不利于当地旅游业的持续发展。因此,旅游资源开发应遵循经济、社会、环境三效益统一的原则。对此,有学者提出旅游资源在开发时必须满足如下三项条件。

一是遵循地方政策和发展战略。旅游资源的开发必须符合旅游目的地的政策、法规及规划的要求。

二是旅游影响。旅游资源开发应能增强旅游目的地的旅游吸引力,改善游客量及其他有益于旅游业发展的条件,增强旅游业发展的潜力。

三是开发和经营者的能力。旅游资源的经营者应具备一定的实力。

(三)综合开发的原则

对不同的旅游资源来说,综合开发的含义也不同。以一个国家或者较大的地区举例,其中往往存在各种类型的旅游资源。综合开发通常是指选取部分特色旅游资源进行重点开发,而对其他旅游资源根据具体条件逐渐开发。如此,可以以最小的成本发掘最大的旅游吸引力,并且克服旅游需求的季节性波动。综合开发使得地区内各个吸引力各异、类型多样的旅游资源结成一个吸引群体,使游客可以从多个方面发现其价值。对一个地域较小的旅游目的地的综合开发,多指在开发旅游资源的同时,从食、住、行、游、购、娱等多方面考虑旅游者的需要,做好有关的设施配套和供应工作。

(四)生态保护的原则

开发旅游资源时应合理利用旅游资源。但对某些特定的旅游资源,特别是自然、历史旅游资源来说,开发本身即会带来一定程度的破坏。在进行此类旅游资源开发的过程中,一定要注意方法与程度,使得破坏降到最小。而有时适当的开发,更能对这些资源起到保护作用。因此,关键问题是如何将开发工作处理得当,也就是说,在开发旅游资源的同时,要注意着眼于对旅游资源的保护,不能单纯地、片面地强调开发而不顾对环境的破坏问题。

第四节　旅游资源的保护

一、旅游资源的损害和破坏

旅游资源的损害和破坏是指由于外力作用,旅游资源形态结构或分布状况等发生改变,使得旅游资源吸引力减少或彻底丧失的情况。旅游资源遭到破坏,原因主要有两个方面,即自然因素和人为因素。

（一）自然因素

自然因素对旅游资源造成的损害和破坏分为三个方面:一是天灾,如地震、火山爆发、水灾、泥石流等。这方面的情况虽不经常发生,然而一旦发生,造成的破坏将是非常严重的,甚至是毁灭性的。如 2008 年我国汶川的大地震,就对许多旅游资源造成了严重破坏。二是自然风化,如风蚀、水蚀、日光照射等。这方面的损害最为常见,特别是对历史建筑物和文物古迹的损害,虽然短期内不明显,但长年累月之后就显而易见了。如山西云冈石窟由于长期的风雨剥蚀和后山石壁的渗水浸泡,大部分洞窟外檐裂塌,很多雕像断头失臂、面目模糊。三是某些动物造成的破坏,如鸟类及白蚁等动物或昆虫对历史文物、古建筑和林木的破坏。非洲的许多古迹就毁于白蚁。

（二）人为因素

人为因素对旅游资源造成的损害和破坏也分为三个方面:一是游客的不良行为造成的损害,如游客在古建筑上乱刻乱画,在风景区乱丢废弃物,违规攀登、拍照,攀折树枝、花卉,随意踩踏草坪、干扰野生动物等。二是旅游资源所在地或附近的居民和单位造成的破坏,如乱砍景区(点)及周围的树木,向景区(点)内或附近的河流、湖泊乱倒垃圾或倾倒工业废水。伤害和猎取风景区动物、偷盗古墓文物等。三是旅游资源开发中规划设计不当造成的破坏,如在自然风景区内建高层建筑,在景区内大量兴建餐馆、商店和人造景观,景区内所建设施的造型和色彩破坏了景区的真实性和完整性。

"抢救"洱海

以上所列仅是导致旅游资源损害和破坏的部分问题和现象,远非其全部。由此可见,要保护好旅游资源,使之造福于人类,促进国家和地区旅游业的发展,需要采取多种有效措施。

二、旅游资源的保护

旅游资源的保护是指运用法律、行政和技术等措施来维护其应有的价值和使用价值,以防止各种自然因素和人为因素带来的危害。

（一）法律措施

依据国家和地方有关法律、法规,加强对旅游资源的保护。目前,与旅游资源保护密切相关的法律主要有《中华人民共和国文物保护法》《中华人民共和国环境保护法》《中华人民共和国森林法》《风景名胜区条例》《中华人民共和国自然保护区条例》《中华人民共和国水法》《中华人民共和国野生动物保护法》等。此外,各地方立法机构和人民政府根据国家法律、法规,结合地方实际制定了实施细则和地方性法规,如《广州市白云山风景名胜区保护条例》。这些法律、法规各有针对,覆盖面广,较全面地保护了国内的旅游资源。

(二)行政措施

旅游资源相关主管部门和单位应提高认识,将资源保护置于关系旅游的可持续发展和子孙后代福祉的战略位置上,坚持资源节约型旅游经营方式,采取各种措施,切实加强管理和保护。具体措施如下。

(1)制定完善的管理制度,明确管理人员和专业技术人员的职责,落实各项管理和保护措施,定期或不定期地进行检查,对违规的现象进行批评教育或惩处,直至追究法律责任。

(2)加强对员工的培训管理,促使他们增加对所管辖的旅游资源的专业知识储备,提高"防""治"和保护旅游资源的技术水平。

(3)向游客提倡和宣传环境友好型的旅游消费理念,运用经济(如提高门票价格)和行政(如单位时间内限定观赏人数)手段控制接待规模,严防所管辖的旅游资源超负荷接待游客。

(三)技术措施

泰国保护红树林旅游资源

针对易受自然或人为因素损害的不同类型的旅游资源,要在技术措施上进行适当的保护。如在易受危害的古建筑的某些部位架设隔离网罩,对于禁止拍照的文物在其入口处设立警示牌,对于易受虫害影响的资源,可运用某些灭杀病虫害的现代高科技手段等。对于遭受虫害的林木,可喷洒防虫、灭虫药水。向居民宣传保护旅游资源的重要性及旅游资源保护的各种形式,利用各种手段向游客宣传有关知识和有关法规。

综上所述,在进行旅游资源的保护时,应尽量以防为主,以治为辅,防治结合。我们不应再把旅游资源保护视为相关部门和单位的责任,它同时也是包括境内外游客在内的每个社会公民应尽的义务。

课业测评

第四章课业测评

参考文献

白翠玲.旅游学概论[M].杭州:浙江大学出版社,2013.

刘扬林.旅游学概论[M].北京:清华大学出版社,2009.

刘琼英,汪东亮.旅游学概论[M].桂林:广西师范大学出版社,2017.

孙洪波,周坤.旅游学概论[M].上海:上海交通大学出版社,2017.

吴必虎,黄潇婷.旅游学概论[M].北京:中国人民大学出版社,2013.

谢彦君.基础旅游学[M].北京:商务印书馆,2015.

朱华.旅游学概论[M].北京:北京大学出版社,2014.

第五章　旅游业

名言名句

天朗气清,惠风和畅,仰观宇宙之大,俯察品类之盛,所以游目骋怀,足以极视听之娱。

——王羲之

学习目标

📄 第五章思维导图

【知识目标】

1.理解旅游业的基本概念、性质和特点。

2.知晓旅行社的定义、发展历史、分类、设立条件及业务内容。

3.知晓饭店的发展简史、作用、概念和组成部门。

4.知晓交通的作用、类型及影响旅游交通选择的因素。

5.理解景区的概念及分类。

6.理解旅游娱乐的概念、类型及作用。

7.理解旅游商品的概念、类型和作用。

8.知晓旅游业主要构成要素的发展现状及趋势。

【能力目标】

1.学会利用网络图书工具,收集旅游业各构成部门的相关信息。

2.能够自主探究旅游业的性质和特点。

3.能够讲述旅游业各构成部门的基本情况。

4.能够运用所学的理论知识分析当今旅游现象。

【素养目标】

1.具有学习旅游专业的兴趣。

2.具有勤奋上进的学习态度。

3.具有主动为旅游者服务的意识。

4.具有团队合作的意识。

案例导入

2018 年旅游业高速增长

2018 年文旅融合开局顺利,按照"宜融则融、能融尽融;以文促旅、以旅彰文"的工作思路,国家以文化促进旅游经济发展,以供给侧改革促进品质旅游发展,不断增强民众对旅游的获得感。境内旅游市场持续高速增长,入境旅游市场稳步进入缓慢回升通道,出境旅游市场平稳发展。2018 年全年,境内旅游人数 55.39 亿人次,同比增长 10.80％;出入境旅游总人数 2.91 亿人次,同比增长 7.80％;年旅游总收入达 5.97 万亿元,同比增长 10.50％。初步统计,2018 年全国旅游业对 GDP 的综合贡献达 9.94 万亿元,占 GDP 总量的 11.04%。旅游直接就业 2826 万人,旅游直接和间接就业 7991 万人,占全国就业总人口的 10.29%。

资料来源:搜狐网,https://www.sohu.com/a/296214194_100252863。

思考:结合文旅融合背景,谈谈旅游业面临的机遇和挑战。

第一节　认识旅游业

世界范围内,旅游发展成为一种产业,还不到 100 年的时间。第一次世界大战以后,欧美等国开始着重发展旅游业。20 世纪中叶之后,旅游活动逐渐成为人们日常生活的重要组成部分,旅游业快速发展,成为极富经济活力的产业。改革开放以来,我国政府高度重视和扶持旅游业的发展。如今,旅游业已成为我国最具活力和潜力的第三产业,甚至还成为部分地区的经济支柱产业,社会经济地位不断提高。

一、旅游业的概念

旅游业已从当初的朝阳产业发展为当今世界上最大的产业,它是人类社会经济发展到一定阶段的产物,综合性强,并且关联度高。然而,关于旅游业的概念,一直没有达成共识。世界旅游业鼻祖托马斯·库克从旅游业经营者的角度出发,认为"旅游业是让旅行者获得最大的情趣,举办人尽最大责任的事业"。1971 年,联合国旅游大会最早提出了旅游业的定义:"旅游业是为满足国际国内旅游者的消费需求,提供各种产品和服务的工商企业的总和。"美国旅游学家唐纳德·E.伦德伯格在《旅游业》中对"旅游业"所下的定义是:"旅游业是为国内外旅游者服务的一系列相互有关的行业。"我国部分学者认为,旅游业是以旅游资源为凭借,以旅游设施为条件,向旅游者提供旅游活动所需的各种产品和服务的经济产业。

国内外学者的研究,虽然不完全一致,但也存在一些共同之处,认为旅游业是依赖社会各行各业,主要向旅游者提供旅游产品和服务的行业。而提供这些产品和服务的经营企业,就成为旅游业的主要构成部门,即旅游市场的主要供给方。

二、旅游业的构成

旅游业是一种综合性的经济产业,涉及各行各业的部门机构和企业组织。目前,关于旅游业的构成主要有这样两种观点。

(一)"三大支柱"说

根据联合国发布的《国际标准产业分类》办法,以及相关部门具体经营业务的范围,人们通常认为旅游业由三个最重要的核心旅游企业和部门构成,即旅行社部门、交通运输客运部门和旅馆住宿部门。这三种类型的旅游企业,是旅游业发展的重要设施保障,被称为旅游业的"三大支柱"(见图 5-1)。

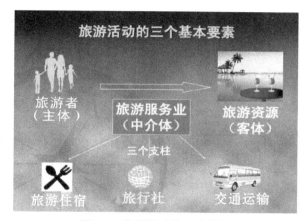

图 5-1　旅游活动的三大支柱

（二）"五大部门"说

英国学者维克托·弥尔顿提出，旅游业主要是由住宿接待部门、游览场所经营部门、交通运输部门、旅行社部门和目的地旅游组织部门组成。从旅游目的地的整体发展角度而言，上述五大部门之间存在着共同的目标，工作上相互联系，就算是目的地旅游组织部门，看似并不直接赢利，但能通过自己的服务促进其他部门赢利。总之，这五大部门通过招徕和接待远道而来的旅游者，共同完成旅游服务，促进旅游目的地的经济发展。

旅游业是一个综合性产业，涉及服务境内外旅游者的一系列有关行业，包括食、住、行、游、购、娱等众多的企业。其中有依赖旅游者、直接从旅游经营业务中获得赢利借以生存的直接旅游企业，如旅行社、住宿部门等；也有并不完全依赖旅游者、多渠道经营的间接旅游企业，如餐馆、娱乐部门等；同时，还包括服务并管理各旅游企业、自身不以营利为目的的各种旅游组织。

"三大支柱"说是围绕一线核心旅游企业提出的说法，主要涉及通过旅游业务赢利的企业。"五大部门"说是建立在所有与旅游经营业务有着直接或间接关系的旅游企业和旅游组织的基础上的，包括营利和非营利的旅游企业和旅游组织。因此，五大部门的说法是比较全面的。

三、旅游业的性质和特点

（一）旅游业的性质

1.旅游业是特殊的经济产业

旅游业的本质是经济产业。首先，世界上大多数国家或地区已经把旅游业作为一项产业来发展，有些甚至把旅游业视为支柱产业和新的经济增长点。早在 1986 年，旅游业就已经成为我国国民经济发展的组成部分，其产业性质得到了明确。其次，构成旅游业的各类企业，通过向旅游者提供票务订购、餐饮住宿、娱乐购物、导游讲解等服务来赢利；而旅游者向旅游企业支付费用，购买食、住、行、游、购、娱等相关产品和服务，满足其物质和精神需求。毫无疑问，旅游企业的经营行为和旅游者的消费行为受商品交换规律的制约，受市场经济供求关系的支配。

旅游业是一项特殊的经济产业，由旅行社、旅游景区、客运交通、饭店山庄、旅游商品销售等不同的企业构成，这些企业有些属于服务业，有些属于交通业，有些属于零售业，相互协调配合又不可替代。理论上讲,联合国公布的《国际标准产业分类》和中国的《国民经济部门分类标准》中都没有旅游业的字样,似乎其不构成一项标准产业;而现实中,旅游业就是客观存在的。20 世纪中叶以来,旅游业发展飞速,成功助推了全球经济的快速发展。所以,旅游业是一项极具特殊性的产业。

2. 旅游业是具有文化性质的现代服务业

文化是旅游的灵魂。旅游活动中,人们不仅消费了各地丰富的物质,更分享了彼此的文化。"十里不同风,百里不同俗",旅游景区和参观场所是集中展现当地历史文脉、风俗禁忌等文化的窗口,吸引着无数旅游者前往观赏体验。旅游者的游览活动就是文化交流和融合的过程,也是旅游者精神文化需求得以满足的消费活动。旅游企业开发的产品和提供的服务要有丰富的文化内涵,具有一定的地方性和民族性,能使旅游者通过消费,深刻感受到异域文化的魅力。同时,旅游企业和旅游目的地应努力塑造特色鲜明、富有文化底蕴的旅游形象,以文会友,以文聚友,扩大市场,产生良好的效益。

(二)旅游业的特点

1. 综合性

旅游者的需求呈现多样性的特点。由于旅游者性别、地域、年龄或知识背景等不同,旅游需求也各异,这就要求不同类型的旅游企业提供各种类型的产品和服务。从根本上讲,旅游业的综合性是由旅游者需要的多样性决定的。

旅游业的综合性还表现为带动性。旅游业构成部门众多,且涉及不同行业,因此在自身发展的同时能带动其他相关部门和行业发展,产生一定的经济辐射效应。

旅游业的综合性还表现为一定的依赖性。旅游业是经济发展到一定程度的产物,是以国民经济的综合发展水平为依托的。从客源国(地区)角度来说,国民经济的发展水平决定了旅游者的数量、出行频率和消费水平。从接待国(地区)角度来说,国民经济的发展水平决定了旅游目的地的设施设备、接待服务和管理水平。

2. 敏感性

旅游业是一项非常敏感的产业,气候、政局、金融、战争等外部社会因素都会对其造成直接影响。例如,2004 年的印度洋海啸事件、2016 年的"萨德入韩"事件等都极大地打击了当地的旅游业。由于这些外部环境不是旅游业本身能够控制的,因此从这个角度讲,旅游业的敏感性也是它的脆弱性。从旅游业内部来看,各个部门协调配合提供服务,时间上需要前后连贯,活动内容上要注意前后衔接,彼此之间要无缝对接,紧密配合,一旦某个环节出现问题,就会引起连锁反应,影响最终的服务质量和经济效益。所以,旅游业的发展同样离不开行业内部的各尽其职和协调统一。

3. 季节性

由于受旅游目的地自然条件、旅游资源的季节变化和旅游者的闲暇时间分布等因素的影响,旅游业呈现较强的季节性特点。具体表现为一年中的不同时期,旅游企业的接待情况有着天壤之别。旅游旺季,景区人满为患,服务人员超负荷工作,疲于应付,设施设备超负荷运转,损耗严重,游客享受服务的质量得不到保障。比如,2019 年正月初三,面积仅为 12.5 平方千米的普陀山岛,接待进出岛游客 18 万人次,为普通节假日平均游客接待量的数倍,这对交通客运和导游服务来说等都是极大的挑战。而在旅游淡季,则供过于求,接待能力过剩,造成设施闲置和服务人员空闲。比如,滨海景区一进入淡季,海景酒店几乎人去楼空。

因此,如何采取措施缩小淡旺季的差距,保证旅游资源合理的有效利用和旅游者的出游体验,是旅游业发展面临的重要课题。

4. 涉外性

旅游涉及空间转移,旅游者需要离开居住地前往不同的旅游目的地。无论是出境旅游还是入境旅游,都赋予了旅游业涉外性的特点。

旅游是一种隐形的贸易,入境旅游的发展可以增加外汇收入,形成旅游出口。旅游还能促进不同国度、不同信仰、不同文化的旅游者相互 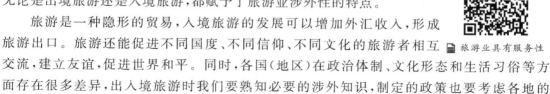 📖 旅游业具有服务性
交流,建立友谊,促进世界和平。同时,各国(地区)在政治体制、文化形态和生活习俗等方面存在很多差异,出入境旅游时我们要熟知必要的涉外知识,制定的政策也要考虑各地的差异。这些都让旅游活动具备涉外色彩。

5. 劳动密集型

雇用员工的工资成本占全部经营成本比重的高低,是判断是否为劳动密集型产业的主要标准。旅游从业者主要提供劳务服务,这就决定了与其他行业相比,旅游业在设备设施等硬件方面的投资费用较低,而劳务者工资支出较高,比例也较大,所以旅游业被公认为劳动密集型产业。发展旅游业也是很多国家(地区)增加就业岗位数量、缓解就业压力的重要途径。

第二节　旅行社

19 世纪中叶,英国托马斯·库克创办了世界上第一家旅行社——托马斯·库克旅行社。19 世纪下半叶,欧洲首先出现了一些类似于旅行社的组织,广泛组织起了旅游活动。如今,旅行社已经成为旅游业三大核心产业之一。

一、旅行社发展简史

18 世纪以来,西方国家生产力迅速发展,社会财富急剧增加,科技的进步极大方便了人们的出行。1845 年,世界旅游业鼻祖托马斯·库克在英国创立了世界上第一家旅行社,主要代理旅行业务。19 世纪下半叶,类似的旅游机构相继出现在欧美和日本等国。

1923 年,当时的银行家陈光甫先生在上海商业储蓄银行设立了旅行部。这是中国近代旅游企业化的标志,陈光甫先生也被誉为中国近代旅游业的创始人。新中国为了方便国际交流,1949 年在厦门成立了华侨服务社(1974 年改名中国旅行社,简称中旅),主要接待来华旅游的海外华人。📖 如何看待"托马斯·库克"集团破产
中国国际旅行社总社(简称国旅)于 1954 年在北京成立,主要接待来华旅游的外国人。中国青年旅行社总社(简称青旅)于 1980 年在北京成立,主要接待来华旅游的国际青年旅游者。从此,我国旅行社行业形成了改革开放初期中旅、国旅和青旅三足鼎立的局面。

改革开放以来,我国旅游业发展蒸蒸日上,旅行社数量也不断增加,至 1985 年已达 450家,我国旅行社由 20 世纪 80 年代前的三家旅行社垄断进入到百花齐放的竞争局面。同时,

1985 年出台的《旅行社管理暂行条例》，标志着我国旅行社行业发展的不断规范化和法制化。1991 年出台的旅行社业务年检制度和《旅行社质量保证金暂行规定》，标志着我国旅行社发展由追求数量转变为提升质量。1997 年发布并实施的《中国公民自费出境旅游管理暂行办法》和 1998 年发布的《中外合资旅行社试点暂行规定》，则加快了外商参与投资中国旅行社的步伐。2009 年和 2013 年先后颁布的《旅行社条例》和《中华人民共和国旅游法》，则旨在更加规范我国旅游业的发展。

1999 年，携程和艺龙两家公司先后成立，这标志着我国旅游业开始尝试在线旅行服务。之后，一大批公司、网站（如驴妈妈、游侠客等）参与到在线旅行服务中，涌现出大量的 OTA（online travel agency，在线旅游旅行社），开始了线上线下共服务、同发展的局面。选择在线旅行服务，已经成为越来越多旅游者的出行首选。

二、旅行社的概念、分类和设立手续

（一）旅行社的概念

我国的《旅行社条例》规定：旅行社"是指从事招徕、组织、接待旅游者等活动，为旅游者提供相关旅游服务，开展国内旅游业务、入境旅游业务或者出境旅游业务的企业法人"。这里所说的旅游业务包括出入境手续代办服务、吃住行等接待事宜的安排、导游服务、票务预订、旅游咨询和旅游线路的定制等。经营上述旅游业务的旅行社、旅游服务公司、旅游咨询公司等营利性企业都属于旅行社企业。

国内社和
国际社

2018 年最具
影响力十大旅行
社企业排行榜

（二）旅行社的分类

由于每个国家（地区）的国情不同，旅游业发展的阶段也不同，因此对旅行社的分类也有所不同。

1. 境外旅行社的分类

西方国家对旅行社的分类通常为"二分法"，即旅游批发经营商（wholesale tour operator）和旅游零售商（tour retailer）两种。其中，旅游批发经营商是指主要经营批发业务的旅行社或旅游公司，具备一定规模，实力较强，数量较少。旅游零售商则是把旅游批发经营商的产品零售给旅游者，通过买进卖出的差额来获取利润。"三分法"则是将旅行社划分为旅游经营商（tour operator）、旅游批发商（tour wholesaler）和旅游零售商。其中，旅游经营商负责设计旅游产品，实力较强，数量较少。它们往往先批量购买交通、食宿、景区等各种单项旅游产品，然后根据市场需求，将这些单项旅游产品进行整合，设计成旅游产品。除了直接销售产品给旅游者，旅游批发商和旅游零售商也是它们的销售渠道。随着旅游业的发展，部分旅行社既经营批发业务，也从事零售业务，也组合旅游产品，相互之间的业务已经没有严格的区别，只是根据自身情况有所侧重而已。

2. 我国旅行社的分类

我国旅行社的类别主要根据经营业务范围来划分，属于典型的水平分工体系。1985—1996 年，我国旅行社分为一类社、二类社和三类社。一类社主要接待外国人来中国、华侨归国、港澳台同胞回大陆的旅游业务。二类社不对外经营，只接待第一类旅行社或其他涉外部门组织的外国人来中国、华侨归国、港澳台同胞回大陆旅游的业务。三类社只经营中国公民境内旅游业务。

1996 年，根据《旅行社管理条例》，我国旅行社分为国际旅行社和国内旅行社。国际旅行社主要经营出入境旅游业务和境内旅游业务；国内旅行社的经营范围仅限于境内旅游业务。2009 年 5 月 1 日开始实施的《旅行社条例》，则对国内旅行社的业务进行了新的框定，即在原来经营境内业务的基础上，也可以根据具体情况开展入境业务。

在实际工作中，我们通常把旅行社分为组团社和地接社。组团社指的是与旅游者签订旅游合同的出发地旅行社，通常委派全程陪同导游员（全陪）或出境领队随团服务；地接社指的是接受组团社在当地接待业务的地方旅行社，通常委派地方陪同导游人员（地陪）负责落实当地具体接待事宜。

▣ OTA"三剑客"谁最牛

随着旅游者对旅行社服务水平和管理质量的要求越来越高，越来越多的省份对旅行社也进行了星级标准评定，用"☆"的数量表示旅行社的等级。"☆"数量越多，旅行社等级越高。由于我国各省份旅游发展时间上有先后，水平上有差异，因此旅行社星级评定普遍采用的是各省份的指标体系。以浙江省为例，2017 年 12 月发布了第二版的《旅行社品质等级划分与评定》。该标准对评价体系做了适当调整，涉及基本条件、管理品质、设施品质、产品品质、营销品质、诚信品质和服务品质 7 个一级指标，评审过程也更加严密规范。

2015 年，全国旅行社规模达到 27621 家，其中大部分省份的旅行社数量都呈现增长趋势，旅行社数量最多的省份集中在江浙沪鲁等东部沿海地区。全国旅行社直接从业人员334030 人，其中签订劳动合同的导游和领队约占 47.12%。这也说明，线上导游自由执业已经被越来越多的省份接纳，"网约导游"也正在成为导游队伍中的主力军。

（三）旅行社的设立手续

《中华人民共和国旅游法》第二十八条规定：设立旅行社，招徕、组织、接待旅游者，为其提供旅游服务，应当具备下列条件（见表 5-1）。

表 5-1　旅行社设立的条件

项目	要求
经营场所	申请人拥有产权或者申请人租用且租期不少于 1 年的营业（非住宅）用房
注册资本	不少于 30 万元
营业设施	传真机、复印机、至少两部（含两部）以上的直线固定电话、可联网的计算机
人员	具有旅行社从业经历或相关专业经历的经理人员和计调人员；不低于旅行社在职员工总数20%且不少于 3 名与旅行社签订劳动合同的持证导游

具备以上条件，取得旅游主管部门的许可，便可依法办理工商登记。以国内旅行社为例，具体旅行社设立的申报程序如图 5-2 所示。

如申请设立经营出境旅游业务的旅行社，应当向国务院旅游行政主管部门或者其委托的省、自治区、直辖市旅游行政管理部门提出申请；申请设立外商投资旅行社，应由投资者向国务院旅游行政主管部门提出申请。旅行社设立分社的，应向分社所在地的市场监督主管部门办理设立登记手续，并向分社所在地的旅游行政管理部门备案。

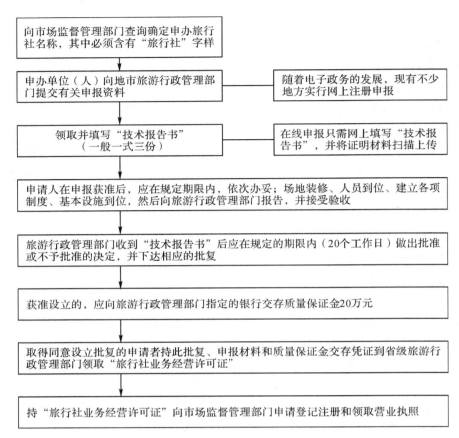

图 5-2　旅行社设立的审批流程

资料来源:张建融.旅行社运营实务[M].北京:中国旅游出版社,2013.

三、旅行社的基本业务

旅行社经营范围涉及境内旅游、出境旅游和入境旅游,主要业务包括组接团、旅游线路设计和包装、订房、订票、派车、派陪,以及代办旅游相关业务,如签证、票务等,同时可提供开展旅游咨询、旅游协助等工作。掌握旅行社业务部门及其操作管理流程、保证优质服务、向游客提供具有竞争力的旅游产品是旅行社高效率运行与赢利的关键。

按照业务流程,旅行社的基本业务包括以下几个方面的内容。

（一）旅游产品开发和设计

开发旅游产品,设计旅游线路是旅行社最基本的业务。旅行社应对旅游市场需求保持敏锐的洞察力,针对不同消费者的特点及旅游产品供应方的现状,精心设计和开发旅游产品,满足和引导市场需求。由于旅游者的需求千变万化,因此产品的设计一定要关注市场变化,具有针对性。随着文旅的深度融合,研学旅游、康体旅游等新的旅游产品亟待开发,这也对旅行社的产品类型和品质提出了更高的要求。产品研发人员应充分利用我国广袤的地理空间、丰富的文化遗存,开发多样化的旅游产品,增加旅游市场的弹性供给。

（二）旅游产品销售

销售是指借助各种有效媒介和渠道将产品推向市场,最终为消费者所接受,并实现产品价值的过程,包括制定销售战略、选择销售渠道、制定销售价格和开展促销等内容。旅行社只有将产品销售给旅游消费者,才能获得经营利润,所以产品的销售关系到旅行社的生存和发展。在如今的信息社会背景下,旅行社可借助互联网等信息技术,整合旅游资源,创新销售模式,契合旅游者的消费方式。

(三)旅游采购

旅行社组合包装旅游产品的前提是采购交通、食宿、游览、娱乐和保险等单项旅游产品和服务。有了单项产品,再经过设计和整合,然后销售给消费者。因此,采购成本直接关系到产品的最终价格,单项产品的质量直接影响旅游产品的整体质量。

(四)旅游接待

旅游接待过程是旅游者直接消费旅游产品的过程。游客购买的各种产品是通过旅行社的接待服务来完成消费过程的。旅游接待服务水平的高低直接决定了旅游产品质量的好坏。因此,旅游接待业务是旅行社的核心业务,是旅行社树立品牌形象、进行可持续发展的重要影响因素。

(五)旅游定制

旅游定制区别于传统旅游线路产品的预制。它是根据游客对时间、食宿、交通、游览活动等具体要求,为其单独设计行程、报价和提供服务的定制化产品。

综上,旅行社业务部门及其操作管理流程如图 5-3 所示。

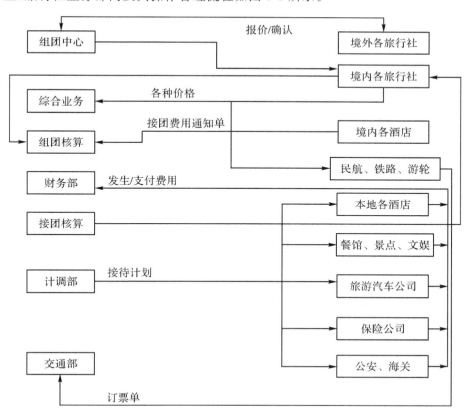

图 5-3 旅行社业务部门及其操作管理流程

四、旅行社的组织构建

不同类型的旅行社经营业务范围不同,组织结构不同;类型相同的旅行社,由于其发展目标、市场定位等不同,组织结构也会不一样。当然,旅行社作为营利的旅游服务企业,其主要部门和主要岗位的设立还是有一定共性的。一般来说,旅行社的组织构建有两种模式。

(一)按照职能划分的组织结构

按照职能划分的旅行社组织结构模式是目前中小型旅行社普遍采用的模式,如图5-4所示。

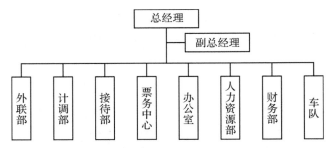

图 5-4　国内旅行社常见的职能直线制组织结构

这种组织结构,权力自下而上单线集中到总经理处,所以又称为直线制组织结构模式。在这些组织中,外联、计调、接待等这些直接涉及经营活动的部门,被称作"一线部门"。办公室、人力资源、财务等部门,不直接经营业务,但为一线部门服务,被归为管理部门。这些部门组织结构稳定、权力集中、分工明确,每位员工精通自己领域的业务,工作有效率。但也因为每个人专注于自己的岗位,难免限于本位主义,增加了部门之间沟通协作的难度,不利于提高旅行社的整体战斗力。

(二)按照地区或语种划分的组织结构

按照地区或语种,将旅行社划分成若干个与细分市场相关的部门,这样的组织形式被称为事业部制组织结构,是我国大、中型旅行社普遍采用的模式,如图5-5所示。

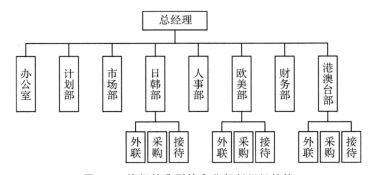

图 5-5　旅行社典型的事业部制组织结构

在这种组织结构中,旅行社的各部门拥有独立的产品和市场、独立的责任和利益,并实行分权管理。市场部主要负责境内旅游,境外客源地则按照区域再划分,每个区域部门都具备相应的外联、计调和接待功能,自行开展各种业务经营活动。同时,为了确保高层领导的管理权力和旅行社的整体性,决策权、资金分配权和人事安排权都集中在高层管理者手中。这种组织结构,实行政策管制集权化和业务营运分权化,有助于发挥各个部门经营管理的主动性,培养管理人才。

第三节　旅游饭店

除游览的景点之外,饭店一般是旅游者停留时间最长的地方,被称为旅游者旅行途中的第二个家。这里能满足旅游者的食宿、休憩、康乐等服务,是旅游业的一个重要组成部分。

一、旅游饭店发展简史

饭店的发展源远流长,大致经历了客栈时期、大饭店时期、商业饭店时期和新型饭店时期。

（一）客栈时期

古代客栈入住是否也需要身份登记

19世纪中叶以前,一些重要城镇和交通要道边出现了客栈,以方便当时徒步或马车出行的客商和宗教徒交流信息和落脚歇息。受当时社会发展水平影响,这些客栈设施简陋、规模较小,主要提供基本的食宿,且客源庞杂,不够安全。

（二）大饭店时期

19世纪后半叶,科技进步为上层社会人士外出旅游提供了交通便利。这个时期的饭店规模较大,设施完善,主要为当时的贵族官僚和公务旅行者服务。同时,为了确保服务质量,从业者也经过了培训,能够给予客人一定的安全感。英国人恺撒·里兹经营管理的伦敦萨伏伊饭店可以说是当时大饭店时期的典型饭店代表。

（三）商业饭店时期

20世纪初,社会经济发展到一定程度,饭店的服务对象从社会上层人士转向了大众客人。这个时期的饭店开始注重成本,强调科学管理和标准服务,开始以客人为中心。美国是商业饭店的发源地,1908年的斯塔特勒饭店被誉为这个时期饭店中的里程碑。

（四）新型饭店时期

20世纪中叶以来,随着社会经济的发展和交通的便捷,旅游已经成为社会大众日常生活的一部分,现代新型旅游饭店应运而生。现代新型旅游饭店往往坐落于城市商业中心或交通便捷的地方,规模更大,服务更规范,项目更多样,设施更现代。这个时期,饭店集团首先在美国迅速崛起,并逐步扩展到了世界其他地方。

而在中国,春秋战国时期就出现了饭店设施。数千年来,经历了古代的驿站、迎宾馆,近代的西式饭店、中西结合式饭店,直到现代的新型旅游饭店,饭店设施和服务日趋完善,经营管理更为先进,建筑形式更加多样(见表5-2)。

表 5-2　古代客栈与现代饭店比较

项目	古代客栈	现代饭店
功能	住宿＋餐饮	除住宿、餐饮外还可以提供商务、会议、度假、康乐、婚庆、购物、娱乐等
设施	小房＋木床	除现代化的住宿设施,还有餐厅、咖啡吧、游泳池、健身房、洗浴中心、网球场,甚至有高尔夫球场等
服务	掌柜＋小二	现代饭店一般包括前厅、客房、餐饮、康乐、工程、保安、行政等部门,为顾客提供服务
类型	单一	现代饭店发展呈集团化、多样化、个性化趋势,有不同档次的酒店、公寓、度假村、汽车旅馆、主题饭店和连锁酒店等
经营	人工操作	现代饭店是信息化、智能化经营,多设有酒店管理系统(如 OPERA 酒店管理系统)、收益管理系统等

二、旅游饭店的作用

(一)旅游饭店是发展旅游业的重要设施

旅游饭店是开展旅游活动的重要场所,是旅游者用餐、住宿休憩和康乐的地方。旅游饭店的规模大小和服务水平高低,是一个国家或地区旅游发展水平乃至社会综合发展水平的重要标志。旅游饭店是旅游业中的基础设施,是发展旅游业的基本保障。

(二)旅游饭店是旅游创收的重要渠道

旅游饭店为客人提供食宿康乐等多种服务,能够积极回笼货币和赚取外汇,是旅游收入的重要来源。另外,饭店也是各类产品的消费场所,它的经营会刺激其他产品的消费,比如建筑装修、农产品生产、食品加工、娱乐表演等。因此,饭店业的发展能够带动社会相关企业的经营,创造丰厚的利润。

(三)能够增加社会劳动就业

旅游饭店是劳动密集型的企业,通过招聘员工为客人提供面对面的服务,创造了饭店内部的直接就业机会。同时,饭店厨房的物资采购、客房的设施更新等还会带动食品加工、建筑装修等相关行业发展,提供间接的就业机会。

(四)促进当地社会文化交流

现代旅游饭店不仅提供基本的食宿,还可以为人们进行社交活动提供会议室、健身房、游泳池、大剧场等重要场所,发挥了一定的社会文化作用。

三、旅游饭店的概念、类型和组成部门

(一)旅游饭店的概念

《旅游饭店星级的划分与评定》(GB/T 14308—2010)中对旅游饭店定义如下:旅游饭店是以间(套)夜为单位出租客房,以住宿服务为主,并提供商务、会议、休闲、度假等相应服务的住宿设施,按不同习惯也可能被称为宾馆、酒店、旅馆、旅社、宾舍、度假村、俱乐部、大厦、中心等。

(二)旅游饭店的类型

旅游饭店的分类标准多种多样,一般可根据客源市场、规模大小、等级档次等进行划分。

1. 根据客源市场分类

客源对象不同,饭店类型就不同,一般有商务、度假、会议和长住等几种类型的旅游饭店。不同类型饭店的地理位置、客源对象、服务项目等有所不同(见表5-3)。

表 5-3 不同类型的旅游饭店特色一览

饭店类型	所处位置	主要接待对象	硬件设施	特色服务项目
商务型旅游饭店	城市中心商务区	商务客人、公务旅游者	豪华舒适,设施齐全	商务服务
度假型旅游饭店	景区附近	疗养度假者	娱乐活动场所设施完善	体育娱乐
会议型旅游饭店	中心城市或度假胜地	会议旅游者	提供会议场所,设施齐全	会展/会议服务
长住型旅游饭店	交通便捷之地	短期工作或度假的客人	公寓式布局,家居设施完善	家庭气氛较浓,所需服务可提前向饭店提出

除此之外,还有许多特色的旅游饭店,如青年旅社、汽车饭店、主题民宿等,能满足客人的不同需求,提升饭店业的服务品质。特别是民宿,作为一种新的饭店业态,凭借其鲜明的主题、温馨的环境和体贴的服务,越来越受到旅游者的追捧。

2. 根据规模大小分类

国际上饭店规模划分的标准多样,通常依据的标准有饭店的客房数量、占地规模、纯利润等。按照饭店客房数量的多少,饭店规模划分如表5-4所示。

表 5-4 国际上不同类型的旅游饭店规模一览

饭店类型	房间数	消费价格
大型饭店	600 间以上	较高
中型饭店	300～600 间	适中
小型饭店	300 间以下	较低

3. 根据等级档次分类

国际上饭店业的等级评定主要有数字法、星级法、A级法等(见表5-5),有的由政府部门评定,有的由饭店协会或相关协会制定,标准也不尽相同。我国采用的是星级法,最低为一星,最高为白金五星。

表 5-5 世界部分国家饭店等级制度

国家	饭店等级所用名称标志	评定部门
美国	五星、四星、三星、二星、一星或五钻、四钻、三钻、二钻、一钻	美国美孚石油公司/美国汽车协会
法国	五星、四星、三星、二星、一星或五屋、四屋、三屋、二屋、一屋	政府部门/米其林轮胎公司
意大利	豪华、第一、第二、第三、第四	政府部门
英国	五皇冠、四皇冠、三皇冠、二皇冠、一皇冠或五星、四星、三星、二星、一星、三玫瑰、二玫瑰、一玫瑰	政府部门/英国汽车协会
奥地利	A1、A、B、C、D	饭店协会
瑞士	按价格分为 1～5 等	饭店协会

续　表

国家	饭店等级所用名称标志	评定部门
西班牙	五星、四星、三星、二星、一星	政府部门
爱尔兰	A＋星、A星、B＋星、B星、C＋星	政府部门
希腊	A、B、C、D、E等	政府部门
挪威	多村、城市、山区、观光	政府部门
加蓬	豪华、舒适、现代	饭店协会
以色列	五星豪华、五星、四星、三星、二星、一星	政府部门

资料来源:王建平.饭店新论[M].北京:中国财政经济出版社,2003:27.

一、二星级多为经济型饭店,提供基本食宿服务;三星级为中档饭店,装修舒适良好,服务规范;四、五星级为高星级饭店,装修考究,服务优质。星级标志由长城与五角星图案构成,用一颗五角星表示一星级,两颗五角星表示二星级,三颗五角星表示三星级,四颗五角星表示四星级,五颗五角星表示五星级,五颗白金五角星表示白金五星级。

当然,并不是所有的饭店都需要评定等级。有些酒店致力于通过优质的服务和舒适的环境来创立自己的品牌。如当我们谈起万豪、希尔顿等,很多旅游者就明白这些酒店的服务和价格。

(三)饭店的组成部门

饭店规模不同,往往设立的部门有所区别,规模越大,部门越齐全,一般有前厅、客房、餐饮、康乐、财务、工程、采购、人力资源、安全、信息等部门组成。其中前厅部是饭店的门面,其装修风格、面积大小和服务质量很大程度上成了消费者衡量饭店服务质量的重要指标。客房部、餐饮部和康乐部是饭店重要的业务部门,直接面向客人提供服务。财务、工程、人力资源、安全、信息等职能部门虽然不直接服务客人,但它们服务于客房、餐饮、康乐等一线部门的工作人员,间接影响一线工作人员的对客服务质量,同样也是保障饭店正常运转的重要部门。某酒店组织结构如图5-6所示。

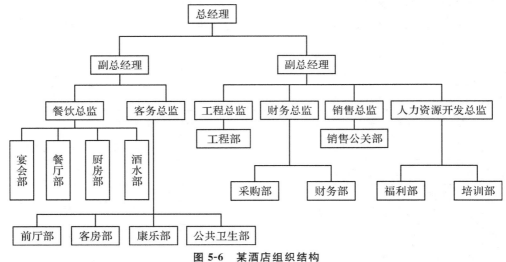

图5-6　某酒店组织结构

四、旅游饭店的发展趋势

我国旅游饭店行业成长迅速，与国际密切接轨，是我国重要的对外开放的窗口。

（一）产业形态多元化，服务产品个性化

除传统的度假饭店、商务饭店外，公寓酒店、青年旅馆、快捷酒店等经济型饭店快速扩张，如雨后春笋破土而出。客栈民宿、公寓租赁等新颖的住宿类型已成为饭店的新业态。面对市场多样化的需求，饭店服务产品也越来越个性化，私人订制、智能机器人等服务相继面世，并受到人们的追捧。

（二）饭店竞争更加激烈

相较于饭店的硬件装修，饭店"软实力"的竞争更加突出。饭店服务与管理工作涉及的内容很多，这对饭店从业者的素质提出了更高的要求，既要能熟练运用人际沟通技巧，又要具备优质的服务和管理能力。饭店竞争主要是服务的竞争，服务的竞争最终是人的竞争。

（三）饭店经营绿色化

当今社会，绿色环保理念愈发深入人心。早在 2006 年，中国国家旅游局就颁布了绿色饭店国家标准，2018 年中国绿色饭店新国标又正式对外公布。旅游饭店重视环保经营和倡导绿色消费已蔚然成风，比如客房床单提倡一客一换，一次性消耗品的废弃使用，饭店外立面太阳能的采集使用等。事实证明，减少排污，降低能耗，能让旅游饭店获得更大的经济效益和社会效益，走上可持续发展之路。

第四节　旅游交通

旅游交通是指旅游者利用各种交通工具，实现旅游地之间转移的方式。它包括旅游客源地到旅游目的地之间的大交通，旅游目的地之间的中交通，旅游城市的景点之间及景点内部的小交通。

🔗"黄金旅游线"
杭黄高铁今天
正式开通运营

一、旅游交通的作用

作为旅游业的基础条件的旅游交通是旅游业发展的前提。20 世纪 90 年代以来，我国各地加大投入和建设，飞速发展的旅游交通也助力了旅游业的发展。

（一）旅游交通是达成旅游活动的必要基础

旅游者对旅游活动有着"旅速游缓"的要求，希望缩短在旅途中所花的时间，以便游览时间能够更充裕，活动能够更丰富。安全、快捷、舒适的现代交通设施和工具减少了旅游途中耗费的时间，提高了旅游效率，使出门远游成为可能和享受。

（二）旅游交通串联起旅游线路并成为重要旅游内容

我国地域辽阔，各具特色的旅游资源分布各地，因此需要旅游交通像针线串珠子一样把旅游景点连接起来形成旅游路线。另外，某些地区或景点的交通方式，本身就是某一时期当地人们生活状态的写照，具有一定的体验价值，是旅游线路上的重要组成元素。

🔗《关于促进交通
运输与旅游融合
发展的若干意见》

（三）旅游交通本身也会提高旅游业收入

一个完整的旅游活动必然包括餐饮住宿、休闲娱乐及不可缺少的交通行程等方面。在旅游活动中,吃、住、行是最基本的消费,其中旅游交通在整个旅游活动中的消费支出占比非常高,在越来越热门的出境游中,交通费用占比超过三成,是旅游消费支出中的重要部分。

二、旅游交通的主要类型

旅游交通是衡量一个地区旅游业发展水平的重要指标。旅游地距离和地理环境通常是旅游者选择交通工具的考虑依据。当前,旅游地之间的大交通主要采取飞机和铁路的方式,旅游地各景点间的交通还是以公路交通为主,而水路交通在某些特殊旅游线路中也占有一席之地。

（一）公路交通方式

发达的公路网络是旅游交通中短途交通的主要实现方式。公路交通受自然条件影响小,对道路要求低,停靠地点灵活。公路交通不足之处在于速度和舒适性不及铁路,而费用又较高,运载效率低,不适合长距离出行。随着房车、家庭旅游大篷车的出现,公路交通又兼具了餐饮和住宿的功能,深受旅游大众的喜爱。随着我国全国高速公路网的形成和家用汽车的普及,汽车旅游发展迅猛。2014—2021 年我国公路总里程及公路密度如图5-7 所示。

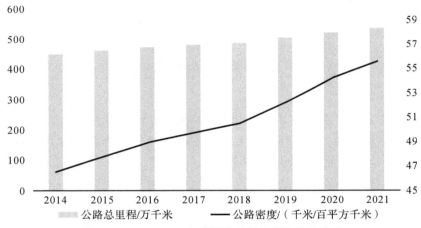

公路总里程/万千米 ——— 公路密度/（千米/百平方千米）

图 5-7　2014—2021 年全国公路总里程及公路密度

（二）铁路交通方式

中国速度
领跑世界

1841 年,以英国人托马斯·库克组织的历史上第一个火车旅行团为标志,铁路逐渐成为旅游出行的主要交通工具。铁路交通在速度、安全性、运载量、舒适性等方面都具有很大的优点,而最让人们向往的就是坐着火车欣赏沿途的风景。如乘坐"唐竺古道号"列车沿着通往西藏腹地的青藏铁路,你将目睹温暖晨曦中的可可西里,云雾缭绕的连绵山丘,神圣威严的皑皑雪山,还有近在咫尺的措那湖。我国的高速铁路发展很快,为长途旅游交通提供了很好的选择方案。另外,轻轨和地铁等也为城市内或邻近城市间的短途交通解决了拥堵等问题。目前我国铁路营业里程达到 13.1 万千米,其中动车高铁通车里程 3 万千米,极大方便了人们的出行。铁路交通与公路交通相比,其建设周期长,前期投入大。2014—2021 年全国铁路营业里程如图5-8 所示。

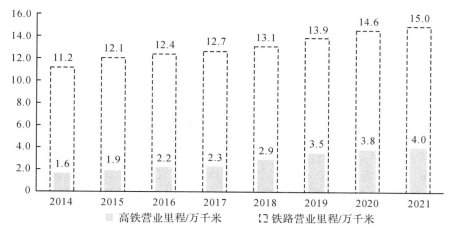

图 5-8　2014—2021 年全国铁路营业里程

■ 高铁营业里程/万千米　　□ 铁路营业里程/万千米

（三）航空交通方式

航空运输是各种交通方式中出现最晚的。1903 年,美国研制出了全球第一架飞机;1919 年,德国开办了全球第一条民航定期航线。航空交通舒适快捷,适合远距离的洲际、国际及大中城市间的飞行,已经成为越来越多旅游者选择的出行方式,同时,我国自行研制的大飞机也即将投入商业运营(见图 5-9)。我国航空运输业发展也非常迅猛,至 2018 年底,我国共有民用航空机场 235 个,其中年旅客吞吐量达到百万人次的有 95 个,超千万人次的有 37 个。航空交通的主要问题是易受气候条件和空中管制等影响导致航班延误影响出行,且飞机票价高,运输量远小于铁路交通。

📱 长三角机场群旅客吞吐量跻身全球前五

图 5-9　我国自行研制的 C919 大飞机

（四）水路交通方式

水路交通是一种较为古老的运输方式,具有运量大、成本低等优点,包括了内河航运、沿海航运和远洋航运。现代邮轮设备齐全、设施高档,旅游者既可以享受邮轮上的悠闲时光,也可以登岸领略当地风情。这一出行方式受到中高端消费层次旅游者的喜爱。在我国,坐豪华轮船畅游三峡、在桂林泛舟游漓江、在京杭大运河坐仿古龙舟旅游等以水路交通为载体的水上旅游项目,也吸引着境内外的众多旅游者。水路交通速度慢、易受气候水情影响等使得其只能作为辅助旅游交通方式。

📱《中国邮轮产业发展报告》(2019)

改革开放 40 多年来,中国已建成了完善的旅游交通立体网络。在飞机、火车、汽车之外,还有一些各具特色的旅游交通方式,如热气球、索道、缆车、竹筏、羊皮筏、马车、骆驼、轿子、雪圈等。这些交通方式不仅便于旅游者通过一些难行路段,而且能体现旅游目的地独特的风俗文化,既具有娱乐性又能使旅游者获得参与感,深受旅游者的喜爱。

三、影响旅游交通选择的因素

通常来说,旅游者往往会从安全、舒适、快速、经济等诸多层面考虑交通方式。实际上,不同层次和需求的旅游者考虑交通方式会有所侧重。旅游地的距离,旅游所需的时间、费用,以及个人主观偏好等因素都会影响旅游者对交通方式的选择。

一般情况下,商务旅游者更关注交通方式的高效与舒适,他们常常选择航空或高铁等出行方式;度假旅游者时间充裕,则重点考虑的是经济和便捷。对于中短距离的旅游者来说,火车或汽车是不错的选择;对于长距离的旅游者而言,航空则是首选。普通旅游者更关注旅游交通的费用高低。除此之外,天气、旅行经历等,都会影响人们对交通方式的选择。

第五节　旅游景区

"游"是旅游活动的核心内容,旅游景区是旅游者重要的游览和活动区域,是目的地自然景观和人文遗存的集中展现地。旅游景区在带来门票收入和娱乐项目收入的同时,也保护了当地的动植物资源,传承着当地的人文精神。因此,旅游景区在旅游业中必然占有至关重要的地位。

一、旅游景区的概念

根据原国家质量监督检验检疫总局发布的国家标准——《旅游景区质量等级的划分与评定》(GB/T 17775—2003),旅游景区是指具备相应旅游服务设施并提供参观游览、休闲度假、康乐健身等相应服务,有统一经营管理机构和明确地域范围的独立管理区。旅游景区是旅游者参观游览的目的地,自然类的旅游景区包括风景区、保护区、森林地质公园、度假区和动植物园等;人文类的旅游景区包括博物馆、游乐园、主题公园及文化艺术等各类旅游景区。

旅游景区必须由政府部门或企业对其进行统一的规划建设和管理。在我国,不同类型旅游景区有着各自的管理机构,如国家级地质公园、国家级森林公园由自然资源部管理,国家级风景名胜区由住房和城乡建设部管理,国家级自然保护区由生态环境部或自然资源部管理。

二、旅游景区的类型及等级划分

划分旅游景区类型,参考的依据有很多,如资源特色、质量等级、经营权属、收费情况等。常见的有以下两种分类。

(一)旅游景区的类型

按照旅游吸引物的形成要素,旅游景区可以划分为自然景区、人文景区与人造景区等。自然景区主要以自然景观资源为载体,是人们观光游览、亲近自然的场所。自然旅游景区可以分为山地型、森林型、水景型、洞穴型及综合型自然旅游景区 5 个亚类。

人文景区主要以古今人类创造的具有旅游价值的物质和精神财富为依托,主要有古典园林、博物馆、寺庙道观、文化遗址、历史古迹等。人文景区蕴含着丰富的人类历史文化知识,以其独特的人文魅力吸引着游客的探访和追寻。

人造景区是指由人工全新建造的、具有某类专门特点的景区,如主题公园、植物园、动物园等。

（二）旅游景区的等级划分

《旅游景区质量等级的划分与评定》(GB/T 17775—2003)将旅游景区质量等级划分为五级,从高到低依次为国家 AAAAA(5A)、AAAA(4A)、AAA(3A)、AA(2A)、A(1A)级旅游景区。

5A 级景区
迎来"大变局"

三、旅游景区的功能布局

按照功能,旅游景区主要划分为以下几个部分(见表 5-6)。

表 5-6　旅游景区的功能布局

功能区	说明
旅游接待区	旅游者提供问讯、接待、食宿设施、商业服务和邮电设施等
游览区	旅游景区的主要组成部分,风景点比较集中,是具有较高的风景特点的地段,是旅游者的主要活动场所。一个旅游景区可以由许多游览区组成,各游览区的景观主题应各有特色
居住区	风景区中工作人员及家属的集中居住场所,一般常和管理机构结合在一起,不宜和旅游者混杂,以免相互干扰
行政管理区	风景区中行政管理机构集中的地段,与旅游者不发生直接联系
加工工业区	如直接为本区旅游服务的主、副食品加工业,工艺品工业等,可以靠近或分散在居民区中,有的工艺品厂还可供参观游览用

资料来源:刘伟.旅游概论[M].北京:高等教育出版社,2018.

四、旅游景区的作用

（一）旅游景区是旅游地发展旅游业的基础

旅游者前往某一旅游地旅游,首先肯定是受此地某景区旅游资源的吸引,由此产生旅游动机并做出出游决策。旅游景区是旅游资源的核心区域和集中区域,是旅游活动的主要实施区域,景区发展的水平直接决定了旅游者对当地旅游业的整体印象。

（二）保护自然与人文资源、改善生态环境、促进科学研究

旅游景区的建立有助于保护大自然的物种,维持生态环境的平衡。游览景区就是在神奇的大自然中陶冶身心。同时,旅游景区在一定程度上也保护了具有代表性的人文古迹,为人们回顾历史、增长知识、开阔眼界提供了实物资料。

（三）能集中展现科教功能

旅游景区集中展现了当地独具特色的自然景观或人文历史,向旅游者展示并让其体验地方文化和历史风貌,有着别具一格的科教功能。旅游者在景区游览过程中,可以通过地质结构、地形地貌、稀有生物等获得地质学、生物学、人类学等方面的知识,通过摩崖石刻、诗联匾额、文物古迹等领略文学、艺术、园林建筑等知识的魅力,得到心灵的净化和精神的升华。

（四）是提升旅游经济的主要动力来源

旅游景区给旅游地带来的经济收入包括直接收入和间接收入两方面。直接收入就是景区门票收入和其内部各种游乐体验项目所产生的收入。间接收入是指景区依靠其自然人文景观吸引旅游者来旅游从而给当地餐饮住宿、交通购物及其他旅游商品消费带来的收入,从而带动地方经济全域发展。

未来观光旅游
仍是基础市场

五、我国旅游景区的发展

在我国,旅游景区仍是旅游资源的主要载体和人们旅游的主要去处,发展前景良好。

（一）我国旅游景区的数量及质量

1. 数量

经过多年发展,旅游景区的数量已经有了一定积累,且类型多样,具体如表5-7所示。

表 5-7　中国景区数量统计

类型	数量	统计截止时间	公布部门
国家级风景名胜区	244 处	2017 年 3 月	国务院
全国重点文物保护单位	4296 处	2013 年底	国务院
国家级森林公园	791 处	2014 年底	原国家林业局
国家地质公园	206 处	2017 年 9 月	原国土资源部
国家水利风景区	658 处	2014 年底	国家水利部
国家矿山公园	72 处	2005 年至今	国家自然资源部

由于不同类型的旅游景区属于不同的部门管理,因此表5-7呈现的并非最详尽的数据。

2. 质量

2019 年 7 月 6 日的第 43 届世界遗产大会上,"良渚古城遗址"又获批列入《世界遗产名录》。至此,我国世界遗产总数达到 55 处,已成为名副其实的世界遗产大国。同时,经过 10 年左右的景区评定工作,代表全国最高品质的 5A 级景区已超 250 家。

此外,有一批景区的建设和管理工作也取得了一定的成效,已跻身世界一流行列。比如人文旅游景区方面的明清故宫、苏州园林等;自然旅游景区方面的安徽黄山、浙江西湖等。可以肯定的是,中国旅游景区的发展已经从数量增长期跨入到质量取胜期。

（二）我国旅游景区发展现状

我国又添 22 处
国家 5A 级旅游景区

1. 消费升级促进景区产业链形成和延伸

旅游景区是旅游活动的主要载体,在旅游各要素中占有核心位置,与其他如酒店、旅行社、旅游商品等要素相比,景区是旅游地独一无二的资源。随着境内旅游模式由以观光为主到以休闲度假、体验文化为主的转变,旅游消费水平层层升级,境内很多知名景区和企业纷纷进行景区转型和改造以适应旅游消费的新需求。同时,在消费升级的过程中,景区收入不再靠单一门票、纪念品等,而是向多层次、多维度消费发展,景区旅游实现从"门票经济"到"综合经济"的转变。

2.景区企业深耕细分市场

随着我国社会经济的持续发展,国民收入的增长带动了生活消费和旅游消费的增长,而中国旅游业的快速发展对经济的带动效果也十分明显,并且大大促进了就业并带动了其他行业的发展。我国景区将随着旅游需求的增长和升级逐渐深耕和细分市场。如东北特色冰雪旅游粗具规模,避暑胜地的避暑旅游方兴未艾,面向学子的研学游持续升温,动漫主题公园四处开花,特色小镇步入理性健康发展之路等。

3.旅游景区质量等级动态管理常态化

2016年,国家旅游局对全国A级景区进行专项复核整治,其中部分景区受到摘牌、降级、警告等处理。2017年,云南省丽江市丽江古城景区,黑龙江省牡丹江市镜泊湖景区,辽宁省大连市老虎滩海洋公园等3家全国5A级景区被严重警告,限期6个月整改。2019年,国家文化和旅游部根据5A景区年度复核结果,取消了山西省晋中市乔家大院景区的质量等级。警告、摘牌等一连串的信息,已明确了这样一个事实:旅游景区质量等级不再是终身制。

旅游景区质量等级代表了景区资源价值和接待管理水平,是游客选择旅游目的地的重要依据。景区评上相应等级之后,不能有"躺赢"的想法。而应该以相应等级或高于相应等级的国家标准建设和运营景区。今后我国旅游景区质量等级的评定将实行动态管理,退出机制也将常态化。

第六节　旅游娱乐

随着旅游业的发展,人们已经不满足于纯粹的观光旅游,转而热衷于度假旅游和体验旅游,希望在旅游活动中获得欢乐,释放身心。由此,旅游娱乐在旅游活动中显得尤为重要。

一、旅游娱乐的概念与类型

旅游娱乐是指旅游者在旅游活动中,在特定的环境和项目中,欣赏和参与娱乐活动并享受服务的活动。旅游娱乐体现了人们旅游的终极目标——"求乐",其贯穿于旅游活动的全过程,涉及旅游住宿、旅游餐饮、旅游交通和旅游购物等。近些年,旅游业注重旅游者的亲身体验,旅游娱乐设施建设和服务水平都有明显提高,旅游娱乐正在蓬勃发展。

旅游娱乐活动根据设施不同既可以在室内也可以在室外。室内娱乐活动一般以三星级以上宾馆提供的娱乐康体项目为主,如保龄球、健身、室内游泳、桑拿浴等。室外娱乐活动主要有冲浪、潜水、滑雪、高尔夫、广场表演秀、摩天轮等。为了提高旅游目的地的竞争力,丰富人们的旅游生活,近些年在全国范围内兴建了大量的度假村、农庄等休闲娱乐场所。一些旅游城市也纷纷挖掘地方特色资源,精心策划组织了大型娱乐演出活动,为观众献上气势恢宏的视觉盛宴,如"印象"系列——《印象·刘三姐》《印象·普陀》《印象·丽江》等。

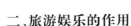

二、旅游娱乐的作用

(一)丰富旅游产品

旅游业已从单纯的观光旅游向深度体验旅游发展,旅游产品也必然要包含更多的文化娱乐项目和活动,满足旅游者不断提高的娱乐需求。旅游娱乐项目重在打造旅游者的旅游体验,丰富旅游产品的内容,增加旅游产品的层次,提升旅游产品的内涵和竞争力。

(二)扩大旅游收入来源

国际上,门票开支占游客旅游消费总支出的 7% 左右,而中国游客的门票开支占比却相当于国际占比的 3 倍。这意味着,中国旅游者娱乐支出消费不高,但挖掘空间大,更多的钱可以花在能满足游客精神需求的文化娱乐消费上。旅游业通过为旅游者提供食、住、行、游、购、娱等服务获取经济收益,食、住、行作为旅游生活中的必需消费,具有相对的稳定性。而娱乐消费重在关注旅游者的精神需求,其空间大,弹性足,具有相对无限性,将成为旅游收入的重要来源。

(三)凸显旅游的文化职能

旅游娱乐在旅游活动中无处不在,其特有的参与性和体验感强烈地吸引着旅游者。旅游娱乐融艺术性、娱乐性和参与性为一体,是一个国家或地区的地方文化和民族文化的生动体现。五湖四海的人们在轻松、愉快的活动气氛中一起娱乐,促进了交流和了解,增进了感情和友谊,弘扬了民族文化。旅游娱乐活动为世界各国各地区的人们搭建了一个轻松愉悦的交流平台,体现了其文化职能。

三、旅游娱乐业的特点

(一)取材广泛,可塑性强

我国疆域辽阔,各地风土人情、生活习俗差异较大。本土化的生产生活方式,方便了旅游娱乐产品的就地取材。依托少数民族文化开发的各类娱乐产品,如苗族群众自创的娱乐性舞蹈——竹竿舞、土家族独有的摆手舞、广西桂林山歌等都以旅游者喜闻乐见的产品形式出现,具有较强的可塑性。

(二)强调观赏与参与结合

在满足旅游者观赏风景或节目的同时,现在的旅游娱乐活动更关注游客的参与度和体验感。旅游者可以穿起当地的特色服饰,一起唱歌,一起跳舞,一起 DIY 体验特色手工技艺,充分感受当地文化的浸润与滋养。

(三)娱乐功能的强大组合

旅游娱乐产品贯穿旅游活动的食、住、行、游、购这五大要素。如与交通结合的冰雪旅游马拉爬犁、穿过居民楼的重庆轻轨(2 号线李子坝站),与少数民族表演结合的云南过桥米线宴席等,都是一种以娱乐为主的旅游文化生活体验。

四、我国旅游娱乐业的发展

旅游娱乐业最早的雏形是集市杂耍,其以愉悦顾客为目的。后来随着城市的出现,慢慢形成了成固定的游乐场所。发展到现在,旅游娱乐消费已成为现代旅游产品的重要内容,是人们越来越关注的深度体验。

中国旅游娱乐业起步于 20 世纪 80 年代,相对较晚。早期,中国旅游娱乐以中小型娱乐园为主,1985 年以后出现了广州东方乐园等主题公园。1997 年,国家旅游局颁布了游乐园(场)安全和服务质量国家标准,标志着真正将旅游娱乐业纳入行业管理。

如今,旅游娱乐业在我国分布较广。三星级以上宾馆提供各种类型的娱乐服务,风景秀丽的山海湖泊出现了大批的休闲旅游度假区,旅游景区和旅游城市相继推出了精彩的旅游娱乐表演活动,大型主题公园也陆续落户城市。这些娱乐产品和服务,正在满足着旅游者健康养身、休闲度假和体验异域文化的需求。

旅游演艺市
场潜力有多大

当然旅游娱乐业的发展也存在一些问题。首先是主题公园的重复建设和盲目投资问题。主题公园要有自己的文化主题,主题越鲜明,越突出本土味,才会越有文化魅力。选定主题,做深做细,甚至"小题大做",才能吸引旅游者(见图 5-10)。其次是行业管理问题。旅游娱乐业的管理模式要国际化和人性化,要依照消费者所希望的标准去设计旅游娱乐业的产品,而不是提供自身本来就有的产品。与国际旅游娱乐业相比,我国的旅游娱乐消费还有更多的潜力可以挖掘。

图 5-10　宁波前湾新区方特东方神话度假区

第七节　旅游商品

旅游购物已经成为各国各地增加旅游收入的重要手段,旅游者的购物支出影响着旅游业的经济收益,是旅游业发展中不可忽视的部分。

一、旅游商品的概念和类型

(一)旅游商品的概念

旅游商品是指旅游者在旅游活动中所购买的具有纪念性、艺术性和实用性的物质产品,它们或作为日常使用,或用作纪念欣赏,或用来馈赠亲友,满足了人们物质和精神需求。根据以上表述,我们得出旅游商品的特点:一是旅游商品是旅游者在旅游目的地游览时购买的,因此具有"购买的异地性";二是部分旅游商品在旅游活动时已被使用,部分在旅游活动后被带回居住地,因此其有别于服务性产品,具有"有形性"。

旅游商品讲究美观实用,更体现了异地的特色文化。例如杭州的丝绸、宜兴的紫砂壶、景德镇的瓷器等。同时,为了便于旅游者购买,旅游商品的销售企业一般开设在旅游者出入频繁的地方,如旅游景区、酒店餐厅等。

中国特色
旅游商品大赛

(二)旅游商品的类型

旅游商品种类繁多,大致有以下几种类型。

1.旅游纪念品

旅游纪念品主要是指那些纪念性和艺术性最显著、民族风格和地方色彩最突出的旅游商品。这也是旅游商品中最核心的部分。旅游纪念品所含内容广泛,包括各种允许出售的历史古玩及复制品,也包括各种珠宝、玉石及金银制作的纪念品,还包括各种技艺精湛的工艺美术品等。

2.土特产品

土特产品一般是指具有浓郁特色和风味、唯旅游目的地当地出产品质最佳的产品。因土特产品选用当地原料制作,故地域不同,特产各异。我国土特产品品种繁多,各具特色,如绍兴黄酒、南京盐水鸭、洞庭碧螺春等,这些都是旅游者喜欢购买和品尝的商品。

3.旅游日用品

旅游日用品是保证旅游者旅行顺利进行的生活必需品,注重实用性。主要包括饮料、糕点等主副食品,旅游指南、地图等旅游户外用品,太阳帽、雨伞、化妆品等日常生活用品。这些商品既实用又有纪念意义,如杭州的绸伞、舟山的渔民画T恤、台湾的凤梨酥等。

二、旅游商品的作用

(一)促进地方就业,扩大收入来源

购物消费在国际旅游消费中占比约为50%,欧美等地的比例还要高出很多,而我国则远远低于这个比例。这意味着,我国旅游购物的开发前景非常可观。随着旅游商品业的发展,各地对旅游商品设计、生产和销售人员的需求量必定增大,这对扩大社会就业、增加地方收入和调整地方产业结构有着不可忽视的作用。

文旅融合
的故宫实践

(二)丰富旅游活动,增添旅途乐趣

旅游商品业的发展有利于丰富旅游活动内容,增添旅途乐趣。购买旅游商品,既是激发旅游者消费、满足其物质和精神需求的过程,是旅游活动中必不可少的环节;又是旅游地宣传地方文化艺术,树立当地美好形象的过程。如果商品类型丰富、品质上佳,购物环境温馨,旅游购物本身也会成为一项独特的旅游资源,如迪拜的购物中心,各地的奥特莱斯小镇等。

(三)保护民间工艺,传承地方文化

旅游商品业的发展有利于传承和保护民间工艺和地方文化。旅游商品是由很多民间工艺品开发而来的,生动反映了一个国家或地区传统的文化艺术和生产生活习惯。将民间工艺品开发成旅游商品,销售给旅游者,可以使其产生经济价值,激发人们对民间工艺品的生

产热情,起到传承文化的作用。目前我国已开始加强对非物质文化遗产的保护,很多传统民间工艺都处在被保护之列,发展旅游商品业是保护传统民间工艺的一个重要途径。

三、我国旅游购物的发展

我国旅游购物占旅游消费支出的比例大概为 20%,旅游购物发展薄弱,旅游商品的开发、生产与销售滞后,这同时也表明我国旅游商品业可挖掘的经济效益的潜力相当大。目前,我国旅游购物中主要存在市场管理混乱,商品雷同,特色不足等问题。应针对这类问题进行旅游商品的开发,有效改善目前旅游购物存在的问题。

(一)旅游购物中存在的问题

1.市场管理混乱

在旅游购物市场中,商品鱼龙混杂,售后服务不佳,导致买卖双方缺乏信任。有些旅游景区的购物环境更是混乱,小商小贩以次充好、过度推销,扰乱了游客的游览计划,影响了游客的游览情绪。甚至有些旅行社和导游为了赚取购物店的"人头费"和购物回扣,随意增加购物次数,延长购物时间,招致游客反感。

2.商品雷同,特色不足

长期以来,我国入境旅游购物依然以丝绸类服装、瓷器和茶叶等传统的商品为主。境内旅游商品也是大同小异,缺乏地方特色和文化创新,更是鲜有具有纪念意义的商品。究其原因,主要是旅游商品的生产商数量少、规模小,研发产品的能力弱,更多靠模仿;旅游商品经营者的批发进货渠道单一,产品雷同无特色,缺乏竞争力。另外,部分旅游商品的生产商是个体经营的手工作坊,虽然有当地传统手工艺,但很难对其进行系统的开发,推广有困难。

(二)旅游商品开发

因此,结合市场现状,旅游商品的开发可以从以下几个方面改进。

第一,研发特色和实用商品。旅游商品应兼具实用性、艺术性和独特性,其中,特色是旅游商品的竞争力。应深入挖掘旅游目的地的优秀传统文化,将地方特色文化元素融入产品开发设计中,突出产品的文化特色,吸引和激发旅游者的购买欲望。随着旅游经历的增加,旅游者购物越来越理性,倾向购买兼具欣赏价值和实用价值的旅游商品,如图 5-11 所示。旅游商品的开发重点应投放在日用生活类的旅游商品上。

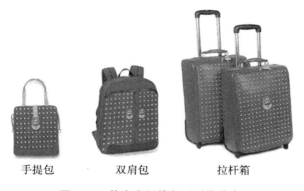

手提包　　　　双肩包　　　　拉杆箱

图 5-11　故宫宫门箱包系列旅游商品

第二,建立旅游商品的研发基地。一方面,应积极引入和培养旅游商品的研发人才。充分发挥地方非遗传承人的优势,为传统手工艺者和现代研发人员的交流搭建平台,努力加大传统手工艺品的开发规模。另一方面,加强对旅游商品市场的宏观调控,举办特色旅游商品大赛,建设旅游商品研发和生产基地,提供资金和政策保障。

第三,强化旅游购物市场管理。文旅行政管理部门应连同市场监督部门,加强对旅游购物市场的执法监督力度,努力通过整顿行业乱象,建立正当的行业市场。同时,健全行业管理制度,让工艺品专卖店、特产直销点和文化产品体验店在正当营业中获利,让"回扣""人头费"在制度约束中低头。

第四,营造良好的购物环境。消费者注重商品的品质,也注重购物的环境。完善的配套设施,可以保证购物场所的正常运营,更可以为旅游者带来美好的购物体验,促进商品销售。购物已成为一种现代休闲消费方式,营造一个有特色、有秩序、人性化的购物环境非常有必要。

课业测评

第五章课业测评

参考文献

白翠玲.旅游学概论[M].杭州:浙江大学出版社,2013.

郭胜.旅游学概论[M].北京:高等教育出版社,2017.

郭剑英,沈苏彦.旅游学概论[M].北京:中国林业出版社,2016.

洪帅.旅游学概论[M].上海:上海交通大学出版社,2017.

刘扬林.旅游学概论[M].北京:清华大学出版社,2016.

李天元.旅游学概论[M].7版.天津:南开大学出版社,2014.

刘琼英,汪东亮.旅游学概论[M].桂林:广西师范大学出版社,2017.

孙洪波,周坤.旅游学概论[M].上海:上海交通大学出版社,2017.

吴必虎,黄潇婷.旅游学概论[M].北京:中国人民大学出版社,2013.

朱华.旅游学概论[M].北京:北京大学出版社,2014.

张建融.旅行社运营实务[M].北京:中国旅游出版社,2013.

刘伟.旅游概论[M].北京:高等教育出版社,2018.

王建平.饭店新论[M].北京:中国财政经济出版社,2003.

第六章　旅游文化

名言名句

　　一个缺乏知识的旅行者就是一只没翅膀的小鸟。

——萨阿迪

🔗 中国红色旅游
文化发展延安宣言

学习目标

【知识目标】

1. 知晓旅游文化的概念与分类。
2. 掌握旅游文化的功能与特点。
3. 明白旅游文化与旅游产业的关系。
4. 知晓旅游文化整合与创新的原则。

📄 第六章思维导图

【能力目标】

1. 能够阐述旅游的文化属性。
2. 能够分析旅游文化对旅游产业发展的作用。
3. 能够分析旅游文化保护与创新的关系。
4. 能够分析旅游文化的创新原则与路径。

【素养目标】

1. 养成主动学习旅游文化的习惯。
2. 具有旅游文化开发与保护意识。
3. 具有文化与旅游融合发展的意识。
4. 具有传承与发展中国旅游文化的信心。

案例导入

海南旅游：演绎"文化的力量"

　　远古的图腾、华美的衣饰、神奇的文身、令人惊讶的舞蹈乐器和生存技巧……在海南省博物馆，陌生而又新鲜的黎族文化让来此游览的游客眼前一亮，流连忘返。曾几何时，这些历史悠久的黎族文化，几乎濒临失传。为了传承节日文化，黎族人民将三月三、七夕嬉水节等传统节日搬进了景区；为了保护环境，黎族村民几乎不再打猎伐木；为了继承和发扬优秀传统手工艺，黎族人民重拾钻木取火、原始制陶艺、树皮布加工等传统生活生产方式和工艺。除了黎族传统文化，在海南，还有很多独特而又鲜活的地方文化：二十三年红旗不倒的革命文化、下南洋闯生活留下的侨民文化，还有在推动建设生态省建设中形成的生态文化……

　　只有紧紧把握住海南地方传统特色文化，才能给景区注入可持续发展的强大动力。南湾猴岛在景区建设过程中着重凸显热带海岛与猕猴自然保护区的特色生态文化，在全国首先提出人、动物、自然之间和谐共存的"三人理论"，即"猕猴是主人、游客是客人、景区经营管理者是仆人"。"呀诺达"景区将热带雨林文化和乡土民俗文化有机结合,让游客在欣赏海南原始雨林奇观的同时,在景区服务人员一句"呀诺达"的问候语中体会到海南热情好客的人文魅力。槟榔谷原生态黎苗文化旅游区始终致力于对海南黎苗文化遗产的发掘保护与民族文化的弘扬,成为备受境内外游客青睐的特色民俗景区。

资料来源:光明网,http://epaper.gmw.cn/gmrb/html/2012-04/12/nw. D110000gmrb_20120412_1-16. htm? div=-1。

思考:文化给海南旅游带来了哪些本质性变化?

第一节 认识旅游文化

增强中华文明
传播力影响力

党的二十大报告指出"坚持以文塑旅、以旅彰文,推进文化和旅游深度融合发展"。文化以旅游为传播载体,是旅游的内核和灵魂。旅游与文化的融合发展是创新旅游发展方式的基本诉求和必经之路。于是旅游文化这个概念逐渐成为业内研究和讨论的新聚焦点。

一、旅游文化的概念和分类

人类文化在社会生活中的覆盖面和影响面极为广泛。当人类文明发展到较高、较先进和现代的层次之后,人类就开始追求更丰富多彩的生活。旅游就诞生于人类的这种追求之中,旅游本身就是人类的文化活动之一,其本质和内涵赋予了它深刻的文化根基和底蕴,把文化纳入旅游之中也是旅游业改革的必然趋势,没有文化的旅游业缺乏灵魂。

(一)旅游文化的概念

"旅游文化"的定义是由美国学者罗伯特·麦金托什和夏希肯特·格波特在《旅游学——要素·实践·基本原理》一书中首次提出的。他们认为旅游文化是"在招揽和接待游客与来访者的过程中,游客、接待的官方和团体及相关设施资源之间互动产生的关系总和"。

由于对"文化"这一概念的表述和理解很难完全框定和统一,对"旅游文化"的界定和理解也有不同,因此,"旅游文化"的内涵和外延都需要进一步的探讨和界定分析。目前,各国学者对"旅游文化"定义的解释大致包括下面两种类型。

1. 旅游文化是旅游活动中产生的物质和精神文化总和

它与旅游活动紧密相连,源于旅游活动,作用于旅游活动。旅游文化一般可分成广义的旅游文化和狭义的旅游文化。广义的旅游文化是指在从出发到目的地再到旅途结束的旅游过程中,一切能让旅游者体验、认识、享受到的物质性和精神性文化;狭义的旅游文化则是指一切能使旅游者在途中获得并能提高旅游文化素质的物质与精神成果。

2. 旅游文化是由旅游主体、旅游客体和旅游媒介共同作用的结果

它不只是旅游地或服务提供者本身所具有的文化元素,而是旅游主题、客体、媒介三要素相互作用,在旅游文化的产生、提供、传播等环节中所表现出的物质和精神成果。旅游者是旅游文化产生的核心要素,其在旅游活动中所体现出来的特殊的审美取向、文化爱好、价

值认同等方面及其物质性的表现构成了旅游文化的内涵特征。

　　基于这两个定义,我们可以把旅游文化概念表述如下:旅游文化是人类创造的与旅游活动紧密相连的物质与精神文明的总和,凡在旅游活动过程中能使旅游者得到体验、获得认知,受到教育,有助于旅游服务者提升文化知识和素养的物质文明和精神文明,都属于旅游文化的范畴。

📖 旅游需求越来越多样化

　　旅游文化的内涵丰富,外延也相当广阔。既涉及历史与地理、民族与宗教、园林及建筑、民俗和娱乐、自然风光景观等旅游客体文化领域,又涉及旅游者的文化与素养、兴趣与爱好、行为及方式、宗教信仰等旅游主体文化领域,更涉及旅游业的商品文化、服务文化、导游文化、管理文化、法律法规等旅游媒介文化领域。

（二）旅游文化的分类

　　旅游文化包括旅游主体文化、旅游客体文化和旅游媒介文化。

1.旅游主体文化

　　旅游主体文化主要包括旅游者自身的知识、兴趣、性格、心理、行为方式,旅游者的世界观、人生观和价值观,以及旅游者的生活、工作与成长背景等。

2.旅游客体文化

　　旅游客体文化主要包括旅游地历史与地理文化、民间风俗与饮食文化、宗教信仰与服饰文化、人文建筑与自然景观文化、艺术与娱乐文化等。

3.旅游媒介文化

　　旅游媒介文化主要包括旅游用餐和住宿文化、旅游商品和服务文化、旅游管理和导游文化、旅游文化教育和旅游政策法规及其他旅游中介文化。

二、旅游文化的功能

（一）旅游目的地吸引力的源泉

　　文化需求是旅游主体萌生旅游动机的主要原因。现代旅游是旅游者追求高层次的精神享受和满足高层次的审美需求的活动,是旅游者对文化体验的内心渴望。工业与科技旅游、渔农与山林旅游、体育与教育旅游、文化与艺术旅游及其他各种形式的旅游的发展充分体现了旅游者主体意识的不断增强和对文化享受的不断追求。

（二）引导着旅游资源开发

　　当前,旅游资源的开发主要是以旅游市场的需求或者说旅游者的需求为目标,为了满足旅游者的消费需求,有些旅游地开发了大量流于俗套的旅游资源,使旅游地的文化特征模糊不清。旅游资源的开发必须要坚持以高品质文化为指导的原则,要在旅游活动中影响旅游者的文化取向,提高其文化品位,从而也提高旅游地的文化形象。

（三）促进国际文化的交流

　　从古至今,旅游活动与文化交流相生相伴,旅游从一开始就扮演起文化使者的角色,旅游活动促进了不同地域和文化圈的沟通交流。对旅游者吸引最大的是不同于本地的异域文化,旅游不仅跨越地理界线,也跨越时空界线,每一个旅游者不仅体验异域文化,同时也在旅游期间传播本土文化。随着经济的发展和旅游条件的改善,旅游活动的广度和深度也日益增长。全世界各国各族人民所创造的绚丽多彩的文化在旅游活动中得到了更充分更深入的交流,这促进了文化的融合和发展,带来文化发展的新鲜养分。文化旅游是促进各国人民交流,加深彼此了解的平台和桥梁。

三、旅游文化的特点

(一)多样性

旅游活动本身具有多样性、多元化的特性。旅游文化体现在旅游活动中的方方面面,旅游活动中的主体动机与需求、行为与特征,旅游客体中的资源等要素都具有多样性特点,而这些都是旅游文化多样性的具体表现。在研究领域,对旅游文化进行多维度研究也正是因为其内涵丰富、外延多样。

(二)时代性

人类文化的发展历程伴随着人类各种历史活动不断冲突、渗透、交流、融合的过程。在这个过程中形成了人类文化的不同阶段,也构成了世界文化的多样性。随着时代的发展,旅游文化的内容和形式也在不断地发生着变化。旅游文化的发展是一个不断丰富与升级的过程,与时俱进是其自身发展的特点。

(三)体验性

旅游文化的交流与传播主要是通过旅游者在旅游活动中的体验而实现的,旅游资源中的文化元素构成的文化氛围,让旅游者在潜移默化中受到文化的感染和熏陶。旅游产品的开发要突出文化的体验和感受,旅游企业文化也同样是员工由体验到认同的过程。

第二节　旅游文化与旅游产业

旅游活动本质上是一种文化活动。墨子说过:食必常饱,然后求美;衣必常暖,然后求丽;居必常安,然后求乐。现代旅游虽然范围广、形式多,内容丰富,涵盖经济社会、国际交流多方面,但其核心要素还是文化,是旅游者追求文化享受的一种综合性活动。

一、旅游产业的文化属性

旅游活动的内涵和生命力都源于文化,其发展动力也是文化。旅游的发展经历了从经济带动文化到文化引领经济的不断成熟发展的阶段。旅游与文化相辅相成、相伴相生,文化提升旅游,旅游推广文化。

《魅力中国城》
文旅博览会

从产业发展的角度看,文化产业和旅游产业是结合最紧密的两个产业,两者共同发展、互相促进。从全国范围来看,很多地方已经将这两个产业结合得相当成功了,收到了相当好的经济和社会效益。多个旅游胜地都有了"印象"系列,例如广西桂林的《印象·刘三姐》、云南的《印象·丽江》、浙江舟山的《印象·普陀》等,还有杭州的《宋城·千古情》、拉萨的《文成公主》等一系列大型历史文化表演,已经与当地旅游市场融合得很好,提升了当地旅游的文化品位,促进了当地旅游产业的发展。旅游产业的文化属性表现在以下几点。

（一）文化需求是旅游需求的基本动力

旅游需求中最主要的是文化需求。人们在旅游过程中虽然要满足吃住等物质要求,但促使其旅游的根本动因却是文化因素,是精神层面的需求。人们出门旅游,追求的主要是不同于日常生活的物质和精神体验,而对于不同地域的物质体验归根结底还是对于其独特文化韵味的追求。不管是寻访名山大川还是探寻历史古迹,不管是体验异域风土人情还是品尝风味特产,文化总是在其中起主导作用,文化的味道才是旅游最吸引人的味道。比如人们到北京旅游,故宫、长城、烤鸭,这些都是北京吸引游客的文化元素;人们到西湖游览,断桥残雪、雷峰夕照、苏堤春晓等西湖十景无不体现着历史文化风韵。最令人回味的便是蕴含在其中的文化魅力,以及人与自然和谐相处的心灵感悟和独具特色的民俗风情。

（二）文化资源是旅游产业的核心资源

中国有句古话:"山不在高,有仙则名;水不在深,有龙则灵。"这句话形象地揭示了文化元素在旅游资源层次和品位中的重要地位,有了文化,山川不仅秀丽而且更加有韵味,普通的一草一木、一溪一石立刻会带给人无限的联想和意境。文化给了自然以灵气和温度,很难想象泰山没有石刻、西湖没有传说、嵩山没有少林寺会是怎样的,旅游资源中的核心资源还是文化资源。在现代旅游业,旅游景点的吸引力和竞争力来源于文化资源的特征和魅力。

（三）文化环境是旅游发展的基础条件

旅游活动是人与人、人与自然深入互动的活动,人在旅游过程中必然会与他人、与自然相互影响,有正面的影响也有负面的影响。良好的旅游环境和秩序及优质的服务会给人带来比旅游地物质资源本身更加直观和深刻的体验和印象,反之,脏、乱、差的环境和服务会严重影响旅游地的形象和口碑。营造良好的旅游文化环境,提升旅游者和服务者的文明素养,是提高旅游品质、促进旅游发展,增强旅游地吸引力、提高竞争力的根本条件和主要因素。

二、旅游文化对旅游产业发展的作用

随着当今生活品质的不断提高,文化旅游已成为一种发展迅速且深受欢迎的旅游形式。文化因素在旅游活动中的作用更加突出,要提高我国旅游业发展水平,扩大国际知名度,就应该更加大力发展旅游文化。

（一）旅游文化是发展旅游产业的内在要求

文化是旅游资源的核心元素,是旅游地发展的基础和推动力的来源,是展示旅游地形象的最佳载体,是旅游者参与旅游活动的内在动力,是旅游业的灵魂。无论是自然景观旅游目的地还是人文历史旅游目的地,为了让游客流连忘返,它们必须具有独特的文化内涵,以满足人们体验和享受文化的不同需求。因此,各旅游地在发展路径和模式的选择过程中势必要把旅游文化建设放在核心位置。

（二）旅游产业需要旅游文化来彰显特色

旅游地产业发展的道路必须走特色发展之路,没有特色的旅游资源、千篇一律的旅游地形象和产品是很难吸引和留住旅游者的。只有彰显地方特色、民族特色,具有独特地方文化印记和韵味的旅游资源才具有吸引力和传播力。从旅游产业发展的角度出发,旅游产业和文化产业互为基础,相生相伴、密不可分。以旅游产业的角度看文化,旅游文化是其核心价值;以文化产业的角度看旅游,旅游市场同时也是文化发展和传播的大平台。当前,旅游业进入了新时期、新阶段,旅游业的竞争日益激烈,只有特色鲜明、个性独特的旅游资源才能使旅游产业发展有持续稳健的动力,才能如有源之水保持旺盛的生命力。

(三)旅游文化是旅游产业的魅力源泉

旅游人文景观是人类历史和文明沉淀积累下来的成果与结晶,这些景观闪耀着文化的璀璨光芒,留存着历史和人文的韵味和温度。宏大的紫禁城和雄伟的长城早已超越了皇家宫殿和军事堡垒的原始意义,成为中华文化的独特标志和象征。巴黎罗浮宫、水城威尼斯、雅典神庙和罗马斗兽场等分别因为悠久灿烂的艺术和人文资源而成为闻名于世的文化旅游胜地。文化赋予自然景观以灵气,一句"不识庐山真面目,只缘身在此山中"让庐山充满神秘色彩;一句"先天下之忧而忧,后天下之乐而乐"使岳阳楼成为士大夫的精神标签;一句"欲把西湖比西子,淡妆浓抹总相宜"让人梦回千年宋都。有了文化的滋润,自然景观因此有了灵魂,或宏伟,或俊秀,或缠绵,或神秘,如美酒佳肴相得益彰。放眼世界,文化越深厚浓重之地,旅游越繁荣发达,而且这种魅力犹如美酒陈酿历久弥新、沁人心脾。

(四)旅游文化蕴藏着巨大的经济潜能

旅游经济是国家经济格局中的重要一环,而独特的民族文化是吸引境外游客的重要因素,世界上旅游业发达的国家,大多实行了"文化经济"新战略,文化旅游成为旅游经济的主要增长点。美国洛杉矶市文化旅游部门负责人说:"文化旅游应该是美国发展最快的旅游项目,那些发展文化旅游的地区都获得了可观的收入。"意大利对文化旅游的投入和产出进行了全面系统的计算,得出的结论是,该国文化旅游业的年增值收入是投入的维护费用的27.5倍,而且带动了就业,促进了商业、运输业和服务业的发展。韩国也采取措施重点发展文化旅游业,把文化旅游打造成今后国家的战略产业之一。

(五)旅游文化是提高旅游管理水平的关键

旅游文化不仅仅涉及旅游资源所具有的文化元素,或者是旅游者所具有的文化修养,而且更体现在旅游从业者特别是管理者的文化素养上。其文化水平和素养高低影响了旅游地的资源开发和管理水平,影响到旅游者的旅游感受和旅游地声誉和口碑的建立、传播。如今,人们对旅游资源、旅游服务的期望和要求不断提高,迫使旅游业不断加强文化特色和提高吸引力。在现代旅游业的发展过程中,旅游从业者的文化素养显得格外重要,提高这方面的旅游文化,有利于提高旅游主体和客体的文化水平,有利于旅游资源的保护和开发,有利于提高旅游地竞争力,从而提高中国旅游业的整体水平。

(六)旅游文化是旅游品牌竞争的重要抓手

农文旅融合
促进经济消费发展

旅游者在旅游活动中的需求分为物质需求和精神需求两大类。物质需求体现在吃、住、行等方面,例如饮食健康安全口味好、住宿卫生舒适、出行便捷等;在这些基本的旅游需求得到满足之后,精神需求成了旅游者的主要需求,其基于物质又高于物质层面的满足和享受。旅游业是一个城市或地区的"名片",旅游业的文化水平直接反映了这个城市或地区的文明程度,有利于城市和地区整体形象的提升。开发好具有地方特色的"文化名片",是旅游业在地方经济工作中的特殊任务。如杭州的西湖,率先取消了景区整体门票,大力挖掘西湖周边景观的文化内涵,使得旅游者到西湖游览时可以获得高品质的文化体验和享受,进而使得杭州因为西湖而闻名海内外。城市如此,农村更是如此。"绿水青山就是金山银山"的名言已传遍全国并深入人心。发展旅游业特别是具有高度文化内涵的旅游业,是中国农村建设和发展的新途径。这有利于改善农村基础设施条件、调高农村经济收入,保护和发扬传统文化,提高农村人口的文化素养。例如浙江安吉,在竹林资源开发、农家旅游建设和生态环境保护这几方面统筹协调,再加上有效利用影视文化效应,打造了一张闪亮的乡村旅游名片。

在当今世界,旅游业已进入快速发展和深度调整的时期,旅游文化呈现出多层次、多维度的整合发展趋势。旅游品牌与文化品牌有机融合,越来越成为吸引人们旅游的新动力;旅游消费与文化消费有机结合,越来越成为振兴旅游市场的重要引擎;旅游创新与文化创新有机搭配,越来越成为推动产业升级、提升竞争力的战略支点;旅游产业与文化产业有机互补,越来越成为提升经济效益、创造社会价值的重要源泉。

三、旅游产业发展中的文化品牌塑造

旅游文化
品牌塑造

在商品经济社会中,品牌和品牌文化是商业文化的重要内容。旅游地的开发和形象建设也需要塑造独特鲜明的旅游文化品牌。旅游文化品牌的设计和塑造对于挖掘和开发当地文化资源,保护和发扬文化传统,促进文化和旅游和谐共生及良性发展,对于推动旅游事业的价值提升和市场推广都有着积极而重大意义。

旅游文化来源于地域特性和民族性格,这是旅游文化产生和发展的土壤。在任何一个地方,人类漫长的历史进程中积累和沉淀的文明成果都是旅游文化的根基,这也是地方旅游最值得也是最需要挖掘和保护的东西。文化和传统不是凭空产生的,也不是一成不变的,它随着历史的发展和人类的文明进步、交流和冲突而发生着变化,但经过一定的历史沉淀,文化又是稳定和独立的,也具有明显的演化脉络和遗传特征。旅游文化作为地方文化的凝练成果,也具有上述这样的特征,品牌的塑造也就自然而必要。

纵观全球,不同地域、不同民族、不同种族的人民在不同历史时期都创造了各具特色的绚烂文化。在亚洲,中华文明源远流长并深远影响了整个东亚和东南亚地区,包括日本、朝鲜和越南等国。在美洲,以美国为代表的工业文明不仅创造了极大的物质财富,也给人类提供了丰富的精神财富。在欧洲,从爱琴海到波罗的海,从阿尔卑斯山到大西洋,从古典到现代,欧洲各国历史交融,堪称人类文化成果的宝库。中国各地区的文化特征也各具特色,如江浙地区的吴越文化、长江与湘江流域的荆楚文化、四川盆地的巴蜀文化、广东福建的闽粤文化等。此外,晋、陕、鲁、豫都是文化源远流长之地等。再细分下去,江浙两省品味又有不同,杭州与苏州各具韵味;上海则是本土文化与海外文化的交汇之处,形成了独具特色的海派文化。每一处文化都是一个特色品牌,都是一张闪光的名片。

地域和民族特色鲜明的文化品牌具有很强的垄断性和不可复制性,它深深地根植于这片土壤,几乎不能被移植和嫁接。由此产生的旅游文化纯正而醇厚,强烈而持久地吸引着旅游者,从而激发他们的旅游动机,促进他们的旅游行为,由此带来经济价值。

打造旅游文化品牌应该立足于本土传统特色文化,利用现代商业品牌手段开发旅游文化资源,包装和美化旅游品牌,形成不同层次、各具特色的旅游产品和品牌。如果忽视文化特点和传统,随意修建雷同的旅游设施,不仅会造成旅游品牌的同质化而失去竞争力,更有可能破坏当地的传统文化和旅游资源,不利于文化的传承和旅游业的健康发展。

三晋文化、齐鲁文
化、关陇文化、岭南文化

四、旅游产业发展中的文化保护

对于旅游保护文化的功能认识,源于在全球化浪潮中探索文化保护的路径所总结出的经验。我国在文化保护方面经历了多重摸索,探索出了一条以文化保护促进旅游发展,旅游发展实现文化保护的路径,二者之间形成了良好的互利共生关系,即旅游发展是文化保护的重要支撑,文化保护是旅游发展的基础保障。

(一)旅游发展与文化保护的关系

旅游发展与文化保护在长期的实践中形成了互利互惠的共生关系。旅游发展的初衷是实现旅游发展与文化保护的和谐,即在不失去文化原真性的前提下科学地利用文化资源,为文化的挖掘、保护和传承创造条件,而文化保护为旅游发展保留了文化的基因,体现了旅游地独特个性,激活了人们对历史、文化的探索兴趣,促进了旅游地的科学发展。

随着全球化的到来,每一个民族、族群、区域几乎无一例外都在全球化的浪潮中追求进步和发展,纷纷致力于现代化的实现。在实现现代化的进程中,漠视传统文化的重要价值,导致传统文化面临被破坏、消失的危险,很多珍贵的文化遗产也因此遗失。所以,旅游发展成了保护文化的一种有效选择,能为文化遗产创造良好的生存环境。

从文化传承的视角看旅游活动,旅游活动与文化活动是一体的,旅游活动的过程中必然包含着文化的传承,尤其针对文化遗产。具体表现为两点:一是唤起了社会各界保护文化的共识。社会各界在发展中注意到了文化遗产的价值,放弃破坏文化遗产的发展手段而把重心转移到文化遗产的保护上来。二是引入市场机制,为文化遗产保护打下经济基础,为文化遗产注入现代活力。物质文化遗产保护的方式主要有保护、复原、改造、重建,而非物质文化遗产则需要活态保护,对非遗进行发掘、整理、培养传承人、提供非遗保护和传承基地等。无论是保护物质文化遗产还是非物质文化遗产,都需要大量的资金保障。传统的对于文化遗产保护的资金大多来自国家的财政拨款,企业、个人及非营利性组织的捐赠资金,但是仅靠以上渠道筹集保护资金难以实现。引入旅游后,就引入了市场机制,文化遗产作为旅游资源被消费,更多的经营性收入被用于文化遗产的保护上,文化遗产的经营收入又对文化遗产加以反哺,极大地丰富了文化遗产的资金保护来源渠道。

(二)旅游文化保护的主体与角色定位

旅游文化保护的主体涉及国家、社会及个人三大力量,其中国家是旅游文化保护的主导者,是旅游文化保护工作的政策制定主体、投资引导主体、监督主体、保护效果的责任主体。社会是旅游文化保护工作的承担者,包括了从事盈利活动的企业经济组织、从事公益性活动的非政府组织及在旅游开发中核心的利益相关者。个人是旅游保护文化的积极参与者,个人力量虽小,却是国家和社会的有效补充。三大力量的协同参与,共同组成旅游保护文化的"统一战线",推进我国旅游文化保护目标的实现。

1. 国家是旅游文化保护的主导者

文化是具有公共属性的资源,这就在客观上要求具有公共服务职能的政府作为主导者来承担起保护文化的重任。这种主导地位是指政府在旅游保护文化工作中作为政策制定、投资引导、监督、保护效果的责任主体:①政府是旅游开发中保护文化政策的制定主体。②政府是旅游文化保护的投资引导主体,通过鼓励、资助企业、社会及个人等各种力量投入文化保护工作。③政府是旅游文化保护的监督主体，一方面在政府内部实行监督，即上级政府对下级政府的监督；另一方面是政府对旅游地内运营的企业经济组织、个人及社会团队进行监督，防止其对文化的破坏。④政府是旅游文化保护效果的责任主体，即政府在旅游保护文化的工作中不对文化造成破坏，同时要对其他群体的破坏行为负责。

2.社会是旅游文化保护的重要承担者

世界各国家或地区，仅依靠政府力量实现旅游文化保护的效果都是有限的。如果没有社会力量的参与，旅游文化保护的工作就偏离了初衷。因此必须创新管理，拓宽渠道，发动社会力量参与到旅游文化保护的实践之中。实践表明，没有共同的保护意识是很难调动广大社会保护力量的，只有在一致认同的基础上才能共同行动。社会广泛参与的主体主要包括企业经济组织、非政府组织及旅游承载文化开发的社区，三者是旅游文化保护的中坚力量，是旅游保护的中流砥柱。

3.个人是旅游文化保护的积极参与者

个人在旅游文化保护工作中既不是主导者，也不是主要承担者，却是文化保护工作的重要力量来源、积极参与者，具有自发性的特征。很多濒临消失的文化特别是非物质文化，正是由于个人自发的保护才拥有了传承、发扬的现实基础。个人参与旅游文化保护工作因所扮演的角色而存在文化保护方式的差异。这种差异可从供给角度及需求角度来区分。

（1）供给角度

从供给角度而言，个人参与文化保护的渠道有捐赠、筹建私人博物馆、代际相传三种形式，其中，捐赠为文化保护提供坚实保障，筹建博物馆为文化保护搭建了载体，代际相传为文化保护实现活态传承。

（2）需求角度

从需求角度而言，个人参与文化保护的行为是个人以旅游者的身份展开的。旅游者在参与旅游活动时，自觉履行文明旅游的法定责任，做到绿色出行，不乱扔垃圾，不对文物乱涂乱画，对文物做到不干扰、不破坏，尊重旅游地民俗风俗、历史传统和宗教信仰。

实现旅游文化保护，不仅需要游客文明旅游，也需要管理者以控制旅游者流量等强制方式减少旅游者数量。

（三）旅游文化保护的机制与路径

国家、社会、个人组成了旅游文化保护的主体，三大主体涵盖了旅游保护文化的所有核心利益相关者。三大主体涵盖下的各利益相关者由于来源、理念、利益相关度及参与深度的区别，需要做好组织工作，形成旅游开发与文化保护互利共生的关系，最大限度地实现旅游文化保护的目标。

由于三大主体构成的各核心利益相关者之间诉求的出发点和关切点不同，必然在旅游文化保护中存在着矛盾，需要做好各主体的利益协调，实现多方共赢。理顺三大主体涵盖下的各主要利益相关者的诉求及冲突，为解析旅游文化保护的作用机制提供了有益的借鉴。因此，建立利益相关者间的协作机制，即多主体合作、多目标共存是避免冲突、实现旅游文化保护目标的根本所在。在旅游开发中，应将各利益相关者的经济目标、文化保护目标、体验目标、社会目标纳入旅游开发全过程，建立目标机制，强势一方不能对弱势一方的目标置之不理。旅游文化保护需要国家、社会、个人等各利益相关者间的广泛合作，形成互利互惠的共生关系。在旅游开发中,各个利益相关者在互相理解的基础上,经过沟通、协调、让步,最终达成共识和均衡。旅游文化保护的实施路径包括以下几个方面。

1.树立服务意识,营造文化保护氛围

政府是旅游开发中保护文化的关键主体,应转变职能,树立服务型政府的意识,在旅游开发中发挥政策制定、投资引导、营造环境、监督等作用。

2.建立教育机制,强化旅游文化保护意识

文化保护工作需要依靠一批有知识、有技能、有想法的人去执行,也需要一批对文化旅游资源保护有深入理解的人的积极参与。因此,建立全方位的教育机制,为文化保护工作培养一批专业人才,积蓄人力资源,对于整体文化保护目标的实现有着积极而深远的意义。教育机制的建立中,尤其要加强对社区与代际传承文化的个人进行积极引导,培养其对自身文化的认同,同时,在旅游开发中,在与外来文化接触时能取其精华去其糟粕,促进自身文化的保护、传承和发扬。

3.完善监督体系,促进整体自律

监督体系不仅依靠政府,还需各利益相关者之间互相监督。各利益相关者必须意识到只有保护好文化,才可能实现可持续利益。在以旅游文化为核心资源进行旅游开发的过程中,互相监督,高度自律,规范各方行为,才能共同促进文化保护工作健康有序进行。

第三节　旅游文化的整合与创新

文化的发展不是一个封闭的、自我独立的过程,每一个地方文化在发展过程中不可避免与其他文化进行混杂交融,发展出新的文化,这就是文化的整合和创新。

一、旅游文化的整合

旅游文化的整合

整合来源于文化的内在机制,旅游文化在循序渐进的演变过程中,通过吸收外来优秀的文化元素,去粗取精、去伪存真,实现文化的转型和革新。旅游文化的整合是跨越时空的过程,是穿越历史的过程。文化保护要立足于传统和历史,着眼于时代和发展,既保持文化的原汁原味又让它充满新鲜感。旅游活动必须完成从经济活动到文化活动的转变。旅游者得到的不仅仅是眼前的收获和体验,更是一种突破时空牵制的心灵穿越。旅游文化的整合是其前进的本质要求,整合的目的是创新和重塑旅游文化,而且创新也有利于整合,二者相辅相成。

（一）旅游文化整合的原则

1.立足传统、科学整合

整合不是简单混杂,而要循序渐进、脉络清晰。犹如参天大树平地起,传统文化是旅游文化的根和源,是吸引游客的主要因素,经过历史的熏陶和沉淀,价值不可低估。

2.与时俱进、突破创新

旅游毕竟不只是考古文化,旅游文化也不可能只有传统这一面,没有现代文明的新鲜血液,历史也只是一堆尘封的记忆。因此,旅游文化的整合应当高举时代旗帜,推陈出新。

3. 坚持品牌导向

一个地区的旅游文化往往多样化、碎片化,具有时间上的纵深性和空间上的纵横感,旅游文化的整合应该以打造品牌和名片为导向。品牌和名片的作用是把一个地区的旅游文化资源进行系统化、条理化整合,形成一个直观的、传播性强的、特色鲜明的整体形象。例如舟山普陀的海洋旅游品牌,整合了海洋观光、休闲度假、美食品尝、渔家民俗、海岛探险等多种类多维度的旅游文化资源,为不同层次、不同需求的游客打造了全方位、立体式的旅游产品。

(二)旅游文化整合的方法

1. 开发和建造新的旅游文化景观

在发展旅游业的进程中,旅游目的地不仅要深入挖掘本土优秀的传统旅游文化资源,恢复那些历史上具有重要影响力的人文景观,而且还要根据当地的实际情况,结合旅游市场需求调研的新态势,开发新的特色人文景观。

2. 深度整合包装社会旅游资源

旅游者在旅游地想要获得的感受是多方面的,旅游地的旅游资源也是多种多样的,如何将二者科学对接起来,就需要旅游资源的深度整合。吃、住、行不再仅仅是旅游的载体,而是要作为旅游产品的本身进入到旅游深度体验中去。以往旅游地大多重视直观可见的旅游资源开发,对于隐形的、潜在的旅游资源不够重视。开发丰富多样的旅游资源,创新旅游产品是目前旅游业由单一观光向深度体验转变的必经之路;让旅游者得到多重文化体验,这是今后旅游业前进的方向。

3. 建造主题公园

主题公园面向某类特定的游客群体,基于某个特色鲜明的主题,采用多种技术综合展示的手段,在虚拟和现实之间对特色旅游文化进行重塑和再现。主题公园是旅游文化整合创新的新型模式,市场前景十分光明。

二、旅游文化的创新

(一)创新是旅游文化的生命

文化活动本质上是一种持续创新的活动,文化的生命力在于不断地有新的元素添加进入并与原来的文化进行"化学反应"甚至"原子反应",创造出全新的文化元素。旅游文化的创新途径主要是对原始旅游景观文化内涵的补充、添加、重塑,进行旅游景观"意境"的构建,增加旅游景观的内涵层次。景观文化是人类文明活动的共生文化,也是经过漫长的积累和沉淀后的人类文化的另一种外显形式。而自然景观,由于缺乏人类文明活动的塑造,就缺少文化的"意境",所以并不构成理论意义上的景观文化。游客喜欢这些自然景观的主要原因在于其自身的美学价值而不在于其文化价值。

随着现代旅游层次的提升,现代游客不满足于简单的物质享受感,而是追求文化层面的体验,追求灵魂的净化,实现个性的挥洒。人文景观的主要功能是满足游客的文化消费需求。虽然自然景观原本没有深厚的文化内涵,但通过文化元素的附着和渗透,可以有目的地添加旅游景观的人文内涵,以塑造旅游景观的"意境"。

（二）旅游文化的创新路径

1.在旅游与文化整合中创新

创新必定是动态和开放的过程，封闭不可能有创新，旅游文化创新也是如此。这个过程就如人体的新陈代谢，淘汰老化的垃圾，吸收新鲜的营养，于"吐故纳新"中使得生命焕然一新。例如，千里大运河穿过无锡市，每个区域的景色都有明显的差异。无锡市按照"护貌、显颜、铸魂、扬韵"的思路，以"水为魂、史为根、人为本、文为韵"的原则，对无锡段古运河风貌带进行保护性整治、修复，保护和传承了许多非物质文化遗产。与大运河沿岸的其他城市相比，大运河的无锡段是最具原生态的，"水"和"文化"完美结合。如今，"水上旅游"已经重新成为无锡的旅游名片，引得众多境内外游客慕名而来。

旅游新业态：
刷新你的云南印象

2.在扎根地方实际中创新

文化创新不可能是空中楼阁，创新要立足于本土，切不可随意改变文化符号而搞出与当地文化背景不符甚至冲突的"创新"。那样的创新必定是无根之木、无源之水，进而牵强附会而滑稽可笑。正面的案例有很多，比如浙江省舟山市普陀区的桃花岛景区，把武侠小说四大宗师之一金庸的名著《射雕英雄传》中的世外桃源、海外仙岛"桃花岛"搬到了现实中来。把武侠胜地与海岛风情进行了深度结合，在岛上打造了"射雕城""桃花寨"等特色景区，让游客沿着金庸大师的笔迹穿越到武侠世界中，在传统武侠文化的基础上创新现代海岛风情旅游，旅游文化得到成功升级。

3.在挖掘和展现内涵中创新

旅游文化创新应该是在其原有文化内涵的基础上，注入新的文化信息，提升其文化美学附加值。浙江舟山的普陀山是我国佛教四大名山之一，是著名的观音道场和知名旅游胜地，观音信仰和观音文化在当地深入人心。2010年，舟山市在普陀区朱家尖白山景区推出"印象"系列大型实景演出——《印象·普陀》。通过这样的艺术创新，当地旅游文化的内涵得到了进一步挖掘和丰富。

三、旅游文化整合与创新的原则

透过李子柒现象
看文化如何"走出去"

（一）需与当地历史文化一脉相承

旅游文化的源流在于本土历史文化，旅游文化的发展和演变都不可能完全抹去本土历史文化的印痕。人类在地球上生存和生活了千百万年，对自然进行了翻天覆地的改造，这个过程中人类文明的痕迹深深地印在了自然界中，形成了区别于其他物种的独特印记，这些就是人类创造的文化遗产。除此之外，还有更多的人类在漫长的文明演化中直接创造的完全属于人类并流传至今的文化景观。不管哪个地区的旅游文化都是人类劳动所造的，劳动创造了人类的历史，也创造了旅游文化。

（二）需体现人与自然的和谐关系

人生天地间，人类来自自然，改造自然，却不可能完全征服自然。中国传统文化里非常讲究人与天地的和谐，这种追求"天人合一"的思想也十分适合我们处理旅游中人与自然的关系。旅游文化的整合与创新必须要符合科学发展、可持续发展的理念，改造自然但又不破坏自然。让旅游者在旅游活动中体会到亲近自然，与自然和谐相处的理念，这样的旅游文化才是健康和谐的文化。

（三）需凸显旅游文化的核心价值

文化和旅游
的再融合

文化是旅游的魅力之源。文化是人类的生产、生活积累和遗存。旅游因文化而璀璨，因文化而留存。文化价值确保旅游业的发展过程不偏离方向，走可持续发展道路。文化既可以是一个崇高、严肃的概念，也可以充满生活气息和烟火味道；文化来源于生活又高于生活。对于文化与旅游的整合必须十分谨慎、认真，不能见利忘义，只有创新之名而无创新之实，需要怀着一种重担在肩的责任心去做，这是一项重要而又神圣的事业。

课业测评

第六章课业测评

参考文献

白翠玲.旅游学概论[M].杭州:浙江大学出版社,2013.

郭胜.旅游学概论[M].北京:高等教育出版社,2017.

洪帅.旅游学概论[M].上海:上海交通大学出版社,2017.

单浩杰,游喜喜,李海凤.旅游概论[M].北京:中国人民大学出版社,2016.

满孝平,刘迎华,常红旭.旅游学概论[M].北京:中国人民大学出版社,2018.

Nancy Needham.世界旅游概论[M].张邱汉琴,任莲萍,译.杭州:浙江大学出版社,2013.

张宏海,赵忠仲.文化旅游产业概论[M].合肥:中国科学技术大学出版社,2015.

第七章　旅游产品

名言名句

旅行对我来说,是恢复青春活力的源泉。

——安徒生

学习目标

📱第七章思维导图

【知识目标】

1. 理解旅游产品的基本概念。
2. 知晓旅游产品的基本分类。
3. 掌握旅游产品开发的原则。
4. 理解旅游产品营销的基本策略。

【能力目标】

1. 能够利用网络查找旅游产品的信息。
2. 能够自主探究旅游产品的开发原则。
3. 能够讲述旅游产品的设计与营销策略。
4. 能够将理论学习与社会实践相结合。

【素养目标】

1. 具有旅游市场竞争意识。
2. 具有顾客至上的服务意识。
3. 具有开发旅游新产品的意识。
4. 拥有团队分工协作的意识。

案例导入

我国旅游新业态产品渐趋丰富

2018 年 12 月 26 日,国家文化和旅游部召开例行新闻发布会时指出,截至 2018 年,全国共有景区(点)3 万多个、红色旅游经典景区 300 个,国家级旅游度假区 26 个、旅游休闲示范城市 10 个、国家生态旅游示范区 110 个,在建自驾车房车营地 900 多个,全国通用航空旅游示范基地 16 个,还有一大批文化、科技、研学、健康、工业、体育等方面与旅游融合发展的新产品,初步形成了观光旅游和休闲度假旅游并重、旅游传统业态和新业态齐升的新格局。

资料来源:中国经济网,http://www.ce.cn/culture/gd/201812/27/t20181227_31126347.shtml。

思考:结合所在的地区与经历,谈谈近几年市场上出现了哪些新型旅游产品。

第一节 认识旅游产品

旅游产品因为其涉及面非常广泛,所以不是单一的有形产品。人们每次参与的旅行活动,都是由食、住、行、游、购、娱等多种要素组合而成的。由此可见,旅游产品是一个综合产品,是由单项实物产品和服务共同组合构成。

一、旅游产品的含义

目前,关于旅游产品的概念国内外学界还没有形成统一的认识。从旅游产品提供者的角度看,旅游产品是旅游经营者利用相关的旅游资源并组织协调相关的旅游企业,以为旅游者提供满足其在旅游过程中各种需求为目的的综合性服务。从旅游消费者的角度看,旅游产品是旅游者为了满足自己在旅途过程中物质和精神上的需求,向旅游经营者支付购买的一次花费精力、金钱和时间的旅游经历。

2019"中国服务"
旅游产品创新
大会的八大亮点

当前,市场上大多数旅游产品的提供者为旅行社、景区、拓展培训机构等旅游企业。旅游产品以无形的旅游服务为主体,包括旅行商集合景点、交通、食宿、娱乐等设施设备、项目及相应服务出售给旅游者的旅游线路类产品,旅游景区、旅游饭店等单个企业提供给旅游者的活动项目类产品。

二、旅游产品的特点

旅游产品是一种以旅游服务为主的综合产品,由于其形态的特殊性,与一般的实物产品有较大的区别。一般的实物产品的生产与消费往往是独立存在的,而旅游产品的生产与消费必须在一起才能完成对旅游者的服务。因此,旅游产品具有以下特点。

(一)产品具有综合性

旅游业的综合性及旅游者旅游消费需求的综合性决定了旅游产品的综合性。旅游产品的综合性就是指旅游产品是旅游活动要素涉及的一系列服务组合,包括预订服务、导游服务、交通服务、住宿服务、餐饮服务、景区接待服务等。在一次旅游活动中,旅游者享受到的服务各有不同、有多有少,但不

国庆黄金周
该去哪里玩

存在只享受单一服务的旅游者。这决定了旅游产品实际上无法拆分,任何一项服务,一旦脱离了整体,都不能被称为旅游产品,而只能是普通服务产品。旅游产品的综合性决定了旅游服务质量的提高依赖于整个行业质量的提高,而不能仅依靠某一个企业。

(二)有形产品与无形服务

旅游产品是服务性产品,有别于大多数看得见、摸得着的有形产品,它没有具体的形态,无法触及实质物品。虽然旅游产品中有一部分是有形的,比如旅游景区、特色美食、住宿客房、交通工具、游乐项目等,但这些只是为了完成旅游服务的条件而存在的;其他的依赖旅游经营者提供的服务性部分,如旅游接待服务(导游讲解、接待服务、票务预订、日程安排)、当地居民的热情好客、优美的环境、民族精神、企业文化等,旅游者只能通过印象和感觉来衡量

和判定产品的质量和价值。而恰恰是这种无形的服务,才是旅游者在旅游过程中所追求的核心体验,而构成旅游产品的火车座位、大巴座位、飞机舱位、酒店床位、用餐食物等则是来辅助旅游者体验旅游过程的(见图 7-1)。

图 7-1　旅游产品组成

资料来源:朱华.旅游学概论[M].北京:北京大学出版社,2015.

因此,旅游者在购买旅游产品前,无法感受或者体验到旅游产品的实体,只能通过参考各种意见、态度及各方面的形象感知来做出是否购买的决策。旅游者体验感受后的经验将极大地影响到其是否再次购买。

(三)生产与消费具有同步性

一般有形产品的生产过程和消费过程都是相互独立的,而旅游产品则不同,旅游产品中存在着无形部分,虽然旅游资源和旅游接待服务设施会被提前准备,旅游者也会提前支付旅游费用,但无论是旅游企业还是旅游者,供给或使用这部分产品也是从旅游行程开始的那一刻才提供的。而在旅游过程中,旅游者与旅游企业还可以通过协商,适当调整原定的项目或安排。因此,旅游产品的生产和消费是不可分割的,两者必须同时进行。旅游者收获的旅游体验是由消费者和供应商的紧密互动塑造出来的。旅游者必须离开自己的住处,到旅游景区、住宿酒店的所在地进行消费;而且,即使在旅游景区、住宿酒店发生了旅游消费,旅游者拥有的也仅是使用权,旅游景区、住宿酒店的所有权依然是旅游产品供应方的。因此,旅游企业提供的服务和旅游者的消费是在同一时间、同一地点发生的。

(四)价值具有不可贮存性

旅游产品在生产上不具备独立性,也不存在具体的实物形态,因此不能像其他实物产品那样进行存储,待机销售。虽然旅游接待设施和接待服务能提前准备,但是这也无法反映出旅游产品服务的本身质量。比如九寨沟的彩林,会随着时间的临近而出现,也将随着时节的过去而消失。无论

📖"黄金周"的由来

是旅游者还是旅游企业,在这一时期没有购买或推出该旅游产品,其价值就会改变。即使是宾馆、交通工具等接待服务设施,也不可能把床位、车位存储起来,待到旺季的时候再销售。旅游产品受到气候等外界因素的影响很明显。受气候的影响,旅游者出行往往会选择温度适宜的时段,过冷、过热的季节则很少出游,或到其他或温暖或凉爽的地区旅游。同时,节假日也会影响旅游者对旅游产品的需求,如"黄金周"时旅游人数暴增,而淡季则人数减少。

(五)所有权不可转移性

旅游产品的所有权不可转移。一是指旅游产品具有在空间上不可转移的特点,即使是进入流通领域后,旅游产品本身仍固守于既定的空间,这意味着旅游者只能前来旅游产品的生产地点进行消费。就国际旅游活动而言,旅游产品的这一特点补充和完善了传统的国际

贸易理论,同时也是使交通运输成为完成旅游活动的重要技术手段的原因。二是指用来提供旅游服务的相关设施设备的所有权具有不可转移的特点。旅游消费者在购买旅游产品后,这一买卖交易并不导致有关服务设施设备所有权的转移,而只是有限使用权的交付。这一买卖交易的完成只是准许买方在规定的时间和地点按常规使用有关的设施和设备,而无权将其据为己有,同时,使用权的有限性也决定了旅游者无权自行决定让他人分享,甚至在很多情况下,无权将这一使用权自行转让他人。

三、旅游产品的构成

构成整体旅游产品的主要有旅游资源、旅游设施、旅游服务三个方面,其中旅游服务是旅游产品的核心。

(一)旅游资源

旅游资源是旅游者选择旅游目的地的决定因素。它可能是物质实体,也可能是某个事件,还可能是某种现象。旅游资源蕴藏于自然环境和人类社会中,代表着各个旅游目的地的特色和文化传统。旅游资源数量的多少和质量的高低是一个地区能否开发成热点旅游目的地的先决条件。

(二)旅游设施

旅游设施是直接或间接向旅游者提供旅游服务所凭借的物质条件。旅游设施在旅游产品构成中不是决定旅游者选择旅游目的地的主要因素,但旅游设施配套情况会影响旅游者对旅游资源的追寻与体验。旅游设施包括旅游服务设施和旅游基础设施两种。

重庆特色旅游巴士受青睐

1.旅游服务设施

旅游服务设施是指旅游企业直接服务的凭借物,一般包括住宿、餐饮、交通及其他服务设施。住宿设施有饭店、汽车旅馆、野营帐篷、游船等。其他服务设施包括旅行社、零售商店、各类餐馆、影剧院、娱乐中心、理发美容店、咨询服务中心、会议中心、邮电通信、医疗服务和保险公司等社会服务部门。还有一些政府机构如旅游管理机构、海关、公安部门等,这些设施不仅为旅游服务提供支持,而且也为本地居民的生活需要提供服务。

2.旅游基础设施

旅游基础设施是指旅游目的地城镇建设的基本设施,如水、电、热、气的供应系统,废物、废气、废水的排污处理系统,邮电通信系统,交通系统,物质供应系统,安全保卫系统,环境卫生系统,以及城镇街区美化、绿化、路标、停车场、泊船区等。这些系统的建设是为城镇居民提供生活所需的公用设施设备,尽管它们不直接对旅游者提供服务,但在旅游经营中却是直接为旅游者提供服务的旅游企业所必不可少的物质保证。

(三)旅游服务

旅游服务是旅游产品的核心,旅游者购买并消费旅游产品,除了在餐饮和旅游生活中消耗少量有形物质产品外,大量的是接待和导游服务的消费。旅游服务是一种行为系统,它以有形物质产品、自然物和社会现象为载体,在存在旅游需求的情况下实现其价值和使用价值。旅游产品之所以能以一种混合体的形态出现,主要是由它的服务性决定的。

四、旅游产品的分类

(一)按旅游产品的层次分类

旅游产品是旅游者在其一次的旅游经历中所购买产品的组合,包括核心产品、形式产品、延伸产品三个层次(见图7-2)。核心产品是指旅游产品整体提供给旅游者的最直接利益和效用,即旅游者的旅游体验,如参观景点、景区或参加旅游节事活动。形式产品是指旅游产品在用于交换时的外在表现形式,构成产品的实体和外形,包括旅游产品的品质、商标、特色、包装、价格等。延伸产品是指旅游者在购买旅游核心产品时,所得到的附带服务或利益,如住宿、餐饮、交通、购物等产品和服务,是为了更好地满足旅游者体验而提供的设施和服务。

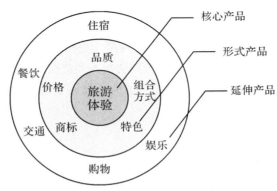

图 7-2 旅游产品的构成层次

资料来源:朱华.旅游学概论[M].北京:北京大学出版社,2015.

(二)按旅游者的组织形式分类

旅游产品可根据旅游者的组织形式分为团体旅游产品和散客旅游产品。团体旅游产品是指旅游者按旅游企业预先制订好的日程、路线、交通、收费等方案进行选择,付款后再出行的一种旅游形式。其优点是日程、线路、住宿、餐饮、参观景点等都是按计划进行的,费用相对较低,若前往异地异国等语言不通的地方,团队还设有导游、领队,颇受旅游者欢迎。一般团体旅游通常由 10 人及 10 人以上的旅游者组成,此类产品一般采取的是包价形式。

散客旅游产品是指日程、线路等由旅游者自己选定,再由旅游企业协助安排交通、住宿等服务的旅游形式。散客旅游相比团体旅游而言,更灵活、自由,可选择性强,也颇受旅游者喜爱。散客旅游通常由 10 人以下的旅游者组成,此类产品有时采用包价形式,有时采用非包价形式,均根据旅游者的要求设定。

(三)按产品包含的内容分类

旅游产品根据产品所包含的内容可以分为包价旅游产品和非包价旅游产品。包价旅游产品,是指旅游者在旅游活动开始前将全部或部分旅游费用预付给旅游企业,再由旅游企业根据双方签订的合同或协议为旅游者安排旅游项目的一种旅游形式。包价旅游产品一般分为全包价旅游产品、半包价旅游产品、小包价旅游产品和零包价旅游产品及组合旅游产品。

非包价旅游产品,主要是指单项旅游服务,也称委托代办业务,是旅游企业根据旅游者的具体要求提供的非综合性的有偿服务。旅游者的具体要求可能涉及各个方面，导致了单项服务内容也十分广泛，如办理交通票务、订房、订餐、代办签证、租车等。

（四）按旅游产品的档次分类

旅游产品根据产品的档次可以分为豪华旅游产品、标准旅游产品和经济旅游产品。豪华旅游产品的旅游费用较高，旅游者追求的也主要是舒适的享受，住宿和用餐一般都在四、五星级的酒店或豪华游轮里，交通工具、娱乐项目等也都较高档。标准旅游产品的费用适中，旅游者的住宿和用餐一般在星级的酒店或中等水平的宾馆。经济旅游产品的旅游费用低廉，住宿、用餐、交通等均为普通水平。

（五）按旅游产品的所需时间分类

旅游产品根据旅游者出行所需要的时间可以分为一日游产品、二日游产品、三日游产品及多日游产品等。这样的安排能让旅游者在选购的时候明确所需旅游时间的长短，也有利于旅游企业根据时间长短安排旅游内容、确定销售价格。

（六）按旅游产品的活动范围分类

旅游产品根据旅游者的活动范围可以分为远程旅游、中程旅游和短程旅游。远程旅游一般是指范围跨省以上，包括出境旅游、边境旅游和省际旅游，旅游者的活动区域大、时间长、线路长。中程旅游大多指省内旅游或到省级旅游区周边近邻地区的旅游。短程旅游则是在市区内旅游或郊外旅游，一般当日可以来回。

（七）按旅游活动的内容分类

旅游产品按旅游者的旅游动机设计的旅游活动内容分为观光旅游产品、度假旅游产品和专项旅游产品。

观光旅游产品是当前市面最传统的旅游产品之一，是指旅游企业以旅游目的地的旅游资源和旅游接待设施为依托，组织旅游者前往参观游览自然风光、文物古迹及体验民俗风情的一种旅游产品。此类旅游产品的消费者一般少有特殊要求，其主要追求的是满足旅游者观光游览的需求。因此，旅游者往往希望能在有限的时间游览尽可能多的内容。观光游览旅游产品包括了文化观光、自然观光、工农业旅游观光、民俗观光、都市观光、修学观光等。此类旅游产品具有资源丰富、可进入性大、服务设施多、旅游环境好、安全保障强等优势，长期以来都是旅游市场中的主流产品。并且，开发观光旅游产品的难度较小，也容易操作，是旅游企业产品开发的首选，同时也是度假旅游和专项旅游产品开发的基础。但其也具有旅游者参与度低、感受性弱的缺点。

度假旅游产品是旅游企业组织旅游者前往度假地短期居住放松，进行娱乐、休闲、健身、疗养等消遣活动的一种旅游产品。消费者购买产品的主要目的是休息、度假。此类产品包括的旅游景点一般不会太多，一到两个即可，让旅游者在每一个点的停留时间增长，充分参与到旅游活动过程中，也能提高旅游者重复前往的概率。此类旅游产品包括了海滨度假、山地度假、温泉度假、滑雪度假、森林度假、海岛度假、乡村度假等。此类产品对度假地的要求一般是：环境质量好、区位优势明显、服务设施设备完善且具有一定品质、服务水平高。

专项旅游产品一般是以某一主题内容设计开发的旅游线路。由于可选择的主题多种多样，适应了旅游者个性化、多样化的需求，因而受到市场的广泛接受。

第二节　旅游产品开发

　　没有出色的旅游产品就不会有满意的顾客,没有满意的顾客便无法在激烈的客源竞争中争取市场而保持自己的市场份额,没有市场份额就无法成为旅游企业。旅游企业要开发高品质的旅游产品,就应该以市场为导向,研究不同旅游产品在不同阶段的市场规律,以保证旅游产品的效益性与前瞻性,避免盲目开发所带来的消耗和损失。对于这一问题,目前较为基础的理论依据就是产品的生命周期理论。

一、旅游产品的生命周期

　　旅游产品同一般消费产品有一个明显的区别,即在于它会经历从产生到消亡的生命过程。只有了解旅游产品在市场中的生命规律,才能适时地开发和调整产品策略,让旅游产品在市场中发挥最大的效应。从整体上来看,旅游产品的生命周期具有明显的阶段性,而每个阶段又有各自不同的特征(见图7-3)。

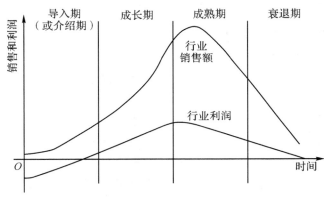

图7-3　旅游产品生命周期

(一)旅游产品的导入期

　　在导入期产品刚被开发,这时进入市场,公司需要投入大量的费用进行产品推广,成本非常高,只有极少数的探险者对产品感兴趣并进行尝试,所以产品销售增长缓慢,几乎没有利润,也没有什么竞争。

(二)旅游产品的成长期

　　这一阶段的产品在前一时期强大的宣传攻势下,迅速被市场接受,快速成长,前往旅游的旅游者数量增加很快,销售也随之快速增长,利润大量增加。由于利益驱使,效仿者逐渐增加,竞争加剧。

(三)旅游产品的成熟期

　　在这一时期,因为产品已经被大多数的潜在购买者所接受,旅游者的总人数仍在增加,但增长的速度已经放慢,销售增长也开始减慢。为了对抗竞争者,维护产品的地位,产品的营销费用日益增长,因这个阶段的利润处于高位稳定状态,但已出现下降趋势,竞争者的数量这时也是稳中有降。

（四）旅游产品的衰退期

这时产品本身已不再让旅游者感到时髦或新奇,他们大多逐渐被新的产品所吸引,只有为数很少的持有怀旧情结的人或短距离当日往返的旅游者和周末旅游者前往造访。所以这一阶段的旅游产品销售下降的趋势非常明显,最终出现负增长,利润也开始下降,竞争者则渐渐退出市场。

旅游产品这四个阶段是相互接续的阶段,而每个阶段又会表现出各自显著的特征,这些特征一般会通过产品的销售额水平、利润水平、成本水平、旅游消费者的类型构成等指标表现出来。但要注意的是,这种产品生命周期模式也只是理想化的模式,不同类型和质量的旅游产品的生命周期不尽相同,有的旅游产品进入市场即能跳过介绍期,迅速成长、成熟,有的则还没有成熟。旅游产品不同阶段的不同特征可以作为旅游产品组合策划的基本依据,同时也要关注影响旅游产品生命周期的相关因素。

二、旅游产品的开发与组合

（一）旅游产品开发与组合的原则

1.市场导向原则

一个新产品的开发是由市场需求决定的,只有满足了顾客的需求,企业才会产生利润,这是所有产品开发的一个共性,旅游产品的开发也不例外。旅游产品规划设计之初要针对目标市场,对消费者的所有需求进行充分的调查与研究,再根据市场的结构和偏好设计出让旅游者喜闻乐见的旅游产品。

东北各地冰雪旅游

这一原则要贯穿于旅游产品开发的始终。首先,要结合当地的旅游资源、设施等实际情况采用适当的定位方式,进行科学的市场定位,使旅游产品开发工作做到有的放矢,最大限度地实现其经济效益。其次,在进行市场定位的前期准备工作时,还要通过市场调查和分析,把握目标市场需求与供给的特点、层次、水平及变化规律和趋势,形成适销对路的初级旅游产品。然后,进一步根据市场需求,对各类预设产品进行筛选、加工或再造,设计、开发和组合出更加具有竞争力的旅游产品。最后,在产品正式投入旅游市场后,并不意味着对市场分析调查的结束,而是要继续对该产品的市场需求进行跟踪调查,以做出适时的调整,延长产品的生命周期。

2.文化本位原则

文化是一种游资源,是旅游地可持续发展的源泉。所谓"民族的就是世界的",只有具有地方文化内涵的旅游产品,才是极具特色而富有差异性的产品,才能在旅游产品相对丰富和充足,竞争日益激烈的旅游市场吸引更多的目光,争取到更大的市场份额。很多学者都发现旅游文化的开发现已成为旅游业新的增长点,有些学者更直截了当地认为,当今旅游开发的本质就是旅

武汉打造"文旅符号"升级特色文化旅游

游文化的开发,因此在旅游产品上开发应注重文化本位原则。在旅游产品的设计之初要透彻地分析地方文脉,挖掘地方文化内涵;在旅游产品开发的过程中,要注意文化的注入,尤其要注意根据旅游产品的主题,注入相应的文化内涵,其产品的设计要在整个旅游活动的硬件

和软件、设施和服务中体现出一种文化主题,要在旅游产品中营造出浓郁的文化氛围,体现出既富有当地特色又具有人文关怀和人情味的文化品位;最后要注意对旅游产品进行文化包装。这样开发出来的旅游产品才会具有比较强劲的竞争力,才会具有明显的竞争优势。

3.突出主题原则

在旅游产品开发时,要注意突出主题。在经过前期充分的调研和产品定位后,就应该确定产品的主题,一旦通过可行性论证,就对所有旅游活动,如对旅游线路、宾馆、景区景点设施、旅游服务等开展主题的建立与改造,这样才能统筹兼顾,优化旅游资源和相关产品,同时也促进宣传营销策略的制定与运行。

现实的产品由多种资源要素组合而成,每种资源要素又具有多种功能,将每种资源要素的潜力开发出来的一个明显的好处就是不需要过多投入就能产出更多新的产品。这是实现低成本扩张的一条有效途径,还能提高产品使用价值,对原有产品形成补充,使之更具吸引力。

文化旅游市场再迎促消费"大礼包"

4.效益统一原则

旅游产品的开发应注意经济效益、社会效益和环境效益的统一与和谐发展,注意兼顾保护和开发,谋求综合效益的稳步提升。开发一项旅游产品,其最终目的肯定是追求经济效益,所以开发者都不会忽视在产品投入启动之前组织专家开展项目的可行性论证这一环节,严格进行投资效益分析,以此有效地保障旅游产品及项目投资开发的经济效益。但由于旅游产品在生产、销售和消费过程中对社会和环境的影响,尤其是消极影响,并不总是显露在外、直观可见,所以容易被忽视。而这些负面影响反过来又会阻碍旅游产品的发展和延续,在某种程度上说,这种阻碍是严重而彻底的。因此开发旅游产品要秉承效益统一原则,在追求经济效益的同时,还必须考虑到当地的社会经济发展水平,以及当地的政治、文化及风俗习惯,考虑到原住地居民的心理承受能力,营造一种良好的社会环境。按旅游产品开发的规律及自然和谐的环境协调可持续原则,最终创造出优质的自然环境和旅游产品。

5.塑造品牌原则

品牌产品的核心竞争力其实就是产品的差异化。旅游产品差异化程度直接决定了市场份额的大小。产品差异化程度越高,排斥新竞争者的进入壁垒就越高,旅游企业制定高价的可能性越大,其竞争优势和获利能力就越强。旅游企业一旦拥有了强势品牌,旅游者对旅游企业及其产品的认可度就会大大提高,而排斥非品牌供给进入的观念会大大增强,从而使旅游产品形成相对的竞争优势。由此可见,在开发设计旅游产品时要进行品牌建设,建立品牌运营管理团队。

(二)旅游产品开发的一般过程

旅游产品从诞生到投入市场一般要经过四个阶段:产品创意阶段、产品研制阶段、产品试销阶段及产品投入市场阶段。这四个阶段环环相扣,每个阶段的工作,对旅游产品的质量保证都是非常重要的。在产品开发的整个过程中,无论哪一个阶段失败,相关部门都应该对它进行改良或彻底放弃。

1.产品创意阶段

产品创意阶段是旅游产品开发的第一个阶段,每一个创意都将为产品的开发创造机会。产品创意就是对即将开发的产品的一种构思和设想,这些设想可能来自游客、旅游研究专业人士、竞争对手、旅行商、旅游景区的经营管理人员、旅游教育研究机构、旅游咨询业界或旅游市场推广机构等。不管这个创意来自何处,一个好的创意都能为产品的成功开发打下良好的基础。但由于主观和客观条件的限制,并不是所有的创意都能开发为旅游产品。

2. *产品研制阶段*

这一阶段包括两个步骤。第一个步骤是在收集到一定数量的新产品创意之后,产品开发部门根据旅游企业的经营目标和产品创意的可行性,着手对这些创意进行分析和筛选,从中挑选出那些既符合旅游企业的经营目标,可行性程度又较高的产品创意;第二个步骤就是在完成产品创意的选择之后,进一步对产品创意的市场需求、技术能力及资源状况进行确认,确定出那些市场需求较大、具备开发技术能力和资源状况、可行性又较高的产品创意,同时根据旅游企业的经营目标将其研制成产品。在进行产品的设计与开发时,要考虑新产品的功能和质量两方面的决策。其旅游产品在研制开发过程中需要进行反复测试。

3. *产品试销阶段*

旅游产品研制出来之后,就要进入试销阶段。开发的新产品及其相关的营销策略在这一阶段要首次付诸实施,主要是观察顾客的反应、新产品质量情况及营销策略的实施效果。所以这时候一般都只是选择某一个较小的市场,做几次试销,试销过程中顾客的反应、新产品的质量情况、产品等都会作为该产品是否全面进入市场的参考。这一阶段工作的好坏、优劣,对未来产品的命运有决定性作用。

4. *产品投入市场阶段*

经过产品试销的检验后,新开发的旅游产品将全面推向市场,这一阶段的产品还将继续接受旅游消费者的全面检验,要根据消费者的反馈不断调整和完善产品的旅游功能,使之更快地适应变化的市场需求,并努力延长产品的生命周期。在此阶段,需要对旅游产品的促销时间、目标市场、促

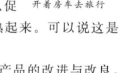

新消费新生活:
开着房车去旅行

销手段等诸多方面进行决策,以确保产品进入市场后尽快地成长并成熟起来。可以说这是产品开发进入市场的攻坚阶段。

旅游产品的开发不仅仅是对初次设计的新产品的开发,也包括对旧产品的改进与改良。旧产品的改进过程与上文所述的开发过程相差无几,只是在原产品基础上,在其内容、结构、服务方式、设备性能等方面进行改良,使其更为科学合理,更能体现旅游经营意图。旅游产品按其自身所具有的新旧程度可分为全新型产品、改良型产品和仿制型产品三类。

三、旅游线路的组合与设计

旅游线路是旅游企业对旅游者的旅游活动内容所进行的空间和时间安排,它是旅游产品的主体。从广义上讲,从旅游者离开居住地(或客源地)到返回居住地(或客源地)期间,开展旅游活动的一切要素都包含在旅游线路内。这些线路通常是旅行社根据旅游市场的需求,结合旅游资源和接待能力,为旅游者设计的整个旅游活动过程,既可以在一个旅游区域或行政区域内自成体系,又可以进行旅游区域间的协作,共同规划安排,其形成会受到旅游吸引物分布状况、交通条件、旅游市场、旅游时间等多种因素的制约。作为一种主要的旅游产品,旅游线路设计的优劣将决定着旅游产品在旅游市场的影响力和吸引力,也直接影响着旅游者的旅游效果。旅游线路的组合设计是旅游产品开发的核心内容和重中之重。有效的旅游线路的推出对提高旅游企业的经营效益将起着重要的作用。

（一）旅游线路组合设计的原则

1. 主题特色原则

由于旅游者的旅游动机、旅游活动形式及各地旅游资源的属性特征各不相同,因此旅游线路的设计组合一定要确定主题、突出特色,形成有别于其他线路的鲜明主题和风格特点,只有这样才能对旅游者构成较大的吸引力。另外,要注意尽可能串联更多有内在联系的旅游点,特别是那些知名度较高的景点,配合丰富的旅游活动内容,使其形成群体规模,并在旅游交通、食宿、服务、娱乐等方面选择与主题相适应的模式,以突出特色,展示线路的整体效果。

2. 市场性原则

旅游线路设计的关键是通过合理、科学的方法来最大限度地满足旅游者多样化的需求。线路设计必须符合旅游者的意愿和行为法则,要适销对路,通过对线路的有效设计使游客旅游效益最大化。特别是主题旅游线路要面向不同的设计方向。在线路设计过程中要注意把握旅游市场供给的变化状况,研究市场的需求趋势和需求数量,客观地分析旅游者的旅游动机和影响旅游消费的因素,在旅游活动的各项安排中坚持市场导向原则。

3. 行程便利性原则

旅游者对旅游线路的基本要求是以最少的旅游时间和旅游消费来获取最大的旅游欲望满足和旅游享受,即当旅游成本一定时,整个旅程带给游客的体验水平只能等于或大于某一预定水平,旅游者才会做出出游决策。随着旅游成本的增加,旅游体验水平值的增长速度只有等于或高于旅游成本的增长速度,旅游者才会对旅游路线有满意的评价。所以,一条旅游线路观赏时间的长短、游览项目的多少、在途时间长短及花费比值大小等将影响游客对旅游线路的选择,所以应重视旅游线路组合设计中的便利性原则。

4. 顺序与节奏原则

旅游线路的设计中,必须充分考虑到旅游者的心理和体力、精神状况,并据此安排线路的结构顺序与节奏,尽量做到动静结合、快慢相宜。只有在线路设计中做到有张有弛、富有节奏、高潮迭起,才能让游客始终兴致满怀,即使同样的旅游项目,也会因为旅游线路的结构顺序与节奏的不同而产生不同的效果。例如,对于中老年人来说,适合节奏较慢、旅途舒适的线路;年轻人则更青睐节奏快、富有挑战性和刺激性的旅游线路。

5. 网络化原则

旅游路线体系具有三个不同的层次:第一,由若干旅游中心城市连接而组成的进入性旅游线路。第二,以旅游中心城市为集点,联络若干个旅游景区景点的内部的游览路线。旅游线路的设计要根据不同功能对线型和交通工具进行系统安排。旅游线路网络化不仅是指一定密度的交通路线网络,而且包括不同交通形式的相互组合与配套,其目的是使线路的组合设计囊括更多的旅游点,提供更多可供选择的线路形式和交通方式,避免游程较大的迂回与往返。第三,还应借助现代的科学技术手段,如计算机图形技术、多媒体技术、网络技术等,展示和宣传旅游线路的精华,并进行跨区域、跨境旅游线路的优化组合。

6. 效益性原则

旅游线路设计要注重其经济效益。要从整体效益出发,使旅游经营效益最大化。一方面要加大旅游点、旅游地的开发力度,提高目前旅游产品的文化品位和有效卖点,将旅游热点、温点和冷点进行科学合理的搭配并组织到旅游线路中去;另一方面要满足游客出游的最大效益,尽量减轻旅游者的经济负担,在旅程花费最小化的前提下使游客享受旅行的便捷和舒适,给游客留下深刻完美的印象,从而保证旅游产品的持续性发展。

7. 季节性原则

旅游活动有明显的旺季、平季和淡季之分,不同季节的游客流量悬殊,旅游路线设计要充分考虑旅游活动的季节性特点,用旅游旺季的游客量最大波动率作为旅游线路设计的依据,注意季节波动,保持客流平衡。淡季的线路设计要尽量以热点为主,旺季的线路设计则应适当搭配温点、冷点,这种兼顾

破解季节性旅游难题

冷点、热点的设计方式一方面可使客流量较大、游客较集中的景点不至于负荷过重,有利于当地的环境保护;另一方面也可使游客提高对淡季路线的热情,保持客流的时空平衡,促进旅游的整体发展,提高旅游区的整体经济效益。

8. 安全性原则

安全因素是旅游者和旅游线路设计者必须重点考虑的要素。应特别关注游客的安全,在设计路线时一方面要避免游客的拥挤、碰撞、阻塞,甚至事故;另一方面要注意避开气象灾害区、地质灾害区和人为灾害区,同时要注意在旅游路线上设置必要的安全保护措施,如江河漂流救护队、山地救护队等。

(二)旅游线路设计组合方式与组合类型

通过对原有线路的重新设计、规划和组合,会形成新的旅游线路,实现旅游路线的创新。

中国休闲旅游度假时代来临,文旅产业需打造新商业模式

1. 组合方式

旅游线路的组合方式一般有两种:①同类组合。利用现有的基本景点将其中一些具有相同美学风格或类似性质的旅游景点或旅游项目组合起来,推出某项专题旅游线路。如我国三国时期主要的政治、军事、外交遗迹散布于陕西、四川、湖北、河南、甘肃、重庆等六省(市)300余处位置,如果将这些景点串联起来联合开发,赋予其新的历史文化内涵,可以将其设计成为新的三国旅游线路。②差异组合。将其中一些特色反差较大的旅游景点或旅游项目组合起来,推出另一个新的专题旅游线路。如可以将上海、南京、杭州等现代都市风光与乌镇、周庄、西塘等古老城镇组合在一起,形成一条以传统与现代城镇风光为主题的旅游线路。

2. 组合类型

旅游线路的组合类型有以下三种:①地域组合类型。这种线路是由跨越一定地域空间、资源特色突出和差异性较大的若干旅游风景区构成的。②内容组合类型。这种组合线路是根据旅游活动的主题选择其组成部分,所选的组成部分不受地域的限制。其又可以进一步分为专业型组合线路和综合型组合线路。③时间组合类型。即根据季节的变化组合不同的旅游线路,如哈尔滨的冰雪旅游、云南傣族的泼水节等。

(三)我国旅游产品的开发

近年来,各级旅游管理部门和旅游企业按照市场要求,顺应世界旅游发展的潮流,加大开发力度,生产众多旅游产品,我国旅游市场的制度与环境也日臻完善,但同时也存在着许多不足。总体来看,我国的旅游产品呈现出以下几方面的特征。

第一,我国的旅游业已基本建立起以观光旅游、度假旅游和专项旅游三大类产品为主体

的产品体系,其中观光旅游产品在国际旅游市场上具有较大的优势和竞争力,是最主要的旅游产品。

第二,度假旅游产品刚起步,发展势头强劲。我国的度假旅游产品大致分为三类:一是国家旅游度假区和部分省级旅游度假区,二是海滨度假区,三是环城市旅游度假休息带。虽然我国目前已形成了包括海洋度假、温泉水疗、滑雪、高尔夫等较丰富的度假产品体系,但开发层次还不高,针对性还不强,缺少适应大众度假休闲需求的产品,没有形成完善的供给体系。

第三,发展专项旅游条件优越,潜力巨大。我国旅游资源丰富多彩,自然与文化旅游资源都名列世界前茅,这为我们开发专项旅游产品提供了坚实的基础和优越的条件,但也应该看到专项旅游产品在世界范围内都是一种新型的旅游产品,我们国家开发这种产品的规范化、专门化程度不够,产品质量不够完善,缺乏专业化的营销、管理和经营人才。

根据以上对我国旅游产品开发现状的分析,旅游业当前最迫切要做的事情就是深入地进行资源分析和市场调查,制定优化升级措施,改善服务体制,打造具有国际竞争力的旅游城市和旅游目的地。具体说来就是要通过深度挖掘、调整发展战略等方式整合和优化成熟的旅游产品,同时要注意观光旅游产品、度假旅游产品和专项旅游产品的优化组合,加强综合产品体系建设,适应多样化的市场需求。

第三节　旅游产品营销

云旅游

一、传统的旅游广告营销

传统旅游广告是通过电视、广播、平面媒体、户外广告等大众传媒,向目标旅游市场展示旅游目的地国家和地区旅游产品和服务的推广营销活动。

（一）旅游广告的特点和作用

作为一种传播方式,旅游广告具有鲜明的特点,主要包括:第一,覆盖面广。广告在促销人员无法接触到旅游者的时间和地点,深入旅游者生活的各个方面,并通过不同的广告媒体将旅游产品与服务的信息传播给目标受众。第二,较强的表现力和吸引力。制作精美的旅游广告可以对旅游者产生多方位的刺激。第三,广告主与目标受众间接接触。由于广告利用各种不同的中间媒体传播旅游产品与服务的各种信息,广告主和目标受众不直接见面,因而属于间接的信息传递方式。第四,延迟性。因为广告的效果不会马上产生,往往需要较长时间的积累,所以效果具有一定的延迟性。

在旅游产品与服务极度丰富的今天,广告对于旅游者有很大的作用。一方面,广告能够帮助旅游者获得信息,降低产品在功能、心理和经济方面的风险。广告信息在一定程度上使旅游者在产品和服务的选择上少走弯路,同时广告中关于产品和服务本身及品牌和附加价值的信息有助于旅游者做出最优的选择和决策。另一方面,广告可以为旅游者提供学习的途径,帮助他们获得更多的消费经验。

旅游广告传媒的类型通常包括电视、广播、平面媒体(报纸、杂志)、户外广告牌、邮寄广告等。

（二）旅游广告的表现方式及选择因素

通过不同的广告表现方式，可以提升旅游广告的关注度。一般来说，广告的表现方式包括以下几种：①突出产品特色，根据旅游产品的市场定位，将其主要特色与其他旅游产品区别开来。②贴近生活，增加旅游者的熟悉感和亲切度。③运用音乐、歌曲、喜剧等形式，增强广告的娱乐性。④通过展现旅游产品及旅游企业的认证、获奖等，突出品牌形象，获得旅游者的信任。⑤利用名人效应提高旅游目的地及旅游产品的可靠性和知名度。例如，新西兰旅游局为了拓展中国的旅游市场，聘请中国知名演员姚晨为新西兰旅游大使，通过姚晨的影响力提升中国游客对新西兰的认识和兴趣。

面对众多的广告媒体，旅游企业在选择时要注重以下影响因素：①目标受众群的媒体视听习惯。如高端旅游产品常在机场 VIP 候机室和商务舱中摆放宣传资料，面向青年旅游者的旅游产品常通过网络营销的方式进行宣传。②旅游产品本身的特点。如近年来流行的旅游城市微电影就较好地兼顾了城市旅游产品的特点。因为城市的旅游要素相对复杂，通过微电影的方式能够将城市的旅游元素淋漓尽致地展现出来。③成本要素。一般来讲，电视的广告费用较高，而平面媒体的费用较低。④广告信息的特征。如旅行社的广告通常发布在报纸的旅游版面上。

二、旅游网络营销

擦亮狩猎品牌
创新旅游营销

旅游业是一个关联度很强的行业，相关行业的波动都会影响到旅游业的发展。尤其是近年来电子商务的兴起，更是为旅游产业发展带来了机遇与挑战。旅游产品在网上营销要比其他产品更具有优势，因而在实践中也备受推崇和青睐，发展非常迅猛。网络营销以其特有的互动性、精确性、趣味性及海量资源优势成为一种应用广泛的营销策略。

旅游网络营销的发展主要呈现出超时空、交互式、拟人化、高效性、潜力大、整合性、定制性等趋势和特点。

（一）超时空

网络营销可以突破时间和空间的限制，超时空网强大的信息交换功能体现在旅游网络营销的各方面。通过信息技术，旅游企业已经完全可以做到跨时间和跨空间的营销。

（二）交互式

通过在网络上发布服务或者产品信息，旅游企业可以让消费者随时随地浏览和购买旅游产品或服务，消费者也可以在任何时间对感兴趣的产品向客服人员进行咨询，这样网络就是一个灵活、直观的交互式平台。供求双方可以实现实时沟通和交流。

（三）拟人化

网络没有情感，但网络背后是研发人员对消费者关怀的思考。网络上的拟人化元素设计往往能够触动消费者情感，起到良好的营销效果。如旅游企业在官方微博中呈现出一个与企业品牌理念风格相吻合的人物形象，这个丰满立体的形象能够通过官微 ID 展现出个性特征，以有人情味的沟通方式来接触消费者。

（四）高效性

与传统媒体营销相比，网络营销具有计算机高储存量这一技术优势，可以在客户数据库中迅速地查询到消费者的信息。

（五）潜力大

网络营销针对的客户群中，很大一部分具有年轻化、受教育程度高、收入较高等特点，这类群体的购买力很强，可挖掘的需求潜力巨大。

（六）整合性

互联网把企业经营的整个过程连成了一个整体。企业市场营销的独立环节可以串联起来形成一种全新的整体营销模式，可以定义为"一站式"服务。

（七）定制性

随着互联网技术的普及和旅游者消费习惯的变化，旅游的营销运营渠道也在随之改变。大多数旅游者都追求个性化、旅游体验，在旅游产品的选择上更加倾向于自助游类的产品。越是与众不同，这种体验就越独特。个性定制化不仅仅是旅游网络营销的一个特点，更是未来发展的趋势。

三、旅游社交媒体营销

（一）社交媒体的概念与类型

社交媒体的概念最早是由美国学者安东尼·梅菲尔德在《什么是社会化媒体》一书中提出的，他将其归纳为一种能为使用者提供极大参与和交流空间的新型在线媒介。他认为参与、公开、交流、对话、社区化、连通性是社交媒体的基本特征。维基百科对社交媒体的解释是：人们用来创作、分享、交流意见、观点及经验的虚拟社区和网络平台。社交媒体和一般的社会大众媒体最显著的不同是，用户享有更多的选择权利和编辑能力，自行集结成某种阅听社群。社交媒体能够以多种不同形式来呈现内容，包括文本、图像、音乐和视频。社交媒体在类型上可分为以下几种：社会关系网络（social networking sites）、视频分享网络（video sharing sites）、照片分享网络（photo sharing）、合作词条网络（collaborative directories）、新闻共享网络（news sharing sites）、内容推选网络（content voting sites）、商务关系网络（business networking sites）和社会化书签（social bookmarking sites）。

抖音旅游营销

（二）社交媒体的发展

中国社交媒体发展可以追溯到 1994 年中国第一个论坛——曙光 BBS 站的建立。当时正值中国互联网开创和摸索发展的初期，十亿人口中只有几千人是互联网用户。1994—2003 年是社交媒体发展的蛰伏期，论坛、点评网站和即时通信工具的出现丰富了网民的生活。自 2004 年以来，博客、在线视频、SNS（social networking service，社交网络服务）、问答百科、微博、LBS（location based service，基于位置服务）、团购等如雨后春笋般出现，社交媒体的格局日趋复杂，网民对社会化媒体的认识逐步加深。2009 年微博诞生、2011 年微信出现、2014 年斗鱼 TV 开播、2016 年抖音上线，各类社会化新媒体的跨界整合开始成为一种新的尝试。根据第 44 次《中国互联网络发展状况统计报告》，截至 2019 年 6 月，中国网民规模已经达到 8.54 亿。

（三）社交媒体营销的趋势

1. 走向数字化整合

以往旅游者经常通过报纸和杂志上的旅游相关广告来获取相关资讯信息,而现在旅游者主动去获得需要的信息。旅游者通过下载不同的社交媒体 APP 及时获取各类与旅游相关的信息。如微信中有相当多的与旅游相关的公众号和订阅号,旅游者订阅后可以及时获取订阅号推送的旅游资讯和信息。

2. 建立网络社群

社群是人们按照特定关系组织起来开展共同活动的集体,也是一个有相互关系的网络。通过微信、QQ、微博、Facebook 等社交媒体,人们形成了不同的网络社群,同一社群内的成员在某一方面具有很多共同点。过去普通的营销推广常常以地域、年龄、性别来简单划分人群,而以网络社群作为营销对象的这一方式更关注人们的需求。旅游目的地、旅游企业都可以针对适宜的网络社群开展营销。

3. 情景化广告

情景化广告是为消费者设置一个购买场景,比如,买一个书架,告诉消费者该怎么摆放;营销一个旅游目的地,要告诉旅游者怎么去体验。广告投放的精细化、精准化和定向化可以让目标群体直接接触内容、感触广告。2015 年,第一家中国旅游海外体验中心在悉尼落成,在体验中心内人们可以通过"空中遥控看中国""隔空学写毛笔字""裸眼 3D 看景点""360 度全景中国"等沉浸式产品了解中国,身临其境地感受中国魅力。

4. 精准投放

随着信息技术和互联网技术的不断升级,基于技术的精准投放已经不再是想象。通过社交媒体推送的信息可以对人们的偏好和特征加以区别。如 Airbnb(爱彼迎)、Homeaway 等著名的房屋租赁社交媒体会通过大数据了解不同旅游者在旅行中的住宿偏好。不同旅游者打开房屋租赁的 APP 时,所收到的房屋推介信息是不同的,这样可以极大地节约用户时间,无须用户花费大量时间在海量信息中去寻找有用信息。

5. 品牌直接互动

传统上人们对于旅游产品与服务的了解往往通过电视、广播、报纸、杂志上的广告,这种互动是单向的,而且由于播放时间、投放时间和版面等限制因素,人们经常会错过或者不能获得自己想要的信息。而在社交媒体上,能够实现品牌与用户的直接互动。如不少旅游目的地、旅游企业都建立了官方微信订阅号,旅游者一旦关注后,就会及时收到推介的信息,与此同时,旅游者想要了解的信息,只需在微信发问,就能得到及时的解答。这种直接互动大大拉近了旅游品牌与旅游者的距离。

课业测评

第七章课业测评

参考文献

白翠玲.旅游学概论[M].杭州:浙江大学出版社,2013.

刘扬林.旅游学概论[M].北京:清华大学出版社,2009.

刘琼英,汪东亮.旅游学概论[M].桂林:广西师范大学出版社,2017.

孙洪波,周坤.旅游学概论[M].上海:上海交通大学出版社,2017.

吴必虎,黄潇婷.旅游学概论[M].北京:中国人民大学出版社,2013.

谢彦君.基础旅游学[M].4版.北京:商务印书馆,2015.

朱华.旅游学概论[M].北京:北京大学出版社,2015.

第八章　旅游市场

名言名句

一个人到国外去以前,应该更进一步了解祖国。

——斯特思

学习目标

【知识目标】

1. 知晓旅游市场的概念、构成、特点。
2. 掌握旅游市场细分的方法。
3. 掌握旅游客流的特征和影响因素。
4. 知晓世界旅游市场发展概况。
5. 熟悉我国三大旅游市场基本情况。

第八章思维导图

【能力目标】

1. 能够分析旅游市场的特点,掌握活跃旅游市场的方法。
2. 能够对市场上的旅游类型进行分类,掌握分类方法。
3. 能根据游客流动规律,预测游客流量的发展趋势。
4. 能够知道世界主要地区的旅游市场发展状况。
5. 能分析我国旅游市场现状,并对存在的问题提出建议。

【素养目标】

1. 具有热爱旅游专业的意识。
2. 具有旅游市场的竞争意识。
3. 具有投身旅游行业的情怀。
4. 具有开拓旅游市场的意识。

案例导入

2018 年全年全球旅游总人次达 121.0 亿人次

据世界旅游城市联合会(WTCF)与中国社会科学院旅游研究中心(TRC-CASS)共同发布的《世界旅游经济趋势报告》(2019)指出,2018 年全年全球旅游总人次达 121.0 亿人次,较上年增加 5.8 亿人次,增速为 5.0%,与 2017 年相比,增速下降 0.7 百分点;全球旅游总收入达 5.34 万亿美元,相当于全球 GDP 的 6.1%,较上年下降 0.4%。预计 2019 年全球旅游总人次将达到 127.6 亿人次,增速为 5.5%,增速较 2018 年回升 0.5 百分点,全球旅游总收入将达 5.54 万亿美元,相当于全球 GDP 的 6.0%。全球五大区域旅游发展渐趋明显,亚洲增长,欧洲下滑。亚太旅游投资规模、增速均列各大洲前茅。支付手段变革助推旅游消费升级。城市仍是入境旅游者的主要目的地,95% 的国际城市位于亚太、欧洲和美洲。

思考：结合所学的知识与信息，谈谈你对全球旅游发展情况的看法。

旅游市场
的基本内涵

第一节　认识旅游市场

一、旅游市场的概念

市场是社会生产力发展到一定阶段的产物。旅游市场是旅游业存在的前提，是市场不可分割的一部分。旅游市场有广义和狭义之分。

旅游市场由旅游需求市场和旅游供应市场构成。广义的旅游市场是指旅游产品在交换的过程中所反映的各种经济活动和经济关系的总和，这里的经济关系是指旅游需求和旅游供给关系。旅游市场形成的基本要素有：旅游消费者和旅游经营者、旅游资源、旅游设施、旅游服务、旅游消费者和旅游经营者双方认可的价格等。狭义的旅游市场是指旅游消费者群体，即旅游客源市场或旅游需求市场，是指在一定的时间、一定地点和条件下对旅游产品具有消费意愿和支付能力的购买者，包括实际购买者和潜在购买者。我们平时所说的旅游市场，主要是狭义的旅游市场。

旅游市场分淡季和旺季。淡季旅游市场即旅游市场供应大于旅游市场需求时，旺季旅游市场即旅游市场供应不能及时满足旅游市场需求时。

二、旅游市场的构成要素

从经济学的角度来看，旅游市场包括四个组成部分：旅游产品消费者、旅游产品提供者、旅游市场客体和旅游市场中介。

（一）旅游产品消费者

旅游产品消费者是指参与旅游产品交换的买家，即具有旅行意愿和旅行条件的旅游者，并且有能力实现旅游活动，即旅游产品的最终用户。

（二）旅游产品提供者

旅游产品提供者是指旅游产品的销售者，其包括提供旅游产品和服务的企业，个人和其他社会组织，即旅游产品的生产者和供应者。在市场交易中，旅行经纪人和其他交易所也是卖家或代表卖家。

（三）旅游市场客体

旅游市场客体是指可以交换的旅游产品，包括各种有形和无形旅游资源、旅游设施、旅游服务和旅游商品。它可以满足游客对食物、住宿、交通、旅游、购物和娱乐的需求，使游客可以获得体验。

（四）旅游市场中介

旅游市场中介是指通过营销和交换活动，连接旅游市场各主体间的媒介和桥梁，如营销价格、竞争、旅游信息、旅游服务、政策法规等，他们组成了旅游产品供应者之间、消费者之间及供应者和消费者之间的媒介体系。

以上四个要素共同构成了旅游市场,相互制约,缺一不可。

三、旅游市场的特点

本章所讨论的旅游市场主要是指狭义的旅游市场。因此,我们主要从旅游需求的角度总结旅游市场的特征。

(一)整体性

整体性是指旅游需求是集食、住、行、游、购、娱为一体的需求。从游客的角度来说,游客的需求是多样化的,他们希望通过购买旅游产品获得一种经历和体验;从提供者的角度看,为满足游客多样化的需求,给游客提供的必须是食、住、行、游、购、娱等多种服务,并构成一个整体。整体性要求旅游产品提供者必须合理安排整个旅游活动,注重全过程的服务质量,提高游客满意度。

(二)多样性

多样性是指游客的旅游需求千差万别,受旅游者文化、健康、个性、偏好等各种因素的影响,消费方式因人而异。随着旅游者消费心理的日趋成熟和个性化的不断成长,对多样化、多层次的结构性需求日益凸显。在市场营销中,旅游企业必须分析目标市场需求的特点及发展趋势,生产多样化的旅游产品,以满足旅游者不同层次的需求。

(三)季节性

季节性是指旅游需求在不同时间表现出的强弱反差。旅游市场季节性十分明显,有旺季和淡季之分。这就要求旅游经营者采取政策和措施,调节旅游客流量,相对缩短淡旺季之间的差距,使旅游业协调发展。

(四)波动性

旅游业是一种综合性的社会经济现象,其相关因素涉及社会的各个方面。许多社会和自然因素会对旅游需求产生重大影响。战争、法律秩序、国家政策、公众舆论和自然因素都可能导致旅游市场的波动。

第二节 旅游市场细分

市场细分的目的是区别消费者的不同需求,从而选择和确定目标市场。任何一个旅游目的地和旅游企业都难以有足够的实力吸引和满足所有旅游消费者的需要,解决所有旅游产品的供求矛盾。因此,各旅游产品的提供者必须明确自己的定位,以满足某部分旅游市场的需求,这就要求旅游企业必须进行旅游市场细分。

一、旅游市场细分的概念和意义

（一）旅游市场细分的概念

旅游市场细分是指根据游客需求的差异将整体旅游市场划分为多个消费群体的市场分类过程。划分的每个消费者群体都是一个细分市场。旅游市场细分不是由人们的主观愿望决定的，而是由旅游市场的需求和供给的共同特征决定的。

（二）旅游市场细分的意义

旅游市场细分是分析旅游消费需求的一种手段。

1. 有助于选定目标市场

通过细分市场，旅游公司可以轻松了解每个细分市场的需求和购买潜力，从而可以根据旅游供应和经营实力有效选择适合自己业务的目标市场。

2. 有利于有针对性地开发产品

旅游企业在选择适合自己的目标市场的基础上，可以针对目标市场的需求开发适销对路的产品，为新的旅游产品的开发和新的旅游市场的发展提供重要依据。这样不仅可以避免产品盲目开发造成的错误和浪费，也可以作为客户满意度的基本保证。

3. 有利于营销组合策略的发展和调整

通过旅游市场细分，旅游公司可以根据每个细分市场的不同对象和特点，制定适当的营销组合，例如旅游产品设计、促销、广告媒体策略等。同时，更容易理解和掌握各个细分市场消费者需求的变化及对营销方案的反应，有利于根据情况及时调整营销组合策略。

二、旅游市场细分的标准

可用于旅游市场细分的标准有很多，一般来说，主要包括地理因素、旅游者人口统计特征因素、旅游者心理因素、购买行为特征因素等。不同的旅游目的地，特别是不同的旅游企业，应根据自己的情况和需要，选择对经营有实际意义的划分标准。常见的旅游市场细分标准如表 8-1 所示。

表 8-1　旅游市场细分的标准及影响内容

划分标准	具体影响的内容
地理因素	地形、地貌、气候、城市规模等
人口统计特征	国籍、种族、年龄、性别、职业、教育程度、宗教信仰、收入状况、家庭生命周期等
心理因素	社会阶层、生活方式、个性特征等
购买行为	购买场合、追求效用等

（一）以地理因素为标准进行细分

整个旅游市场根据旅游客源产生的地理区域或行政区域进行地理分割。例如，世界旅游组织（UNWTO）将国际旅游市场划分为六个主要区域：欧洲、美洲、东亚和太平洋、南亚、非洲、中东等。

出入境旅游市场通常按大陆、国家或地区等地理因素进行细分；用省（区、市）、市、县等行政区域地理因素标准细分境内旅游市场;另外还用居住地经济状况、与接待地距离、纬度带等标准进行细分,如按人口密度细分为都市、郊区、乡村旅游市场;根据客源地与旅游目的地之间的空间距离,旅游市场可细分为远程、中途或短途旅游市场。

(二)以旅游人口统计特征为标准进行细分

人口特征是人口统计变量,包括国籍、种族、年龄、性别、职业、教育程度、宗教信仰、收入状况和家庭生活周期等。

1.按年龄范围细分

按照不同年龄层次可以细分出各具特色的旅游市场,如细分为老年市场、中年市场、青年市场、儿童市场(见表 8-2)。

表 8-2　不同年龄段旅游者的消费特征

细分市场	旅游者的消费特征
老年市场	怀旧、喜静,收入稳定,时间充裕,比较关心旅游服务质量
中年市场	比较理智、人数多、潜力大,商务旅游居多,消费水平高,逗留时间较短
青年市场	年轻、活泼,喜欢刺激、新颖的产品,消费水平较低,发展前景好
儿童市场	需有人带领,选择教育性强、娱乐性强、安全性强的项目,注重食宿卫生与安全

2.按性别细分

旅游市场可以根据性别分为男性和女性旅游市场。近年来,女性已成为旅游市场中重要的游客来源。

3.按家庭生命周期细分

家庭生命周期是影响旅游消费行为的主要因素。家庭生命周期包括六个阶段,各个阶段家庭旅游需求差异明显:①年轻的单身人士:有空闲时间,喜好运动、旅游,但不太富裕;②没有小孩的年轻夫妇:有较高的购买力,有空闲时间,多选择度假旅游;③有小孩的年轻夫妇:孩子小,空闲时间少,难以外出旅游;④成年夫妇,有七八岁的小孩,如果家庭收入好,则常以小包价的方式旅游;⑤中年夫妇:小孩已长大自立,家庭收入好,往往选择观光旅游、游船旅游;⑥老年夫妇:他们有一定的储蓄,对休养旅游很感兴趣,多选择出国旅游。

4.按职业、教育程度和收入状况细分

教育程度越高,旅游的欲望越强;一般教育程度越高,工作职位也越好,经济收入越高,旅游支付能力越强,出去旅游的可能性越大。

(三)以旅游者心理因素为标准进行细分

旅游市场以旅游者的心理特征来细分,具体变量因素有气质性格、生活方式、价值取向、购买动机、偏好等。同样性别、年龄、收入水平的消费者,因其所处的社会阶层、生活方式或性格不同,往往表现出不同的心理特征。例如,有的消费者愿意购买高档旅游产品,不仅追求其质量,而且还具有显示其经济实力和社会地位的心理需要。旅游地或旅游企业应根据旅游者的不同心理需求和购买行为,不断推出专门设计的新产品,采用有针对性的营销组合策略,满足他们的旅游需求。

老年人旅游市场应有新作为

(四)以旅游者购买行为特征为标准进行细分

购买行为特征包括购买目的、购买时间和方式、购买数量和频率等。

1.按购买目的细分

以旅游目的来细分是一种非常基本的方法,其实质是按消费者购买旅游产品所追求利益的侧重点来细分。主要可细分为:观光旅游市场,会议、商务旅游市场,度假旅游市场,奖励旅游市场,探亲访友旅游市场等。

2.按购买时间和方式细分

即根据旅游者出游的时间、购买旅游产品的渠道及旅游方式来划分旅游市场。如按购买时间可分为:淡季市场、旺季市场和平季市场;按购买方式可分为团体市场和散客市场等。

3.按购买数量和频率细分

按旅游者购买旅游产品的数量和频率特征来细分,可分为较少购买旅游者、多次购买旅游者和经常购买旅游者。这一变量因素也反映了旅游者对某一旅游产品的忠诚度。旅游企业也可按照忠诚度对消费者进行细分,将其分为:高度忠诚者、中度忠诚者、转移忠诚者、无忠诚度者。

一般来说,站在旅游目的地的宏观角度去考虑旅游市场划分问题时,多使用地理因素作标准,对于微观层次上的旅游企业经营者而言,则更宜采用以旅游者的某些人口特征和行为特点为标准的方法去进行市场细分。

第三节　旅游客流

旅游客流现象是现代大众旅游现象最外部化的特征,是现代旅游业发展所依赖的客观前提。与旅游客流相伴的其他复杂现象,构成了旅游世界丰富多彩的内容。

一、旅游客流的概念

旅游客流也称旅游流(tourism flows)。当旅游者从自己的常住地出发,到不同的旅游目的地去观光游览、娱乐消遣,便构成了具有一定流向、流量特性的游客群体,这一游客群体被称为旅游客流。

旅游客流的两个主要指标是流向和流量。旅游者流向是指旅游者从居住地至旅游目的地所形成的旅行指向。它是旅游者根据自己的旅游动机、经济能力、出游时间等因素对旅游目的地所做的选择。旅游者流量是指在一定时期内流向某一旅游目的地的旅游者数量。旅游者流向与流量之间的关系是相互依存,互为条件的。只有一定的流量才能构成流向,也只有旅游者朝一定的方向汇集才能形成流量。两者反映了一定时间内,旅游者时空分布的一般状况及发展趋势。

二、旅游客流的特征

从旅游目的地角度看,从客源地流向旅游目的地的旅游者群体构成该地的旅游客流,它是旅游目的地的旅游产品的使用价值得以实现的基础,也是该地旅游业生存发展的根本。从市场角度看,分析旅游者从客源地向旅游目的地流动的状况,可用以判断旅游需求的倾向性,从而旅游企业可适应并引导市场需求倾向,组织旅游者具体实施其旅游行为。前者是旅游客流的实际表现,后者是旅游研究者和经营者对市场进行预测分析的依据。旅游客流的特征表现在时间、流量和流向等三个方面。

（一）旅游客流的时间特征

从时间上考察旅游客流的特点,包括时间和流速两个方面的含义。

1.旅游客流发生的时间

对于旅游者来说,其外出旅游时间在一定程度上呈集中性分布;对于旅游目的地来说,旅游客流的形成时间自然大不相同,滑雪胜地旅游客流形成时间会在入冬以后,避暑胜地的旅游客流却不会在这个时间形成。对于旅游接待的人员和组织者来说,把握旅游客流发生的时间规律并预测其变化,是做好旅游接待准备工作的前提。

2.旅游客流的流速

旅游客流的流速即旅游者在某旅游目的地滞留时间的长短。旅游者短时停留,不深入当地社会,当然也不会对目的地社区施加自己的影响,也不会有机会在该地进行更多的消费,反之亦然。所以,旅游客流的流速对目的地社区意义重大。

（二）旅游客流的流量特征

旅游客流的流量是指旅游者群体在单位时间内和一定空间上所形成的规模。对于旅游目的地而言,持续、均衡、大规模的旅游客流有着十分重要的意义。

世界各国各地区在旅游客流的流量上所面临的挑战是不相同的。旅游发生和持续时间的节律性势必要造成旅游客流在一定时间上的超量运动,而在另一段时间里却又只维持在极低的水平上。这自然会给目的地的旅游基础设施建设与运行、旅游产品开发、旅游企业经营造成很大的压力。

（三）旅游客流的流向特征

旅游客流的流向又称客流分布,是指在一定时期旅游者根据自身的主客观因素所选择的目的地及从出发地到目的地的流动方向。它反映着旅游目的地与旅游客源地之间关联的方式和途径。由于各种复杂的因素,旅游资源和旅游客源之间的关联状态在各国、各地区都有不同的表现。

国庆假期铁路旅游客流持续高位运行

三、影响旅游客流的因素

旅游客流的形成和发展是旅游经济生存和发展的条件,对旅游经济的有效运行起着重要作用。旅游市场的形成和发展主要与以下因素有关。

（一）旅游资源的品质和开发水平

旅游资源质量是影响旅游客流的主要因素。旅游供给市场从形成到成熟,必须经历适应需求、引导需求、刺激需求、创造不同层次需求的实际过程。在很短的时间内,许多国家（地区）已经成为竞争激烈的世界旅游市场的重要旅游目的地,依靠不断提高旅游服务质量,加快旅游产品的更新开发,增加旅游产品销售渠道,加大旅游产品推广力度,为游客提供和创造满足其各种需求的旅游服务产品。

（二）国家（地区）的经济发展水平

旅游客流的形成与经济兴衰是同步的。首先，旅游客源市场的分布格局与国民经济发展水平和国民人均收入水平相关，这种市场结构具有一定的稳定性。经济的发展是旅游市场形成的主要条件。经济发展较好的国家或地区一直是出入境旅游市场的主体。第二次世界大战后，欧洲和美国是世界上增长最快的地区，也是世界上重要的旅游客源地和旅游供应市场。其次，随着世界经济结构的变化，世界旅游市场的分布也将发生变化。例如，近年来，东亚和太平洋地区旅游市场的崛起与欧洲和美国发达国家的经济波动及东亚和太平洋地区经济的活力密切相关。最后，旅游供应市场的综合经济实力是建设旅游市场和旅游环境的物质基础。

（三）人文地理关系

许多国家和地区相互毗邻，在政治、经济、历史、文化等方面互相影响，形成了规模较大、长期稳定的旅游人群。典型的例子是欧洲各国之间、欧洲各国和美国之间的关系，每年都有大量的探亲、观光、祭祖类旅游观光活动，这些活动也会带来大量的客源。

（四）旅游政策

政府的旅游政策也是影响旅游市场形成的重要因素。积极的旅游政策将鼓励旅游经营者采取各种措施，以满足旅游市场的需求，简化游客的退出程序，促进旅游市场的发展和形成；相反，则会抑制客源的增长。与此同时，政府通过有效的宏观调控和旅游市场的推广，保持了稳定的政治环境。提高人民素质，重视旅游人才培养，推进旅游设施建设，促进科技成果在旅游市场建设中的运用，将直接影响旅游市场的形成和发展。

四、旅游客流的空间移动规律

（一）旅游交通流量从近到远，主要来自近距离旅游，长途旅游相对较少，但长途旅游的发展前景十分广阔

近距离出国旅游，尤其是邻国旅游，一直占据国际旅游的绝大多数。远程旅游将有更大的发展前景。远程市场通常指的是旅游接待国所在的大陆或地区以外的国际客源市场。

（二）流向风景名胜区和政治经济文化中心

风景名胜区是一个国家或地区的重要旅游资源，它通常以其自然美景或独特的历史遗迹而闻名，并且对许多游客非常有吸引力。政治、经济和文化中心往往是一个国家的首都，一个地区的中心，或历史文化名城，各种优越的条件使其成为众多游客的理想旅游目的地。

（三）从经济发达国家和地区到经济欠发达国家和地区

在经济发达的国家和地区，人们的平均收入水平相对较高，为旅游提供了必要的经济条件，自然成为旅游出口的国家和地区。在经济发展较低的国家，人们可以用于旅游活动的可支配收入非常有限，很难外出旅游，但是依赖于美丽的自然资源和独特而丰富的文化资源，吸引了来自发达国家和地区的人们前来参观。

（四）国际旅游流量在具有特殊关系的国家或地区之间流动

由于历史、战争、婚姻、经济和文化等各种原因，相关或密切相关的国家之间的旅游流动更为频繁。例如，欧洲许多国家及其殖民地之间，英联邦国家之间的频繁流动；又如，由于历

史文化相近等原因,日本和韩国一直是中国重要的海外客源市场。

第四节　国际旅游市场

自第二次世界大战结束以来,世界旅游业发展迅速,旅游市场规模不断扩大,每年都有大量旅游者在世界各国和地区间流动。国际旅游市场也呈现出一定的规律。

一、国际旅游客流规律及原因

第二次世界大战以后,世界的旅游客流总量逐渐增加,呈现出不断上升的趋势,国际旅游客源的流向与流量主要有以下规律。

(一)旅游客流的流向是由近及远,以近距离旅游为主

人们对出游目的地的选择大多符合先近后远的规律,主要原因如下。

(1)距离近,交通费用少,旅程时间短,旅游成本低,性价比高。

(2)邻近国家和地区的历史文化传统、风俗习惯比较接近,易于适应。

(3)旅行手续和交通情况相对便利。

(二)旅游的客流主要来自经济发达的国家(地区)

旅游的客流主要源于经济发达的国家(地区),其原因如下。

(1)经济发达的国家(地区)经济发展水平高,人均收入高,具备国际旅游的经济条件。

(2)经济发达的国家(地区)一般社会福利制度较好,职工带薪假期也长,具备长途旅行的时间条件。

(3)经济全球化背景下,在大规模的工业、商业基础之上,因公、因商或会议旅游的机会多。

(4)经济发达国家(地区)拥有现代化交通运输体系和先进的信息网络,这些既是旅游的便利条件,又易于激发旅游动机。

(三)远程旅游人数将大幅度增加

在国际旅游市场研究中,远程市场通常泛指旅游接待目的地所在国家(地区)以外的其他国家(地区)客源市场。远程旅游人数大幅增加的主要原因如下。

(1)近年来,由于世界经济的发展,人们收入水平不断提高,闲暇时间增多,为远程旅游奠定了客观基础。

(2)科学技术的进步,现代交通的发达和信息技术的发展,使世界远程旅游变得容易。

(四)旅游者多流向风景名胜区和政治、经济、文化中心

旅游者多流向风景名胜区和政治、经济、文化中心,其主要原因如下。

(1)著名风景名胜区对游客吸引力大。

(2)中心城市经济发达、文化繁荣,信息集中,物质条件优越,生活方式理想,娱乐设施齐全。

(五)出入境旅游者朝亚太地区转移

自20世纪70年代以来,国际旅游者开始向亚太地区转移,主要原因如下。

（1）欧洲和美洲市场作为第二次世界大战后持续热门的旅游市场，近年来已经逐渐趋于饱和，而亚太地区有着悠久的历史文化底蕴，保存着大量风格独特的历史文化遗产和优美的自然风光；经过数十年的建设和发展，亚太地区的旅游基础设施已日趋完善，旅游服务质量也在不断提高，旅游接待能力不断扩大，吸引了越来越多的西方国家旅游者。

（2）40多年来，亚太地区经济发展迅速，人们生活水平有了质的提高，加上各国（地区）之间经济联系和文化交流的加强，旅游需求也不断上涨，形成了强大的区域内旅游流向和流量。

随着区域内和区域外旅游人数的迅速增加，亚太地区在世界国际旅游格局中所占比重大大提高。国际旅游市场欧洲、东亚太平洋地区和美洲三足鼎立的分布格局日益明显。

二、国际旅游客源市场

（一）国际旅游客流的基本状况

自第二次世界大战结束以来，世界旅游业发展迅速，旅游市场规模不断扩大，除个别年份受经济危机、局部政治动荡等因素影响，出现了一定程度的衰退之外，全球国际旅游客流总量一直呈现持续增长的趋势。1950年，全球旅游人次仅为2530万，到2016年，全球旅游总人次达到12.0亿，而2019年，全球旅游总人次已达到123.1亿，同比增长4.6%。

（二）国际旅游客流分布格局

世界旅游组织公布了全球十大接待游客最多的国家（地区），2018年全球165个国家（地区）中，接待境外游客最多的是法国，年达接待境外游客达8260万人次；第二位是美国，年接待境外游客7560万人次；第三位是西班牙，年接待境外游客7560万人次。此外，中国年接待境外游客5930万人次，意大利年接待境外游客5240万人次，英国年接待境外游客3580万人次，德国年接待境外游客3560万人次，墨西哥年接待境外游客3500万人次，泰国年接待境外游客3260万人次，马来西亚年接待境外游客2680万人次。

从以上统计数据可以看出，欧洲是目前世界上接待国际游客的中心地区。其次是美洲，特别是北美地区。所以，目前，欧美是世界上国际旅游最集中、国际旅游业最发达的地区。但是，21世纪全球国际旅游重心将逐渐向亚太地区转移，这是因为，一方面，随着亚太地区经济的迅速崛起，该地区区域内的巨大客源潜力将得到开发；另一方面，欧美地区国际旅游市场即将达到饱和，增长速度很难再有大幅度提升。

第五节　我国旅游市场

国内旅游市场

改革开放以来，随着我国经济的高速增长，交通条件的巨大改变，社会各项事业飞速改变，我国入境旅游、境内旅游和出境旅游三大旅游市场都迅速发展。

一、入境旅游市场

（一）入境旅游市场客流量变化的特点

根据世界旅游组织的解释，入境旅游是指非该国（地区）的居民在该国（地区）的区域内进行的旅游。我国入境旅游客源由三部分人构成：外国人（包括外籍华人）、海外华侨和港澳台同胞。

入境旅游客流主要来自欧洲各国、美国、加拿大、日本、韩国、澳大利亚等。目前，我国已成为世界第一大出境旅游国、第一大境内旅游国、第四大入境旅游接待国。2018 年，入境游客达 14120 万人次，比上年同期增长 1.2%。入境旅游人次按照入境交通方式分，船舶入境方式占 3.3%，飞机入境方式占 17.3%，火车入境方式占 1.4%，汽车入境方式占 22.3%，徒步入境方式占 55.7%。入境过夜游客 6290 万人次，比上年同期增长 3.6%。其中，外国人入境过夜游客 2364 万人次，比上年同期增长 5.2%；香港同胞为 2820 万人次，比上年同期增长 1.6%；澳门同胞为 553 万人次，比上年同期增长 5.9%；台湾同胞为 553 万人次，比上年同期增长 4.5%。

2018 年旅游市场基本情况

2019 年旅游发展统计数据

（二）入境旅游的地区结构特点

1. 概述

在我们接待的境外旅游者中，2018 年入境的 14120 万人次中，外国人入境人次为 3054 万，比上年同期增长 4.7%；香港同胞入境人次为 7937 万，比上年同期下降 0.5%；澳门同胞入境人次为 2515 万，比上年同期增长 2.0%；台湾同胞入境人次为 614 万，比上年同期增长 4.5%。港澳台同胞约占入境人次的 78%，其中香港、澳门入境人次比重最大。

另据统计数据，2018 年，入境外国游客人次为 4795 万（含相邻国家边民旅华人次），其中，亚洲入境游客人次占 76.3%，欧洲入境游客人次占 12.5%，美洲入境游客人次占 7.9%，大洋洲入境游客人次占 1.9%，非洲入境游客人次占 1.4%。按入境旅游人次排序，我国主要的外国人入境客源市场为：缅甸、越南、韩国、日本、美国、俄罗斯、蒙古、马来西亚、菲律宾、新加坡、印度、加拿大、泰国、澳大利亚、印度尼西亚、德国、英国（其中缅甸、越南、俄罗斯、蒙古、印度含边民旅华人数）。可以预料，在今后相当长一段时期内，现有的格局不会出现太大变化。

2. 外国人入境旅游客源市场分析

外国人入境旅游客源各市场具体分析如下。

（1）亚洲市场

亚洲市场是我国入境旅游市场的主体。其中，最主要的是以下几个区域：①日本市场。在地理交通上，日本是我国的近邻，交通方便；在经济上，日本经济发达，出境旅游经费充足；在文化上，两国之间有着悠久的历史渊源。多年来，日本一直是我国主要的入境旅游客源国。②韩国市场。韩国是亚洲经济实力较强的国家之一，旅游者的消费水平也比较高。自中韩正式建交以来，韩国便成为我国重要的入境旅游客源市场，来我国旅游的人数逐年增加。③东南亚市场，主要包括新加坡、菲律宾、泰国、马来西亚、印度尼西亚这 5 个传统的东盟国家。这几个国家与我国文化同属传统的东方文化，对我国旅游目的地的适应性较强。

（2）欧洲市场

欧洲市场是世界最大的旅游客源市场，对我国来说主要分为两大区域：①俄罗斯市场。俄罗斯与中国接壤，交通便利，来中国的旅游人数较多。②西欧市场。该地区经济发达，人们受教育程度普遍较高，社会福利保障体系健全，有外出旅游的传统习惯。其中，客源输出规模较大的有德国、英国和法国。

（3）美洲市场

美洲市场的主要客源在北美,主要是美国与加拿大。北美地区的经济、文化都很发达,是世界主要客源地之一,我国悠久的历史、丰富的旅游资源、社会环境和人民生活方式等方面的鲜明特点,对他们具有很大的吸引力。

（4）大洋洲市场

主要为澳大利亚市场,近年来发展很快,因为澳大利亚离我国相对较近,航空交通也比较方便;同时,该国经济较发达,人民生活水平也较高。

（三）我国入境旅游市场的主要特点

我国入境旅游市场的主要特点如下。

(1)市场规模开始呈现出相对平稳的发展态势

从入境市场看,中国已是世界第四大入境旅游接待国。

(2)外国游客与入境过夜旅游市场的比重逐渐上升

2018年,入境游客达为14120万人次,比上年同期增长1.2%。入境过夜游客达6290万人次,比上年同期增长3.6%。

(3)旅游外汇收入持续增长

2018年,国际旅游收入1271亿美元,比上年同期增长3.0%。其中,外国人在华花费731亿美元,比上年同期增长5.1%;香港同胞在内地花费291亿美元,比上年同期下降3.3%;澳门同胞在内地花费87亿美元,比上年同期增长5.0%;台湾同胞在大陆花费163亿美元,比上年同期增长4.5%。

(4)入境客流扩散的等级性与近程性特征显著

由于受到旅游资源、地方知名度、空间距离、旅行费用等多重因素的影响,入境客流的扩散依然呈现出典型的"等级性"与"近程性"特征。

(5)民众的获得感不断增强

2018年文旅融合开局顺利,按照"宜融则融、能融尽融;以文促旅、以旅彰文"的工作思路,以文化拓展旅游经济发展空间,以供给侧改革促进品质旅游发展,不断增强民众在旅游中的获得感。国内旅游市场持续快速扩大,入境旅游市场规模稳步缓慢发展,出境旅游市场规模平稳发展。

（四）我国旅游业在国际旅游市场中存在的主要问题

改革开放以来,我国旅游业在开拓和巩固国际客源市场方面取得了令人瞩目的成绩。但是我们必须充分认识到,旅游业是国际上竞争激烈的行业,我国旅游业起步较低,在国际客源市场竞争中存在很多不利因素。

1.地理位置远,交通成本高

我国旅游部门的调查显示,欧洲各主要客源国与中国之间的距离平均在1.2万千米,交通费用占欧洲游客来华旅游全部费用的1/3～1/2,北美游客来华旅游的国际往返交通费用约占旅游全程费用的40%。因此,在大多数人的收入仍然有限的情况下,很多欧美家庭还没有经常来我国度假的支付能力。

2.周边国家和地区旅游业的竞争激烈

我国旅游业所处的区域性国际环境为东亚和太平洋地区,这一地区内各主要旅游目的地所面对的国际客源市场有着很大的共性。这些竞争对手的旅游业比我国的旅游业起步早,在从业经验、服务质量、交通运输和产品价格方面有一定的优势。例如,在争夺日本客源市场方面,韩国、新加坡、菲律宾、泰国等周边国家都是我国旅游业的有力竞争对手。

吸引国际游客是扩大开放的题中之义

3.我国旅游产品的开发和质量存在一定的问题

长期以来,我国入境旅游市场的经营一直依赖于观光旅游,这种产品类型上的单一化已使我国旅游产品的发展落后于国际旅游潮流的变化。此外,我国旅游产品在质量方面仍有很多问题没有完全得到解决,比如,清洁卫生条件差,旅行日程和交通安排变化多,旅游产品水平低,接待散客旅游的条件不足等。

4.市场宣传和境外促销工作仍有待改进

近年来,我国旅游业的对外宣传和境外促销工作已有较大的发展,但在促销经费和促销技术方面仍然存在不足。

二、境内旅游市场

(一)境内旅游市场发展现状

改革开放以来,随着中国经济与国民收入的增长,境内游客从 1984 年的约 2 亿人次扩大到 2018 年 55.39 亿人次,是 1998 年的约 27.7 倍;特别是自 2000 年以来,境内游客数量呈现持续高位增长趋势,推动中国步入了大众旅游时代,也让中国成为世界上拥有境内游客数量最多的国家。境内旅游收入也从 1985 年的约 80 亿元增加到 2018 年的 5.13 万亿元,增长了约 640 倍。2018 年,全国旅游总收入超过 5.97 万亿元,全年全国旅游业对 GDP 的综合贡献为 9.94 万亿元,占 GDP 总量的 11.04%。其中,境内旅游收入占全国旅游总收入的比重达到了约 86%,成为中国最主要的旅游消费市场。旅游实现直接就业 2826 万人,直接和间接就业 7991 万人,占全国就业总人口的 10.29%。

中国旅游资源极为丰富,拥有世界上最大的境内旅游市场。特别是自 1998 年 12 月的中央经济工作会议以来,旅游业成为我国国民经济的新增长点,境内旅游业受到世界各国的广泛关注,获得了快速发展。但是,由于中国各地的地域差异和贫富差距问题,境内旅游的发展还面临着开发不充分和地区分布不均衡的现状,我国对待境内旅游的政策也从"积极发展"转向"全面发展"。

(二)近几年境内旅游市场发展的特征

1.出游规模大,旅游收入总量多

近些年,随着我国经济的快速发展,境内旅游呈现出高速发展的态势,境内旅游无论是在旅游人次上,还是在旅游消费总额上,都已远远超过境外来华旅游市场。

2.观光度假旅游是旅游市场的主体,其他类型市场潜力巨大

近年来,观光游览与休闲度假的旅游者已成为境内旅游的主体,其次是以探亲访友和因公旅游为主的商务、会议旅游者。现代社会提倡个性和自由,消费者旅游方式也开始多样

化,家庭、朋友、单位组织的自助旅游成为人们的主要出游方式,还有近几年兴起的背包族、自驾车旅行、徒步旅行等。如今境内旅游市场上个性旅游的需求越来越大,满足个性旅游的产品非常有前途和市场。

3.境内旅游市场地域差异大,但有逐步缩小的趋势

东、中、西部客流比例大致为 7∶2∶1,东部沿海经济发达地区是中国游客的主要来源。但现在区域间差异逐步缩小,境内旅游接待量和境内旅游收入较少的地区呈现较快的发展趋势;各省(区、市)之间的差距正在逐渐缩小,西部各省(区、市)旅游业的后发优势正在逐步释放。不断变小的区域间的差距也更有利于区域旅游的发展。

4.出游时间比较集中

目前,从旅游者的流量上看,旅游者的出游时间相对集中。一般来说,一年可分为几个出游高峰期,即春节、暑假、"十一"黄金周及"五一"黄金周等节假日。这种相对集中的出游方式是和目前的假期制度直接联系在一起的。

5.短程旅游者居多,长途旅游有较大发展

境内旅游流向以近地短程旅游为主,中程次之,远地长线最少。从境内旅游者平均游览城市座数及构成来看,境内旅游以游览一座城市的短程旅游者比重最大。境内旅游者出游天数较短,以出游 3 天以下者为主。

6.出游形式以散客为主

在境内旅游市场上,游客旅游方式也在变化,团队旅游数量呈现下降趋势,散客的数量不断增长,散客旅游者在整个旅游市场中占很大的比重,已经成为旅游市场的主角。

三、出境旅游市场

(一)出境旅游市场总体情况

随着我国旅游业的持续发展,我国与世界各国各地区间的旅游交往日益扩大。我国公民出境旅游快速发展,已成为亚洲最大、全球重要的新兴客源大国。我国旅游对外交往不断扩大,已成为国际旅游交流的重要组成部分和推动力量。目前,中国与世界旅游组织、亚太旅游协会、世界旅游及旅行理事会等国际旅游组织建立了紧密联系,并陆续开展了一系列重要合作。

目前,有 151 个国家和地区成为我国公民出境旅游目的地。从出境市场看,中国是全球增长最快的客源输出国之一,已成为世界第一大出境旅游消费国。

(二)我国出境旅游发展特征

1.市场:增长速度稳定,市场细分渐显

在过去 15 年间,我国出境人数持续保持增长态势。2018 年全年,中国公民出境旅游人次达 14972 万人次,比上年同期增长 14.7%。我国出境旅游业能取得如此快速的增长,一方面得益于我国经济连续多年的高速增长,另一方面也是因为近年来人民币对主要货币升值的结果。

从出境旅游产品的选择来看,大众产品依然为热门需求,但是市场也正在分化,一些人开始寻求独特的旅游路线。在近距离目的地,热衷于价格较高的深度游、豪华游甚至"奢侈

游"，还有一些人脱离大众旅游线路，独辟蹊径，热衷于远距离、探索性的新线路，呈现出"由常规线路开始转向深度体验游"的现象。这一市场细分虽然刚随着新目的地的开放而出现，但将是一个重要的发展趋势。

2. 目的地：近距离保持领先，远距离继续上升

在出境游目的地方面，出境游仍以近程为主，前往港澳台地区的出境游客占出境旅游总人次的七成以上。而缅甸、越南、韩国、日本、俄罗斯、美国、蒙古、马来西亚、菲律宾、新加坡也是中国游客喜爱的出境游目的地。未来，东欧、南美及中亚等地区将成为受中国游客青睐的新兴出境游目的地。

值得注意的是，一些远距离市场在接待中国公民的数量上也有很好的表现，尤其是欧洲的法国、德国、意大利及北欧的芬兰等的增长速度都比较快，而北美国家的美国和加拿大接待中国公民的数量也非常之多。前者是由于欧洲相关国家频繁而有效的旅游促销宣传，而后者则与美国、加拿大旅行活动的丰富性相关。

3. 形式：日益多样化

出境的目的与方式是多种多样的，除了一般观光旅游团之外，还有更多的各种各样的非自费旅游。实际上，这些非传统的旅游方式，无论从人数上，还是境外消费上，都超过了一般由旅行社组织的团体旅游，比如在境外的会议、展览、奖励旅游等。近两年来，境外人员培训也呈上升的趋势，这样的活动逗留时间长、人数多、花费大。

4. 追求：更加注重体验

随着境内消费者收入的增长，越来越多的人开始利用富余的资金进行休闲旅游活动。高端市场（奢华旅游或豪华旅游）开始脱颖而出并形成一定的规模。高收入群体追求专业化、个性化、特殊化的体验，多选择远程旅游目的地、著名的度假地和特殊的旅游方式，费用极高。与之相对应的是，许多境外旅游目的地和旅游企业也把重点放到开发特殊体验的品牌旅游产品上：除了这些年一直流行的海岛游之外，还有名目繁多的"高尔夫"旅游，从东南亚的泰国、马来西亚延伸到南非和澳大利亚。还有马尔代夫、毛里求斯的"蜜月游""金婚游"，以及奥地利的音乐之旅、法国的品质之旅、荷兰的赏花之旅等。整个出境旅游市场在悄然变化，旅游产品逐渐脱离了最初的作为纯观光产品的阶段，开始为旅游者提供更高层次的愉悦体验。

5. 类型：商务旅游持续上升

由于国家相关政策和行政管理机构职能的分工，我国的出境旅游往往只包括个人自费的出境旅行游览和度假活动，商务与公务出行不属于休闲性旅游的范围，一般不在国家旅游政策考虑的范围之内。但是，随着对外开放的不断扩大和与他国（地区）在商务、文化等领域交往的日益频繁，商务旅游的规模越来越大。从经营的角度看，这个领域也开始成为我国出境旅游的一个重要组成部分，包括会议旅游、展览旅游、奖励旅游、考察旅游、业务培训、社团交流、公共关系类旅游等类型，涉及政府机构、社会团体、不同经济类型的企业等单位。国际上的一些国际商务、奖励旅游等专业组织也非常青睐中国市场，积极地发展中国会员，在中国举办展览和交易活动；一些国家旅游机构和企业也频繁来华促销，力争把这个市场做大。

6. 营销：线上线下相结合

我国的旅行社在进行出境旅游的市场营销时，一直沿用入境旅游和境内旅游的传统营销方式，即由单体旅行社独立开展和完成全部的市场营销任务。但是由于缺乏足够的资金

投入和高素质的作业人员,所以旅行社的营销效果较差,规模化运用的程度较低。随着我国出境市场的扩大和互联网技术的发展,越来越多的旅行社开始重新审视出境旅游的市场营销方法问题。

近年来,我国的一些国际旅行社开始尝试在线营销与传统营销相结合的方式,根据我国出境旅游市场中存在着因私出境旅游市场和公务出境旅行市场的现实,结合自身的特点,采取直接营销、企业对企业在线营销、人际关系营销等营销方式,使出境旅游的市场营销方式朝着差异化方向转变。

目前,在因私出境旅游市场中,大型旅行社多以直营为主,充分利用企业品牌的营销策略;专业批发商则利用产品的品牌,通过拥有地方性企业品牌和人际关系的代理商进行营销。在公务旅行市场上,旅行社主要采取人际关系营销方法。

2020年初,自新冠疫情爆发以来,世界旅游业遭受到了前所未有的冲击。疫情迫使各国限制和停止了旅游活动,对旅游相关产业链和就业岗位造成了严重影响。随着疫情逐渐减弱,到了2023年,旅游业逐渐显示出复苏的迹象,多数国家采取了一些重建策略来恢复旅游业发展。

我国也采取了积极的政策促进旅游业及时恢复发展。根据文化和旅游部发布的消息,国内旅游抽样调查统计结果显示,2023年上半年,国内旅游总人次23.84亿,比上年同期增加9.29亿,同比增长63.9%。其中,城镇居民国内旅游人次18.59亿,同比增长70.4%;农村居民国内旅游人次5.25亿,同比增长44.2%。分季度看:2023年第一季度,国内旅游总人次12.16亿,同比增长46.5%;2023年第二季度,国内旅游总人次11.68亿,同比增长86.9%。

2023年上半年,国内旅游收入(旅游总花费)2.30万亿元,比上年增加1.12万亿元,增长95.9%。其中,城镇居民出游花费1.98万亿元,同比增长108.9%;农村居民出游花费0.32万亿元,同比增长41.5%。

课业测评

第八章课业测评

参考文献

白翠玲.旅游学概论[M].杭州:浙江大学出版社,2013.

刘扬林.旅游学概论[M].北京:清华大学出版社,2009.

刘琼英,汪东亮.旅游学概论[M].桂林:广西师范大学出版社,2017.

孙洪波,周坤.旅游学概论[M].上海:上海交通大学出版社,2017.

吴必虎,黄潇婷.旅游学概论[M].北京:中国人民大学出版社,2013.

谢彦君.基础旅游学[M].4版.北京:商务印书馆,2015.

朱华.旅游学概论[M].北京:北京大学出版社,2014.

第九章　旅游效应

名言名句

别的国家看的越多,就越会热爱祖国。

——斯达尔夫人

学习目标

【知识目标】

1. 知晓旅游业在国民经济中的定位。

2. 掌握旅游业发展对目的地经济的影响。

3. 掌握旅游业发展对目的地社会文化的影响。

4. 掌握旅游业发展对目的地生态环境的影响。

📖 第九章思维导图

【能力目标】

1. 能利用网络工具查找旅游效应的相关信息。

2. 能够分析发展旅游业对经济的影响。

3. 能够分析发展旅游业对社会文化的影响。

4. 能够分析发展旅游业对生态环境的影响。

【素养目标】

1. 养成独立思考问题的习惯。

2. 具有对旅游效应正面分析的意识。

3. 具备对旅游负面效应客观分析的意识。

4. 拥有团队协作,主动参与实践的意识。

案例导入

宋城演艺发展持续增长

宋城景区位于杭州,是一座依据《清明上河图》而建的宋文化主题公园。其北依五云山、南濒钱塘江,园区还原了宋代都市风貌。其经营理念是"建筑为形,文化为魂",是首批国家文化产业示范基地及中国非物质文化遗产的集聚地,也是目前中国人气最旺的主题公园之一。宋城的核心产品《宋城千古情》是目前世界上年演出场次最多和观众接待量最大的剧场演出,被境外媒体誉为与拉斯维加斯"O"秀、法国"红磨坊"比肩的"世界三大名秀"之一。

现场演艺方面,宋城景区在 2017 年后 G20 效应的高基数业绩上继续稳步增长;三亚千古情景区以海南省建省 30 周年和 59 国免签政策为契机,推出"我回丝路"和岛民优惠等活动,接待量和业绩增长亮丽,2018 年 4 月份单月接待人次同比增长 60％以上,创下开业以来淡季单月接待新纪录;丽江千古情景区积极探寻合适的市场营销策略,加强游客体验和满意度,并有效控制成本,较好地保障了业绩的持续增长。

旅游休闲业务方面,2018 年,宁乡炭河古城景区开园一周年,接待游客超 400 万人次,营业收入破 1.6 亿元；宋城旅游电商平台 2018 年上半年总收入同比增长 49.04％,总客流量同比增长 64.91％。官方渠道市场影响力迅速扩大,以宋城集团官网、天猫旗舰店为核心的自营渠道营收同比增长 82.06％,占电商总收入的 45.71％。

资料来源:搜狐网,https://q. stock. sohu. com/newpdf/201934225903. pdf。

思考:结合自身所在的地区与经历,谈谈近些年旅游业发展对当地产生了哪些影响。

第一节 旅游的经济效应

旅游的
经济效应

旅游的经济效应也称为旅游的经济影响,是指旅游业对旅游地国家或地区在经济方面所产生的直接和间接影响的总和,也即旅游活动所引发的消费、投入、产出等对该国家或地区的经济产出总量、就业机会和家庭收入等产生的直接或间接的影响。

旅游消费对经济的影响存在双向效应。一方面,它会对旅游目的地的经济产生较为显著的影响,另一方面,旅游客源地的经济因旅游活动的出现也会受到影响。结合境内外关于旅游经济影响的研究,发现对旅游消费双向性经济效应的研究并不多,人们更倾向于围绕旅游目的地来进行旅游经济效应的研究。旅游业发展对旅游目的地的经济影响,可以从正面的积极作用和负面的消极作用来分析。

一、旅游对经济的积极影响

(一)增加外汇收入,平衡国际收支

从旅游经
济看消费

一个国家(地区)的外汇储备量的多少标志着该国(地区)的国际(地区间)支付能力的强弱和经济实力的大小,充足的外汇储备是国家更好地应对意外经济事件的重要手段。2018 年,相关机构数据显示,中国已成为全球最大外汇储备国(地区),遥遥领先其他国家(地区),足以看出当今中国在国际社会中的发展地位。外汇收入按来源用途可分为贸易外汇收入、非贸易外汇收入和金融外汇收入三种。国际旅游者到异国他乡的旅游消费对于目的地国家(地区)来说是获取非贸易外汇的重要手段,旅游创汇的优势越发明显。

第一,换汇成本低,创汇率高。由于旅游业生产与消费同时性的特点,旅游者在购买了旅游商品后,必须在旅游商品的生产地进行消费,这样可以节约商品外贸过程中的其他贸易成本,减少损耗,降低换汇成本,如图 9-1 所示。

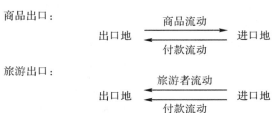

图 9-1 普通商品出口与旅游服务出口的比较

第二,结算及时。按照目前的国际惯例,当一个国家(地区)旅游商品要进行出口时,旅游者必须以预付或者现付的方式进行结算,因此,旅游接待国(地区)能够及时得到外汇。

第三,不受贸易壁垒的影响。进口地由于受境内经济或政治因素的影响,会对某些进口商品的数量进行配额限制,或者调高进口商品的进口关税,制造关税壁垒。

相比之下,在旅游出口方面,由于政治和经济的压力,以政府行为去禁止或者阻挠居民出境旅游的情况极为罕见。以国际旅游为例,入境游客在接待地的消费开支构成了该地的国际旅游收入,但对于其本地(客源地)来说,这些消费开支则构成了国际旅游支出。如若将世界看作一个经济整体,即国际收支平衡。因此,目前大多数国家(地区)都在大力发展国际入境旅游,以更好地发挥旅游创汇的重要作用。

(二)扩大内需,回笼货币,促使良性循环

单就境内旅游而言,旅游对目的地国家或地区的影响主要体现为扩大内需和回笼货币。在全球货币市场上,每一个国家(地区)都需要有计划地科学投放和回笼货币,保持货币投放量和回笼量的大体平衡,以维持本国家(地区)经济的正常运转。在金融市场上,当货币的流通量与商品的供应量基本相适应时,才能保持市场环境的稳定。纵观众多国家的发展历史,我们不难发现通货膨胀往往发生在一个国家或地区的物质商品生产能力有限、难以扩大投放量的情况下,如果这时社会上流通的货币量过多,就有可能引起这种现象。这个时候,必须设法回笼货币。政府可适当转移人们的购买取向,加强宣传和引导,鼓励人们多消费服务性产品。发展境内旅游是扩大内需、回笼货币的重要手段。回笼货币的渠道很多:商品回笼(商品出售)、财政回笼(税收)、服务回笼(服务收费)、信用回笼(信贷)等,这也构成了国家回笼货币的四大渠道。通过提供各种劳务和服务发展旅游,满足人们的综合需要,既有商品回笼的成分,也有服务回笼的成分。因此,旅游业的发展既可以达到稳定市场货币需求量与供应量的目的,同时也是稳定市场物价的一种手段,能够促进经济的良性循环。

(三)带动相关行业的发展

旅游业就其属性而言是一项综合性很强的服务产业,需要多个相关部门统一理念,通力合作,才能促进旅游业的长足发展。反过来,旅游业的发展也将会带动和促进很多其他经济部门和行业的发展。如酒店业可以带动建筑、食品、服装等十多个行业发展(见图 9-2)。

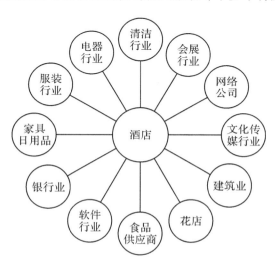

图 9-2　酒店相关行业

资料来源:朱华.旅游学概论[M].北京:北京大学出版社,2015.

一般提到旅游业,会涉及相关产业,如食、住、行、游、购、娱等对旅游活动产生直接影响且影响较大的产业。除此之外,与旅游业有直接或间接联系的行业可达100多个,它们共同协作,形成一连串的优势产业链。有研究统计表明,旅游对住宿业贡献率超过90%,对民航和铁路客运业贡献率超过80%,对文化娱乐业贡献率超过50%,对餐饮业和商品零售业贡献率超过40%等。这些数字无不传递出旅游业强大的行业带动力。联合国世界旅游组织作为旅游领域的领导性国际组织,曾有过统计分析:旅游业与相关产业的投资带动作用比例为1∶7,直接量化了旅游业的产业带动效果。可以从历年的国民经济与社会发展统计公报看出旅游业发展对国民经济的贡献率在不断提高,就个人而言,旅游正在改变我们的生活。

(四)增加就业机会

　　旅游业与其他产业的相关性,决定了其广阔的就业前景。世界旅游旅行理事会的预测报告中指出:"在全世界范围内,旅游作为一个整体雇用了全世界从业人员的1/10,已经成为世界上创造新就业机会最多的行业。"旅游业的发展不仅能成为一个国家国民经济新的增长点,提高和改善当地居民生活质量,在扩大就业、缓解就业压力等方面也具备突出优势。

　　1.容量大、就业潜力大

　　旅游作为劳动密集型行业之一,近些年,就业人数猛增,目前全国旅游业直接和间接就业人数已超6000万,如此庞大的就业市场无疑需要大批的旅游从业人员。相比较其他传统服务业,以及房地产、金融等新兴服务业,旅游业表现出了强大的就业潜力。

　　2.就业门槛低、包容性强

　　作为现代服务行业,旅游业相关联的行业数量多、门类层次多,为更好地服务消费者,旅游业对不同层次的从业人员都有需求,所以,能够为更多的人提供多样化的就业机会。

　　3.就业方式灵活

　　旅游从业人员的需求是多样化的,根据工作岗位要求的不同,不同层次的人员都可以在旅游行业找到适合自己的岗位,方便就业。此外,旅游业发展的季节性特征,即大多数景区都有淡旺季之分,使得人员需求弹性大,流动性强,就业方式也更灵活。

　　旅游业在解决就业上的突出优势和巨大潜力,必将使其成为解决国家或地区就业问题的重要手段。世界银行的一项研究指出,目前世界上较发达国家中正在变化着的就业结构已经表明,大力发展旅游业是解决就业的重要出口。随着科学技术的进步,传统制造业带来的剩余劳动力越来越多,不得不向其他产业进行转移,而服务业成为重要的方向。随着生活质量的提升,人们对现代服务商品需求不断增长。在这种环境下,以旅游业为代表的服务业不断扩大发展,多样化的人才需求层次和逐渐改善的就业结构使得服务业在国内生产总值中所占的比重将会有大幅度的提升。

(五)增加政府税收

　　旅游业的发展在带动旅游目的地经济发展中的一个重要指标是增加政府税收,入境旅游业和境内旅游业都可以起到扩大政府税收来源的作用。税收是政府重要的政策工具,是提供"公共产品"的资金来源。如果没有足够的税收,国家政府将难以有效地提供国防和治安等公共产品。因而旅游这一作用的重要性显而易见。

　　旅游业纳税人的税收主要包括三个方面:一是来自于游客的税收,如签证费、海关税、机场税、消费税等;二是来自于旅游企业的营业税、所得税及各种执照费等,即旅游相关企业的纳税范围;三是来自于旅游从业人员的个人所得税。

随着旅游业的不断发展壮大,其行业带动作用越发明显。相关联的行业和多个部门为适应旅游业的发展扩大其生产或经营规模时,政府还可以从这些部门和行业获得更多的税收(见图 9-3)。

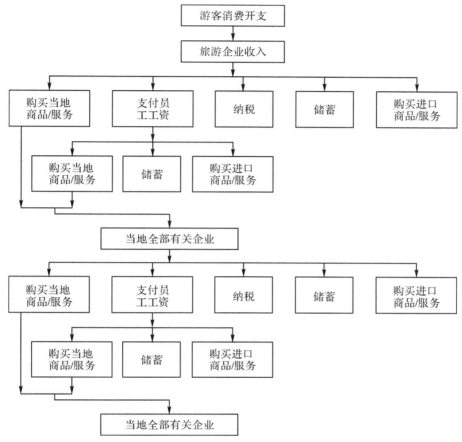

图 9-3 旅游收入在目的地的经济流动过程

(六)缩小地区间经济差距,促进贫困地区脱贫致富

由于各自的自然和历史条件差异,国家之间,甚至国内各个地区之间的经济发展呈现出不平衡的状态,而经济发展不平衡常常是一个国家或某个地区经济社会进步的一大障碍。旅游业的发展、旅游活动的开展将会对经济发展失衡的地区有明显的影响,以出入境旅游活动为例,它可以实现旅游客源国(地区)和旅游接待国(地区)之间的财富转移,从而完成世界社会财富的再分配。同理,以一个国家为例,境内居民在境内开展的旅游活动则可以完成境内的部分财富在旅游客源地区和接待地区的转移,推动旅游接待地区经济发展,从而发挥将境内财富再分配和改善产业结构发展的作用。

实际上,很多国家(地区)一直都在致力于旅游扶贫项目开发与建设。澳大利亚联邦政府于 1997 年推出了"土著人旅游业发展战略",在制定土著人旅游发展战略和规划的同时,在开发旅游资源、旅游服务和经营方法等方面给予土著居民大力支持和引导,并强调发展特色文化和保护生态环境。在这项政策引导下,当地旅游业发展使得土著人地区经济发展水平和

关注旅游扶贫新进展,推进旅游扶贫,巩固脱贫成果

生活质量有了显著提高。

旅游业发展能促进贫困地区实现脱贫,前提是该贫困地区有一定的丰富旅游资源且具有开发价值。经过合理开发利用,吸引相对发达地区的游客前来旅游、消费,使这些旅游资源产生效益,实现地区经济的财富积累,从而使其脱贫致富。旅游脱贫得以实现的基础则归功于旅游业本身发展的特点:投资少、见效快、效益高。

二、旅游对经济的消极影响

如上所述,旅游业发展对国家和地区经济发展有着很大的促进作用,在经济结构中的地位显而易见。但是,我们不难发现,部分国家或地区认识到了旅游业在经济中的重要作用,却只看重经济效益,一味片面强调发展旅游经济,而忽视了其他问题,结果导致旅游业发展的消极影响越来越明显。主要表现在以下几个方面。

(一)游客大量涌入有可能引起当地物价上涨

随着旅游活动的大量开展,对于旅游目的地而言,一般外来游客长期积累的旅游消费能力较本地居民日常消费能力高。从供求关系上看,游客的涌入大大增加了旅游相关产品和服务的需求总量,此时,如果旅游目的地自身的供给潜力扩张有限,那么游客的这些需求和消费就会导致目的地物价的上涨,从而使居民的生活消费水平也随之提高,生活成本上升。如果供求矛盾过于突出则会进一步引发当地的通货膨胀。此外,旅游业的发展还刺激了对房地产的需求,特别是一些旅游景区附近的土地价格迅速上涨,加上建筑成本的增加,最终导致当地房价不断上涨,影响当地居民自身的购房需求,给工薪阶层和低收入群体带来一定的生活压力。许多案例表明,旅游业在发展初期,利益相关产业对目的地土地投资较少,建设力度较小,但旅游业真正发展起来之后,相关联的土地投资利用项目愈发增多,进而抬升了当地地产的价格。

(二)旅游有可能引起产业结构的不利变化

客观而言,旅游业对其他产业的关联带动作用是一把双刃剑。一方面,旅游业发展不仅有效带动了第一产业、第二产业和第三产业部门的发展,而且可以优化国民经济产业结构及三大产业内部结构,促进国民经济增长。但另一方面,如果旅游业在发展过程中对与地方经济建设的关系处理不当,就会引起当地产业结构发生不利的变化。例如,以传统的农业国家为例,随着本国旅游业的兴起和发展,旅游业促进就业、带动经济的特点吸引大量劳动力从事旅游业,从而抛弃了农耕劳作,从个人收入而言,是有利的,但大片的农田荒废则对当地经济结构产生了不利影响。

(三)过度依赖旅游业会影响国民经济的稳定

经济健康发展的标志之一是经济的多样性。如果某个国家或地区在经济上过度依赖某个产业,经济的不稳定性就会增加,一旦出现意外经济事件,后果将不可估量。具体原因如下。

1. 旅游活动有季节性

无论是休闲度假旅游还是游览观光旅游,旅游活动均具有明显的季节性。当旅游淡季时,旅游市场供大于求,不可避免地会出现旅游设施和劳动力闲置、剩余物资大降价和居民收入减少等现象,这些现象的出现将会对旅游目的地的经济和社会产生严重的影响。

2.旅游活动在很大程度上受制于需求市场

严格来讲,影响旅游需求的因素有很多。如客源地居民的收入水平、闲暇时间和旅游的流行时尚等,这些都是旅游目的地旅游管理者所不能控制的。一旦客源地受到某种事件的影响,出现经济不景气现象,抑或是客源地居民对某些旅游景点的兴趣偏好发生改变,都会直接影响旅游地的市场。

3.旅游业是敏感性产业

一个国家或地区的政治、经济、社会、自然环境等诸多因素一旦发生改变会引起旅游目的地旅游业的强烈波动。导致旅游需求大幅度下降,旅游业及相关产业发展乃至整个国家或地区的经济都会严重受挫。举例而言,受 2001 年的国际金融危机事件及 2002 年上半年国际政治形势不稳定等因素的影响,世界旅游业的发展进入了一个缓慢的阶段,我国旅游业的发展同样也受到了一定影响。

这是旅游业本身的发展特性和潜在危险。因此,为了旅游业的健康发展,国家或地区必须加强对旅游业的宏观调控和总体规划。特别是一个国家"完全依赖某一个单一产业是很不明智的"。我国是社会主义市场经济国家,旅游业的发展也必须体现这一特点,应积极发挥政府在旅游业发展中的主导作用,大力支持和扶植适宜开发的地区,严格限制不宜发展旅游业的地区。

第二节　旅游的社会文化效应

旅游是一种文化现象,既产生于现代文明,又服务于现代文明。旅游业不仅具有经济效应,同样会带来社会文化效应。旅游的社会文化效应指的是旅游活动对旅游目的地社会结构、价值观念、生活方式、习俗民风和文化特征等方面的影响。许多专家认为旅游发展的社会文化效应是无法估量的,旅游是不同文化间的相互碰撞。

在旅游发展初期,旅游业的迅速发展带来了众多的经济效益,这也是人们最初的主要关注点,许多学者也着重研究旅游经济效应而较少关注到旅游的综合效应,特别是旅游业发展对社会文化的影响。直到 20 世纪 70 年代西方国家出现了旅游的负面社会效应时,学术界才开始聚焦于旅游社会影响的研究。对于旅游对社会文化的影响的研究始于 1963 年 T. 努涅斯发表的一篇题为《一个墨西哥山村开展周末旅游带来的影响》的文章,其中分析了当地居民生活方式、社会关系在旅游发展前后所发生的变化,进而总结出规律。此后,有越来越多的学者开始关注旅游对接待地社会文化的影响。

一、旅游对社会文化的积极影响

（一）提高国民素质，提升生活质量

美国经济学家丹尼尔·贝尔说过,现代人满足的源泉和社会理想行为的标准不再是工作劳动本身,而是他们的生活方式。旅游就是一种生活方式,人们通过旅游开阔眼界,放松身心,进而提升生活质量。

1.促进人体健康

随着现代社会逐渐加快的城市化发展,紧张的工作和生活节奏、城市的污染,使得人们更加向往不同的生活方式,人们希望能够适时改换生活环境,回归自然,找寻初心,以便让自己恢复体力、焕发精神。这是大众化旅游的重要动机之一,另外,这也反映出旅游活动的开展不仅可以增进游客身心健康,还能提高人口素质。

2.增长知识,丰富阅历

历史表明,在古今中外各个领域的伟人中,几乎没有哪一位不曾有过外出旅游的经历。从王之涣的"白日依山尽,黄河入海流"到李白的"日照香炉生紫烟,遥看瀑布挂前川",再到王维的"大漠孤烟直,长河落日圆",我们体会到古人"读万卷书,行万里路"的人生智慧,感悟众多历史名人阅览祖国大好河山的心路历程。而现代人通过旅游活动,可以到异国他乡了解更多景观和知识,增添文学、艺术、史地、风俗民情知识,从而开阔视野,陶冶情操,提升自己的审美鉴赏能力,获得一种愉悦的精神享受,从而更好地完善自己的生活和人生。

3.培养爱国主义情感

无论是出境游还是境内游,人们可以饱览各地的名山大川、历史古迹和现代建设成就,不同文化的碰撞,无疑会使旅游者增强民族自信心和自豪感,加深对自己祖国的热爱之情。只要爱国之心植根于人民之中,就会对社会进步产生不可估量的积极作用。

（二）增进了解，促进国际交往

现代的旅游活动涉及范围之广是空前的,各种出入境旅游活动的开展使来自不同国度、不同民族、不同信仰及不同生活方式的人们之间多层次的交往活动增多,这些因旅游活动而开展的交往在客观上会增进不同国家和地区人民之间的相互了解,建立和增强国与国之间友好关系。人们通过交流往来,能更好地相互了解。以我国入境旅游为例,国际旅游者在我国旅游过程中能够目睹我国各地区的基本概况,加深对中国传统文化的认识,当他们回国后,会在亲友间传播关于来中国旅游的感受和体会,会使得信息传播更直接,范围更广。因此,国际旅游活动又有了民间外交的称号。自1980年以来,世界旅游组织为每年的世界旅游日确定主题,各个国家（地区）可以按照主题和要求开展旅游活动,这不仅可以促进国家（地区）间的了解,对于旅游接待地而言,也是树立国家形象的有效手段。

（三）促进人际交流和科技进步

旅游促进不同文化之间的交流,对旅游目的地而言,发展旅游业是对外文化宣传交流的重要手段。旅游活动的开展为不同文化的交流提供了难得的契机。旅游者的频繁、广泛的流动,起到了传播和交流知识与技术的作用,促进了本土文化与外来文化、传统文化与现代文化的碰撞和交融,使不同地域文化兼容并蓄、取长补短,得以发展。此外,旅游的发展对现代科学技术提出了新的要求,特别是在交通运输工具、通信设备及旅游接待服务设施等方面,现代旅游市场更加需要快捷、便利、舒适和安全的服务,从而促进了有关领域科学技术的发展。例如,高速铁路等现代化交通工具的发明和应用大大缩短了旅行距离,人们短时间、远距离出行的期望成为现实。于是,出现了学术考察、会展旅游、节庆旅游、商务旅游、专题旅游等不同形式的旅游活动。大众旅游的发展使得不同的文化在发达地区与不发达地区相互传播与融合,推动人类的文明不断地发展。

科学技术的不断提升促进旅游业的产生和发展,同时旅游业的发展也不断促使新的科学技术的产生。例如，因南水北调丹江口水库加高，处在水库边缘的武当山遇真宫面临着被库区淹没的危险。当地有关部门为保护历史文化遗产，采用科学手段用 72 个千斤顶将遇真宫抬起，使其整体顶升抬高 15 米，大大超过目前 3 米多的世界建筑物顶升纪录。遇真宫顶升后，按原址进行了复原工作。修整后的遇真宫成为继紫霄宫之后的武当山新的热门景点之一，深受游客喜爱。

（四）保护和传承民族文化

康养旅游

旅游看的是文化，文化是旅游的灵魂。旅游活动的开展不仅实现不同文化间的交流与沟通，也是保护和传承民族文化的有效途径。随着旅游业的发展和外来旅游者越来越多的文化体验需要，旅游目的地一些原先几乎被人们遗忘和丢失了的传统习俗礼仪、民俗文化活动重新得到开发与恢复；因市场需求的扩大，传统的手工艺品需求量扩大，手工艺术得到发展；许多濒临消失的历史建筑重新又得到维护和管理，传统的音乐、舞蹈、喜剧等又焕发新生。这些得以保存和发展的文化成为很多其他旅游国家或地区所没有的独特旅游资源。在受到众多外来游客追捧的同时，也大大增添了当地人民对自己民族文化的认同感和自豪感。例如，一些少数民族地区的蜡染、土布印花、根雕等，让旅游者如获至宝。又如，西安市抢救整理了仿唐乐舞、大同市修复并连接了古城墙等，驰名中外的洛阳唐三彩在得到收藏保护的同时，随着技术的进步又焕发出别样的艺术魅力。一些优秀旅游城市充分利用本地浓厚的历史人文资源和秀丽的自然风光，深入挖掘古老民间文学、传说和神话内涵，相继打造了视听效果良好的舞台剧，同时涌现出了以广西桂林《印象·刘三姐》为代表的"印象"系列、甘肃《大漠敦煌》、陕西《长恨歌》等一大批场面宏大、演绎精湛、制作精美、格调高雅的旅游文化演艺作品，这不仅弘扬了中国多民族文化，也进一步丰富了旅游资源的类型和游客的旅游体验。

（五）改善了目的地居民的生存条件

世界旅游目的地需要世界级的生活环境作支撑。旅游目的地的培育和发展离不开具体的地理空间和当地老百姓的生活环境。理论和实践证明，为了发展旅游业，提升游客满意度，旅游目的地会大力改善当地基础设施和生活服务业。这些软硬件设施数量的增加和质量的提升，既可以满足外来游客基本的旅游需求，客观上也改善了当地居民的生活环境，方便了当地人民的生活。

二、旅游对社会文化的消极影响

（一）引起地方社会文化认同感的改变

1. 生活方式的改变

旅游活动的开展，伴随不同文化信息的交互。旅游者以其自身的生活方式及行为形态影响着旅游目的地居民的生活方式，并产生示范效应。以河北野三坡旅游发展为例，在旅游开发的初期阶段，当地的村民把游客当客人和亲人对待，食宿均不收费。随着旅游业的进一步发展，旅游者所表现出来的行为，如境外游客支付小费这一商业性行为深刻影响了当地居民的思想观念，改变了其经济意识。当地人意识到旅游发展可以带来巨大的经济效益，便开始开设家庭旅馆、出租马匹等。这打破了当地人原来的价值观、风俗习惯等。野三坡自1985年发展旅游业以后才打破与世隔绝的状态，短短几年时间，居民的经济意识、服装款式、审美角度、生活方式等已与北京、保定等城市居民相差无几。原有景观的文化内涵逐渐消失不见，社会原有的文化特色不再鲜明，但当地居民的物质生活有了很大的改变。

2.价值观念与伦理道德的变化

随着国际旅游的发展，外来思想对旅游地居民思想和行为产生了重要影响，他们原本根深蒂固的风俗习惯、价值观，乃至语言，都在不同程度上被改变了，并对地方社会文化认同心理产生模糊化的影响。在一些目的地，女性开始走出家门从事一些旅游服务工作，改变了当地原有的"男主外，女主内"的家庭模式，冲击了女性原有的价值观；而西方性自由意识的传播，成为目的地居民离婚率上升的原因之一。此外，由于受社会历史文化因素和外来游客的影响，也出现了一些崇洋媚外的现象，在一定程度上造成了价值观的扭曲。

（二）不良的示范效应

随着旅游活动的深入开展，来自经济发达国家或地区的旅游者会将自己的生活方式和价值观念带到旅游目的地并在无形中进行传播和渗透，他们的消费观念和行为及其言谈举止会对目的地造成"示范效应"。而处于相对封闭的目的地的居民不切实际地认同和模仿，会引发居民思想和行为的变化。这在条件不成熟的情况下，是有较大危害的。当地居民开始注重物质利益关系，对自己的生活感到不满，并且开始盲目模仿旅游者的穿着打扮和娱乐方式，在一定程度上会产生赌博、色情、诈骗、走私等社会问题。甚至，有人认为色情、犯罪和赌博是旅游业带来的三大灾难。

（三）干扰目的地居民的生活

一个旅游目的地的承载能力是有限的，过度的旅游开发和大量游客的涌入，只会造成资源分配的不均衡。随着物价和房地产价格的不断攀升，当地居民的生活受到较大的影响，旅游活动的开展会干扰当地居民的正常生活，损害他们的切身利益。在该地的物质供应能力有限的情况下，当地物质提供者往往会将其产品和服务优先供应给肯出高价购买的外来旅游者而不是当地居民。即便是作为公共事业的水电供应，也往往会优先保障涉外旅游接待设施的需要。这种现象意味着外来旅游者直接和当地居民争夺利益，加之一些游客态度傲慢，难免会激发当地居民和外来游客的矛盾，从而造成二者之间关系的紧张。

（四）当地文化的过度商品化

随着旅游业的发展，异族及异地的文化被不断引入，当地文化、风情民俗逐渐出现了同化现象。以民族服饰为例，服装是民族文化的一种符号，具有浓厚的文化内涵。传统民族服饰被同化是当地文化受外来文化影响显著的例证。有研究表明，在一个以苗族为主体的旅游村寨，女性苗族服装几乎完全相同，无论是材质、款式还是颜色、绣花，同质化程度非常严重，已大大失去了民族文化展示的根本意义。此外，传统的民族节庆习俗和庆典活动都是在特定的时间、地点以特定的内容和方式展示出来的，但很多旅游目的地为了迎合游客需求，随意压缩或删减内容，随时随地为了游客观看而将其搬上舞台，这样呈现出来的活动和习俗在很大程度上已经丧失了传统的价值和意义，破坏了传统文化资源的可持续利用，对当地文化的传承与发展是极为不利的。

此外，为了满足旅游者需要，部分旅游经营者与管理者违背原则、粗制滥造一些旅游商品，这是对当地文化的形象和价值的损害和贬低。作为旅游经营者与管理者，要想实现旅游业的可持续发展，必须尊重旅游的文化价值，深度挖掘当地旅游的文化内涵，促进文旅融合发展。

旅游与环境的关系

第三节　旅游的环境效应

旅游是对环境依存度很高的产业,旅游和环境之间是相互依赖又相生相克的关系。一方面,旅游业的发展以旅游资源为依托;无论是自然旅游资源,还是历史遗留下来的和当代新建的人造旅游资源,其本身是该地整体旅游产品最基本的构成要素,不仅会直接影响旅游者的旅游体验和满意程度,还会影响当地居民的生活舒适度。另一方面,随着旅游业的深入发展,一些不合理的旅游开发和管理行为,也给旅游地资源和环境带来威胁甚至破坏。旅游业的发展对环境既可以产生直接影响,也可以产生间接影响和诱导性影响。

一、旅游对环境的积极影响

(一)有助于环境保护

1.提高目的地环境质量,美化人居环境

为促进旅游业的发展和满足旅游者的需求,任何一个旅游目的地都会致力于当地环境的建设和美化。在大都市里生活的游客内心充满对纯净空气、清澈泉水、绿色森林、优美环境的向往,这一需求使旅游开发者合理规范其开发方式,采取以预防为主、防治结合与综合治理的原则,积极治理现已形成的污染和破坏,为游客提供高质量的绿色旅游产品。这是发展现代绿色旅游的重要动力,也是维持生态平衡的重要途径。

2.改善基础设施和服务设施

旅游业的发展不仅能推动地方基础设施的改善,如机场、火车站、汽车站、道路、通信、用水系统和污水处理系统等,又可以促进当地休闲娱乐、景区景点、住宿餐饮等服务设施的建设,从而使地方经济水平得以提高,地方人居环境得以改善。

3.保护旅游资源

旅游资源是旅游业赖以生存和发展的保障。建设性破坏、生产性破坏、旅游开发与规划不当造成的破坏、游客本身的破坏及旅游管理不当是造成旅游资源破坏的主要原因。为了增加旅游资源的吸引力和多样性,保护旅游资源的真实性和完整性,需要加强资源保护。

目前,各国和各地区都在加强对旅游资源的保护,维护、恢复和修整了一大批历史建筑和古迹遗址,并在保护的基础上进行有序的开发,如埃及的金字塔、印度的泰姬陵、美国的黄石公园、澳大利亚的大堡礁等。

对于旅游资源的保护应本着开发与保护"双赢",经济、社会与环境效益"三增",合理规划、综合决策、协调发展的原则进行。旅游资源保护工作开展得越好,旅游资源特色越突出,对游客的吸引力就越大。旅游业的经济效益、社会效益又会反馈到当地环境建设上来。

(二)有助于提高目的地的环保意识

旅游环境保护工作复杂而艰巨,是一项系统性工程。其不仅需要政府管理部门积极引导,还需要旅游经营部门贯彻落实,目的地居民和旅游者的全体参与、通力合作,只有这样,才能保证该工作的顺利进行。对于旅游者而言,旅游是放松自我、调整状态的一种生活方式。如果在旅游过程中,游客们能够感受大自然清泉飞溅、林海绿浪、鸟语花香的优美环境,感受大自然本身的魅力,就会清楚认识到美化环境与生活质量间的关系,从而牢固树立环保意识。同时,旅游业的良好发展运行,旅游环境的日渐改善,能为目的地居民带来实际效益,改善当地居民的生活质量,并进一步增强目的地居民的环境保护意识。

二、旅游对环境的消极影响

(一)导致水体和空气的质量下降,增加噪声

随着旅游业的发展,大批量旅游者涌入,各类机动船只的使用量增大。旅游目的地的水、空气等受此影响,污染问题更加凸显,交通运输量的增大带来废气排放量的增多,特别是一些旅游接待设施(如空调)用电量的增大致使相对应的废气排放量增多,这些都会致使当地空气质量下降。人口的不断涌入、交通运输工具的增多及各类旅游接待设施会加重当地的噪声污染。

(二)导致当地人口密度增大,形成"观光公害"

对一些目的地而言,游客数量和当地居民的数量持平,甚至超过数倍。人口密度的增大,无疑使有限的空间变得拥挤,侵占了当地居民的生活空间,降低了其生活舒适度,甚至强行改变了其生活习惯。伴随着游客数量的增长,交通拥挤、民宿纠纷增多而导致的当地生态环境恶化的现象,被称为"观光公害"。北京胡同旅游的发展,造成三轮车数量和中外游客的剧增,导致什刹海旅游秩序较为混乱,甚至出现无序状态,引起当地居民的较大不满。

(三)旅游活动将会危及历史古迹,破坏原始风貌

在经济效益的驱使下,许多旅游地在缺乏科学规划和论证的情况下,不合理开发旅游资源,对当地资源造成人为破坏,大兴土木,滥造人工景点,盲目加宽景区道路导致林木严重被砍伐,山体破坏、水土流失加剧,自然景观原始风貌受到严重破坏。对于长期接待大量游客的历史古迹,其原有的风貌甚至寿命受到了较大的威胁。这一方面是由于日益增大的游客接待量本身会对历史古迹的寿命产生影响,另一方面是部分旅游者不遵守规定、乱刻乱画、随意触摸攀爬等不文明行为对景区造成的影响。在西方国家,旅游业发展较早,这类不文明行为在旅游发展初期多有发生,曾被媒体批评报道。现在,这类事例在发达国家中已经比较少见。但是,对于一些发展中国家,特别是在旅游发展初期,这类不文明旅游行为还是比较常见的。

(四)过度开发或规划不当导致景观不协调

旅游资源和设施过度开发或规划不当,轻者导致景观不协调,重者破坏该地的环境。景区内或景区附近有不协调的建筑物,如古典园林景区附近遍布现代化的建筑群,波光粼粼的湖边矗立着现代化建筑物,风景优美的山上修建有直线上升的索道等,会造成景观不协调、景区环境美观的失衡。深入分析其原因,我们不难发现,许多旅游接待地区在前期开发旅游资源时,缺乏对当地旅游资源的深入调查研究,对旅游总体设计缺乏全面科学的论证、评估与规划。开发者一旦急功近利,盲目地开展探索式、粗放式的开发活动,将会对当地珍贵旅游资源造成破坏,后果不堪设想。

因此,我国旅游业的发展,必须注意抓好旅游的环境效应,只有将经济效益、社会效益和环境效益相统一,积极发展生态旅游,推崇可持续发展的思想,才能使有限的旅游资源得以永续利用。

课业测评

第九章课业测评

参考文献

郭胜.旅游学概论[M].3 版.北京:高等教育出版社,2014.

李天元.旅游学概论[M].6 版.天津:南开大学出版社,2009.

李玉华,仝红星.旅游学概论[M].北京:北京大学出版社,2013.

陆林.旅游学概论[M].北京:中国人民大学出版社,2013.

潘秋玲,李文生.我国近年来旅游对目的地社会文化影响研究综述[J].经济地理,2014,3(24):412-414.

朱华.旅游学概论[M].北京:北京大学出版社,2015.

张建忠.旅游区域经济效应:安徽黄山市案例研究[J].南京大学学报,1997(2):53-59.

第十章　旅游组织

名言名句

一个人抱着什么目的去游历，他在游历中，就只知道获取同他的目的有关的知识。

——让-雅克·卢梭

学习目标

【知识目标】

1.知晓旅游组织的概念、职能。

2.熟悉旅游组织的主要类型及划分依据。

3.熟悉主要的国际旅游组织的基本概况。

4.知晓我国的旅游行政组织。

第十章思维导图

【能力目标】

1.能够正确认识旅游组织在旅游产业发展中的作用。

2.能够陈述常用的旅游组织的分类方法及主要旅游组织。

3.能够认识不同旅游组织的标识。

【素养目标】

1.具备对旅游组织恰当分类的意识。

2.具有知晓主要国际旅游组织的国际视野。

3.具有知晓我国旅游组织性质和作用的专业意识。

4.具有积极参与旅游组织活动的意愿。

案例导入

国际山地旅游联盟在贵州省成立

国际山地旅游联盟于 2017 年 8 月 15 日在贵州省正式成立，成为经中国政府批准、在中国注册的第一个以山地旅游为主题定位的国际组织。目前，已吸纳来自五大洲 29 个国家和地区共 126 个会员，会员涵盖行业协会、旅游企业、学术研究机构和知名旅游专家等。"2018 国际山地旅游联盟北京论坛"在北京会议中心成功举办。国际组织驻华代表、部分山地国家驻华使节、旅游业界专家学者、企业家、科研机构、旅游跨国企业在华代表及部分联盟会员代表近 500 人参加论坛。

中国旅游研究院戴斌院长应邀出席在京召开的"2018 国际山地旅游联盟北京论坛"，并为大会做了题为"国际旅游组织的价值与价值观"的主旨演讲。他指出，从历史经验和国情、旅情出发，无论是国际（地区间）旅游组织，还是境内的旅游行业协会，若想真正实现其宗旨，获得会员发自内心的认同和行业的认可，都应当也必须关注人类命运共同体和旅游商业共同体、旅游行政共同体、旅游学术共同体的建设，培育所在领域和行业的共同价值观；持续强化平台建设、思想建设和内容创新，不断提高为会员服务的专业能力与工作效率；招募国际化的专业团队，建立符合国际惯例的激励约束机制，确保组织目标的实现。

资料来源：中国新闻网，http://www.chinanews.com/life/2017/08-15/8305124.shtml。

思考：根据以上资料内容，分析旅游组织在旅游业发展中起到的作用。

第一节　认识旅游组织

当代社会，组织一般是指按照一定的目的、形式及任务编制起来的社会集团，组织不仅是社会的基本单元，也是社会的基础。旅游业快速的发展也离不开各类旅游组织在旅游活动中所发挥的组织、协调等作用。

一、旅游组织的含义

旅游组织是指为了加强对旅游行业的引导和管理，适应旅游业的健康、稳定、迅速、持续发展而建立起来的具有行政管理职能或协调发展职能的专门机构。世界上有各种不同类型的旅游业组织，既有政府层面的行政组织，也有行业协会组建的行业组织。

世界旅游联盟
"湘湖对话"促进
中国旅游走向全球

二、旅游行业组织的特征与基本职能

（一）旅游行业组织的特征

旅游行业组织的管理职能不同于政府旅游管理机构的职能，它不带有任何行政指令性和法规性，其有效性取决于行业组织本身的权威性和凝聚力。这些组织虽然承载着不同的功能，发挥着不同的作用，但都具有一些基本的特征和职能，其基本的特征如下。

（1）旅游组织具有相对稳定的成员。

（2）依据有关法律登记、注册或者审批而设立。

（3）旅游组织成立后具有自己的行为目的、组织结构、运行章程、活动经费，以组织的名义从事各类与旅游相关的活动。

（二）旅游行业组织的基本职能

（1）作为行业代表，与政府机构或其他行业组织商谈有关事宜。

（2）加强成员间的信息沟通，通过出版刊物等手段，定期发布行业发展的有关统计分析资料。

（3）开展联合推销和市场开拓活动。

（4）组织专业研讨会，为行业成员开展培训班和专业咨询业务。

（5）制定成员共同遵循的经营标准、行规会约，并据此进行仲裁与调解。

（6）对行业的经营管理和发展问题进行调查研究，并采取相应措施加以解决。

（7）阻止行业内部的不合理竞争。

旅游组织是旅游产业发展到一定阶段的必然产物，在旅游业发展中起到了重要作用，推动着旅游业往更广泛、更深入、更规范的方向发展。

三、旅游组织的分类

主要旅游
组织类别

相对于其他行业,旅游产业并不是一个单一的产业,产业的组成具有多样性及综合性。同时各个国家(地区)在政治制度、经济发展、旅游业发展总体水平上的差异及其旅游业在国民经济中所占比重的不同,导致国际及国内旅游组织机构的分类也具有广泛性、多样性及复杂性。根据不同的分类依据,我们将对旅游组织进行以下分类。

第二节　国际旅游组织

国际旅游组织是指在一定的地域或行业范围内,对各种旅游活动进行计划、组织、实施、协调等管理活动的一切国际性官方和非官方机构的统称。其成员来自多个国家(地区)并为多国(地区)工作和服务。国际旅游组织通常分为全球性旅游组织和区域性旅游组织。

一、全球性旅游组织

(一)世界旅游组织(UNWTO)

世界旅游组织的英文全称为 World Tourism Organization,简称 UNWTO,其标志如图 10-1 所示。

图 10-1　世界旅游组织标志

世界旅游组织于 1975 年 1 月 2 日成立,总部设在西班牙马德里,2003 年成为联合国专门机构。目前共有 159 个正式成员(主权国家政府旅游部门),6 个联系成员(无外交实权的领地),2 个观察员,450 个附属成员(直接从事旅游业或与旅游业有关的组织、企业和机构)。

1. 世界旅游组织与联合国的关系

世界旅游组织同联合国及其一系列的专门机构之间签订有许多协议。1976 年 5 月,世界旅游组织与联合国开发计划署签订的协议规定:联合国开发计划署委托世界旅游组织作为其执行机构,实施由联合国开发计划署拨款的旅游计划。世界旅游组织开始作为一个执行机构参加联合国开发计划署的活动。在 1977 年 5 月 31 日世界旅游组织第二届大会和 1977 年 11 月 22 日联合国第三十二届大会上,联合国与世界旅游组织之间达成了一项相互合作的协议。协议规定:交流必要的信息和文献,落实有关旅游方面的建议;发展合作,避免重复劳动;通过与联合国经济和社会理事会进行协商的方式,协调相互间的活动;参加联合国系统召开的关于世界旅游组织、活动的国际会议及其他各种会议;交换各种报告材料;收集、分析和交换有关联合国认为世界旅游组织理应提供的提高旅游活动效率特别是与编制工作计划有关的统计资料。2003年,该组织成为联合国专门机构,主要负责收集和分析旅游数据,定期向成员提供统计资料、研究报告,制定国际性旅游公约、宣言、规则、范本,研究全球旅游政策。

2.世界旅游组织的宗旨

世界旅游组织的宗旨为:促进和发展旅游事业,使之有利于经济发展,促进各成员之间的相互了解、和平与繁荣;不分种族、性别、语言或宗教信仰,尊重人权和人的基本自由,并强调在贯彻这一宗旨时,要特别注意发展中国家在旅游事业方面的利益。

3.世界旅游组织的成员和经费来源

根据世界旅游组织章程规定,其世界旅游组织的成员资格分为三类:正式成员、联系成员和附属成员。正式成员,是指完全独立自主的国家;联系成员,是指没有独立外交关系的特殊旅游地区;附属成员,是指直接从事旅游服务和与旅游相关的各类企业、协会及教育机构等,中国于1983年成为该组织的正式成员。

世界旅游组织的经费主要由成员交纳的会费及根据财务条例所得的其他各种进款构成,用于组织运营及发展世界旅游业。

4.世界旅游组织的组织机构

世界旅游组织的组织机构包括全体大会、执行委员会、秘书处及地区委员会。

世界旅游组织的最高权力机构是全体大会。大会每两年举行一次,负责审理各种问题和建议。

其主要部门及其职责如表10-1所示。

表10-1 世界旅游组织主要部门及其职责

主要部门	职 责
执行委员会	世界旅游组织的领导机构是执行委员会。执行委员会负责处理世界旅游组织的日常行政和技术问题
秘书处	世界旅游组织秘书处由总部的工作人员组成(30个成员,大约90名代表),秘书处的工作由世界旅游组织秘书长领导。秘书长由全体大会指派,并经与会成员2/3多数赞同通过,方可出任,任期为4年
附属成员委员会	世界旅游组织下设附属成员委员会,该委员会由主席和几位副主席负责领导。其活动宗旨是:有效地协助落实世界旅游组织的总体工作规划和完成委员会的本职工作
地区委员会	为非常任机构,每年召开一次会议。共有6个地区委员会,即欧洲委员会、非洲委员会、中东委员会、南亚委员会、东亚及太平洋委员会、美洲委员会
常驻代表	在世界旅游组织的机构中,还包括各成员的常驻代表,以保持各成员与世界旅游组织总部之间的业务联系
法人	世界旅游组织总部是世界旅游组织的法人

5.世界旅游组织的主要任务

世界旅游组织的主要任务如下。

(1)组织召开有关旅游的国际会议。

（2）制定国际性旅游公约、宣言、规划。

（3）收集分析各种旅游数据，并向各成员提供统计资料研究报告。

（4）组织开展旅游学术活动，举办研讨会、培训班，提供技术和专家援助等。

6.世界旅游日

世界旅游日是由世界旅游组织确定的旅游工作者和旅游者的节日。创立该节日的目的在于引起人们对旅游的重视，促进各国（地区）在服务领域的合作。1979年9月，世界旅游组织决定将每年的9月27日定为世界旅游日，其意义在于：发展国际、国内旅游，促进各国（地区）文化、艺术、经济、贸易的交流，增进各国（地区）人民的相互了解，推动社会进步。世界旅游组织每年都提出宣传口号，世界各国（地区）旅游组织根据宣传口号和要求开展活动。从1985年起，中国在北京、上海、重庆、成都、沈阳等城市设立主会场，并在全国各地设分会场，举办欢庆世界旅游日的活动，围绕当年世界旅游组织确定的旅游活动主题开展旅游宣传活动。

（二）国际旅游联盟（AIT）

国际旅游联盟是一个旅游协会的联合组织，是一个非官方的国际性旅游俱乐部和汽车协会的联合组织，于1898年由欧美地区的17家俱乐部发起并在卢森堡成立，总部设在瑞士的日内瓦。参加该联盟的有140个成员，总人数达6500万人，会员遍及90个国家和地区。

联盟的宗旨是：积极鼓励和协助发展前往世界各国（地区）进行的各种国际旅游、汽车旅游和特种旅游；维护该组织成员在国际旅游和汽车旅游方面的切身利益，提供该组织成员在境外旅行时所需的服务；研究国际旅游中出现的一切问题，提出建设性的改革意见，扶持旅游业的发展，保护旅游业的利益。

（三）世界旅游联盟（WTA）

2017年9月12日晚，世界旅游联盟在成都举行成立仪式，它是在民政部登记的国际性社团，由中国发起成立，是中国第一个全球性、综合性、非政府、非营利的国际旅游组织。

联盟总部和秘书处设在中国杭州，截至2017年9月12日，共有89个会员，来自中国、美国、法国、德国、日本、澳大利亚、马来西亚、巴西等29个国家和地区。

2017年12月17日，世界旅游联盟（WTA）在北京与浙江省政府签订战略合作文件，世界旅游联盟总部正式落户杭州萧山湘湖。

（四）世界旅游城市联合会（WTCF）

世界旅游城市联合会是由北京倡导发起、世界著名旅游城市及旅游相关机构自愿结成的非政府非营利性的国际旅游组织，2012年9月15日在北京成立。联合会总部和秘书处设在北京，官方语言为中文和英文。

世界旅游城市联合会是世界上首个以城市为主体的全球性国际旅游组织，以"旅游让城市生活更美好"为核心理念，致力于推动会员之间的交流合作，促进旅游业持续增长。重点关注提升旅游城市作为国际旅游目的地的吸引力，提升旅游城市服务质量和效益，提升旅游城市品牌形象，促进旅游城市及区域经济社会协调发展。

联合会会员总数223个，其中城市会员148个，机构会员75个。机构会员包括世界知名旅行社、传媒、机场、航空公司、酒店集团、金融企业等机构。联合会致力于信息、学术、数据、活动、合作、培训等六大平台的建设。设有六个分支机构，包括专家委员会、民航分会、旅游相关企业分会、媒体分会、邮轮分会及投资分会。联合会为会员提供全产业链合作服务，组织开展产品开发、旅游投资、市场推广等项目合作，促进城市与城市之间、城市与机构之间和机构与机构之间的三个层面的合作。

（五）国际民用航空组织（ICAO）

国际民用航空组织正式成立于 1947 年 4 月 4 日，同年 5 月，成为联合国的一个专门机构。总部设在加拿大的蒙特利尔。该组织以 1944 年 12 月的《国际民用航空公约》为准绳。

该协会宗旨是：发展安全而有效的国际航空运输事业，使之用于和平目的；制定国际空中的航行原则，促进各国民航事业的安全化、正规化和高效化运作；鼓励民航业的发展，满足世界人民对空中运输的要求；保证缔约成员的权利充分受到尊重，使各缔约成员享有经营国际航线的均等机会。该组织现有会员 193 个。

中国于 1971 年 2 月 15 日正式宣告承认该公约，1974 年 3 月 28 日该公约正式对中国生效。该组织出版发行了《国际民用航空组织公报》月刊和《国际民用航空组织备忘录》。

（六）国际航空运输协会（IATA）

国际航空运输协会是个包括全世界各大航空公司的国际性组织，于 1945 年 4 月在古巴哈瓦那成立。该协会现有 297 家国际航空公司会员。1978 年 10 月，中国成为该会的正式会员。

该协会宗旨是：促进安全正规和经济的航空运输；促进航空业发展，并研究与此有关的问题；促进与联合国国际民用航空组织的合作。

协会主要任务是：提出服务条款和安全标准等，并逐步使全球的空运业务制度趋于统一；处理和协调航空公司与旅行社之间的关系。确定票价是该协会最主要的任务之一。

该协会最高权力机构为大会，大会每年召开一次。

（七）世界旅行社协会（WATA）

世界旅行社协会是一个国际性的旅游组织，创建于 1949 年。该协会由 237 家旅行社组成，其中半数以上为私营企业，分布在 86 个国家的 208 个城市中。世界旅行社协会设有 1 个执行委员会，有 9 名委员。总部设在瑞士的日内瓦，并设常务秘书处，管理协会的行政事务。协会每两年举行一次大会。协会把世界分成 15 个区，各区每年举行一次会员社会议，研究本区旅游业务中的问题。世界旅行社协会旨在推动旅游业的发展，收集和传播信息，参与有关发展旅游业的商业和财务工作。

（八）国际铁路联盟（UIC）

国际铁路联盟于 1922 年 12 月 1 日在巴黎成立，总部设在巴黎。该组织是以欧洲铁路为主体的非政府性国际铁路组织，是联合国经济及社会理事会的咨询机构。联盟的宗旨是：统一和完善铁路运营条件和技术设备并使之标准化；保证铁路联运；协调各成员组织的铁路工作。联盟的最高权力机构是全体大会，每年召开一次大会。其管理机构是管理委员会，由该联盟主席和 21 个成员组成，负责管理工作，处理与该联盟有关的带有普遍性的重大问题。

中国是国际铁路联盟创始成员之一，在 1979 年 6 月的国际铁路联盟第 37 届全体大会上一致同意中华人民共和国的铁路组织——"中国铁路"是唯一代表中国的全国铁路组织。该联盟还出版发行《国际铁路》刊物。

（九）国际汽车联合会（FIA）

国际汽车联合会前身为"国际著名汽车俱乐部协会",1904 年 6 月 20 日在德国汉堡成立,1946 年改为现名。该联合会宗旨是:发展并在各国组织汽车游览,帮助汽车驾驶人员解决有关日常的交通问题,组织并促进世界汽车运动,研究与汽车有关的交通、旅游和技术问题,保护汽车用户的利益。

国际汽车联合会的成员包括 146 个国家和地区的汽车协会的汽车俱乐部。中国于 1983 年参加该组织。该联合会的最高权力机构是全体大会,每两年举行一次,并设有委员会,由秘书长负责日常工作。联合会出版发行《国际汽车联合会体育公报》月刊、《国际汽车联合会情况公报》与《汽车和流动杂志》等刊物。

（十）国际旅游科学专家协会（AIEST）

国际旅游科学专家协会于 1951 年 5 月 31 日在罗马成立,会址在瑞士伯尔尼。

协会的宗旨是:加强成员间的友好联系,鼓励成员间的学术活动,特别是促进个人接触,交流经验;支持具有学术性质的旅游研究机构及其他有关旅游研究与教育的组织的活动。该协会是由国际上致力于旅游研究和旅游教学的专家组成的学术团体,共有 330 多名会员分布在 45 个国家中。该协会的最高权力机构为大会,每年举行一次,并设有委员会秘书处。

（十一）国际饭店与餐馆协会（IH&RA）

国际饭店与餐馆协会是旅馆和饭店业的国际性组织,于 1947 年在法国巴黎成立,现总部设在瑞士洛桑。该协会的宗旨是:联络各国旅馆协会,并研究国际旅馆业和国际旅游者交往的有关问题;促进会员间的交流和技术合作;协调旅馆业和有关行业的关系;维护本行业的利益。

该协会的会员分为正式会员和联系会员。正式会员是世界各国的全国性的旅馆协会或类似组织,联系会员是各国旅馆业的其他组织、旅馆院校、国际饭店集团、旅馆、饭店和个人。该协会目前有国家和地区级协会成员 175 个。国际饭店与餐馆协会每两年举行一次会员大会,商讨旅游业发展中的重大问题,修改和制定有关的政策与法规。

二、区域性国际旅游组织

（一）太平洋亚洲旅游协会（PATA）

太平洋亚洲旅游协会于 1951 年成立于夏威夷檀香山,协会总部设在美国旧金山。太平洋亚洲旅游协会是一个具有广泛代表性和影响力的民间国际旅游组织,在整个亚太地区以至世界的旅游开发、宣传、培训与合作等多方面发挥着重要作用。协会的宗旨是促进亚太地区及亚太地区内部旅游和旅游业的发展,因此受到亚太地区各国旅游业界的普遍重视。

该协会的章程规定,任何全部和部分位于西经 110°至东经 75°地理区域内所有纬度的任何国家、地区或政治区域均有权成为该协会会员。该协会成员广泛,不仅包括亚太地区,而且包括如欧洲各重要客源地在内的政府旅游部门,以及与空运、海运、陆运、旅行社、饭店、餐饮等和旅游有关的企业。目前,协会有 37 名正式官方会员,44 名联系官方会员,60 名航空公司会员及 2100 多名财团、企业等会员。

（二）欧洲旅游委员会（ETC）

欧洲旅游委员会成立于 1948 年 6 月,总部设在布鲁塞尔。该委员会的成员由欧洲 33 个国家的国家旅游管理机构组成。该委员会的宗旨是在对市场进行调查研究的基础上,组织成员联合开发潜在的目标市场,提高欧洲旅游委员会成员旅游服务的水平,加强彼此间的合作,交流信息,共同进行理论研究。

（三）美洲旅行代表大会（IATA）

美洲旅行代表大会是美洲地区官方的区域性国际旅游组织,1936 年在美国华盛顿成立。其成员主要是美洲国家旅游组织机构,目前拥有 25 个国家或地区的成员单位,每三年举行一次代表大会会议。

该代表大会的宗旨是:协助美洲国家发展旅游业,积极组织成员之间的旅游交流与合作;为成员提供有关国际和区域的旅游信息资料。

（四）加勒比旅游组织（CTO）

加勒比旅游组织于 1989 年 1 月 11 日在巴巴多斯首都布里奇顿成立,目前拥有 30 多个国家的 100 多名成员。

该组织的宗旨是:积极讨论和研究该地区旅游基础设施与接待设施的建设和发展,以促进该地区旅游业的发展。加强与世界其他旅游组织的联系和发展,吸引国际资金对该地区旅游业的投入。促进加勒比旅游组织成员之间的旅游合作,努力发展独具特点的加勒比旅游。

（五）非洲旅游协会（ATA）

非洲旅游协会成立于 1975 年,是为了促进非洲旅游的快速发展,加快非洲旅游协会、企业和个人与其他洲的旅游交流及合作,满足欧美国家及其他地区大量旅游者前往非洲旅游的需求而成立的。其成员包括非洲各国的国家旅游组织、旅游行业协会、旅游公司和研究机构等。

第三节　中国的旅游组织

中国的旅游组织主要分为旅游行政组织(又名旅游行政管理机构)和旅游行业组织两大类。旅游行政组织主要是指国家和地方旅游行政管理机构,负责管理全国旅游工作。旅游行业组织主要负责加强行业间的协作与行业间的经营管理研究,为旅游业发展献计献策。

一、旅游行政组织的特征

（一）政治性

旅游行政组织作为国家机构的重要组成部分,体现了国家的意志,并代表国家行使旅游行政权力,保证国家宪法和旅游法律法规的全部、正确、有效的实施,是履行国家政治职能的重要主体。因而,旅游行政组织具有鲜明的政治性。

（二）社会性

旅游行政组织的社会性是由旅游行政组织的特殊的社会职能所决定的。旅游行政组织是专门管理社会公共旅游事务和为社会提供旅游服务的组织，是为国家和全体公民办事的机构，它要为一定社会公众的利益提供条件和保障。旅游行政组织作为上层建筑的一个实体，要适应和服务于经济基础，必须尽力获得社会公众的认可，被社会大多数人所接受和支持，才能充分发挥自己的社会服务职能。

（三）权威性

旅游行政组织的建立和撤销，必须以国家的宪法和法律为基础，并严格遵照宪法和法律的有关条款推行社会管理活动，行使国家权力并承担相应的法律责任，因而具有权威性，它的一切合法活动受到政府的保护。旅游行政组织的权威性，主要表现为依法制定的旅游行政措施、办法，旅游行政法规，旅游管理条例，旅游行政决定和命令等，对与旅游事务相关的各社会行为主体具有普遍约束力，适用者必须将其作为合法的规定加以接受。违规者，要承担相应的法律责任，由旅游行政机关对之进行处罚。

（四）系统性

旅游行政组织是为了实现统一的旅游行政目的，由不同层次、不同旅游业务部门所组成并依法建立起来的具有严密体系的有机整体。与其他社会组织相比，旅游行政组织更富于系统性。旅游行业具有一定的特殊性，不能单独存在、独立运转，它是由食、住、行、游、购、娱等要素组成的一条产业链，包括饭店、宾馆、旅行社、康体娱乐、商贸、医疗、信息服务、交通、通信等，缺一不可。尤其是"大旅游、大产业、大联合"观念的深入人心，更加凸显了旅游行政组织的系统性。体系内部之间按照一定的规则相互依存、相互作用、各司其职、各负其责、各得其所，充分发挥各自的系统作用，形成整体效应，推动国家旅游行政组织机构的正常运转。

（五）生态性

旅游行政较之一般的公共行政，与经济体制、社会机制、社会沟通网络、政治制度、政治信念、文化背景、意识形态等外部环境存在着更为明显的制约关系，生态性特征尤为突出。例如，社会结构诸如家庭、宗教派别、政党、商业团体或社会各阶层等都会对旅游行政产生各种各样的影响。社会沟通网络、政治制度、认同意识、文化积淀、历史背景等也都是影响旅游行政的重要的生态因素。只有与生态环境相适应的旅游行政组织，和那些根据这些生态环境的变化适时地做出调整的旅游行政组织，才有可能健康持续地发展。

（六）专业性

旅游行政组织是一种特殊的行政组织，是专门管理社会公共旅游事务和为社会提供旅游服务的组织。因而，其行政职能及行政人员等均具有明显的专业性特征。旅游行政人员的选拔任用，必须具备相应的专业知识与技能背景。随着旅游业的不断发展，旅游行政组织对于旅游专业技能的要求也将日益突出。

二、我国的旅游行政组织

我国的旅游行政组织是政府的一个组成部分，按照管理权限可以划分为国家文化和旅游部，省、自治区和直辖市文旅部门，以及省级以下的地方旅游行政机构三种等级。

（一）国家文化和旅游部

国家文化和旅游部是国务院组成部门，为正部级。文化和旅游部的主要职责如下。

（1）贯彻落实党的文化工作方针政策，研究拟订文化和旅游政策措施，起草文化和旅游法律法规草案。

（2）统筹规划文化事业、文化产业和旅游业发展，拟订发展规划并组织实施，推进文化和旅游融合发展，推进文化和旅游体制机制改革。

（3）管理全国性重大文化活动，指导国家重点文化设施建设，组织国家旅游整体形象推广，促进文化产业和旅游产业对外合作和国际市场推广，制定旅游市场开发战略并组织实施，指导、推进全域旅游。

（4）指导、管理文艺事业，指导艺术创作生产，扶持体现社会主义核心价值观，具有导向性、代表性、示范性的文艺作品，推动各门类艺术、各艺术品种发展。

（5）负责公共文化事业发展，推进国家公共文化服务体系建设和旅游公共服务建设，深入实施文化惠民工程，统筹推进基本公共文化服务标准化、均等化。

（6）指导、推进文化和旅游科技创新发展，推进文化和旅游行业信息化、标准化建设。

（7）负责非物质文化遗产保护，推动非物质文化遗产的保护、传承、普及、弘扬和振兴。

（8）统筹规划文化产业和旅游产业，组织实施文化和旅游资源普查、挖掘、保护和利用工作，促进文化产业和旅游产业发展。

（9）指导文化和旅游市场发展，对文化和旅游市场经营进行行业监管，推进文化和旅游行业信用体系建设，依法规范文化和旅游市场。

（10）指导全国文化市场综合执法，组织查处全国性、跨区域文化、文物、出版、广播电视、电影、旅游等市场的违法行为，督查督办大案要案，维护市场秩序。

（11）指导、管理文化和旅游对外及对港澳台交流、合作和宣传、推广工作，指导驻外及驻港澳台文化和旅游机构工作，代表国家签订中外文化和旅游合作协定，组织大型对外及对港澳台文化和旅游交流活动，推动中华文化走出去。

（12）管理国家文物局。

（13）完成党中央、国务院交办的其他任务。

（二）省、自治区和直辖市文旅部门

继2018年4月国家文化和旅游部正式挂牌后，各省、自治区、直辖市市政府纷纷宣布挂牌成立文化和旅游厅（局）。在这一文化和旅游相融合的新时代，很多地方都在进行文旅产业融合的探索。

在省级机构改革中，中央给予了地方一定的机构设置自主权，一些省、自治区、直辖市也推出了具有地方特色的机构名称。各省、自治区、直辖市在机构改革后，绝大多数称文化和旅游厅；西藏仍保留单设旅游局；只有海南叫旅游和文化厅，"旅游"被放在"文化"前面，凸显了旅游在海南发展中的位置。

（三）省级以下的地方旅游行政机构

在省级以下的地方层次上，很多市、县也设立了旅游行政管理机构，负责其行政区域范围内的旅游业管理工作。在未设专职旅游行政机构的县、市，有关旅游方面的事务则在上级旅游行政部门的指导下，由当地政府中的有关部门来具体承担。

三、旅游行业管理组织

（一）中国旅游协会（CTA）

中国旅游协会是由中国旅游行业的有关社团组织和企事业单位在平等自愿基础上组成的全国综合性旅游行业协会，具有独立的社团法人资格。其是 1986 年 1 月 30 日经国务院批准正式宣布成立的第一个旅游全行业组织，1999 年 3 月 24 日经民政部核准重新登记。协会接受国家旅游局的领导、民政部的业务指导和监督管理。

2016 年 12 月，国家旅游局已正式致函中国旅游协会，告知经民政部审核，该会已完成脱钩，开始依法独立运行。

1. 协会宗旨

中国旅游协会遵照国家的宪法、法律、法规和有关政策，代表和维护全行业的共同利益和会员的合法权益，开展活动，为会员服务，为行业服务，为政府服务，在政府和会员之间发挥桥梁纽带作用，促进我国旅游业的持续、快速、健康发展。

2. 主要职责

（1）对旅游发展战略、旅游管理体制、境内外旅游市场的发展态势等进行调研，向国家旅游行政主管部门提出意见和建议。

（2）向业务主管部门反映会员的愿望和要求，向会员宣传政府的有关政策、法律、法规并协助贯彻执行。

（3）组织会员订立行规行约并监督遵守，维护旅游市场秩序。

（4）协助业务主管部门建立旅游信息网络，搞好质量管理工作，并接受委托，开展规划咨询、职工培训，组织技术交流，举办展览、抽样调查、安全检查，以及对旅游专业协会进行业务指导。

（5）开展对外交流与合作。

（6）编辑出版有关资料、刊物，传播旅游信息和研究成果。

（7）承办业务主管部门委托的其他工作。

3. 组织机构

中国旅游协会的最高权力机构是会员代表大会。会员代表大会每四年召开一次会议。会员代表大会的执行机构是理事会。理事会由会员代表大会选举产生。理事会每届任期四年，每年召开一次会议。在理事会闭会期间，由常务理事会行使其职权。常务理事会由理事会选举产生，每年召开两次会议，常务理事会由会长（1 名）、副会长（9 名）、常务理事（84 名）和秘书长（1 名）组成。常务理事会设办公室作为办事机构，负责日常具体工作。

（二）中国旅行社协会（CATS）

中国旅行社协会成立于 1997 年 10 月，是由中国境内的旅行社、各地区性旅行社协会等单位，按照平等自愿的原则结成的全国旅行社行业的专业性协会，是经国家民政部门登记注册的全国性社团组织。具有独立的社团法人资格。代表和维护旅行社行业的共同利益和会员的合法权益，努力为会员服务，为行业服务，在政府和会员之间发挥桥梁和纽带作用，为中国旅行社行业的健康发展做出积极贡献。协会接受国家旅游局的领导、民政部的监督管理和中国旅游协会的业务指导。协会会址设在中国首都北京。

（三）中国旅游饭店业协会（CTHA）

中国旅游饭店业协会成立于 1986 年 2 月,经中华人民共和国民政部登记注册,具有独立法人资格,其主管单位为中华人民共和国文化和旅游部。中国旅游饭店业协会是由中国境内的饭店和地方饭店协会、饭店管理公司、旅游院校、饭店用品供应厂商等相关的单位,按照平等自愿的原则结成的全国性的行业协会。

协会的宗旨是:遵守国家法律法规,遵守社会道德风尚,代表中国旅游饭店业的共同利益,维护会员的合法权益,倡导诚信经营,引导行业自律,规范市场秩序。在主管单位的指导下,为会员服务,为行业服务,在政府与企业之间发挥桥梁和纽带作用,为促进中国旅游饭店业的健康发展做出积极的贡献。

目前,中国旅游饭店业协会共有会员 1000 余家、理事单位 374 家,其中常务理事单位 24 家。

（四）中国旅游车船协会（CTACA）

中国旅游车船协会是由中国旅游车船运营企业、旅游车船及零部件生产企业、旅游车船租赁企业、旅游车船俱乐部企业、地方旅游车船协会与旅游车船业务有关的其他组织,以及旅游车船行业资深管理人员和知名研究人员自愿结成的行业性、全国性、非营利性的社会组织,具有独立的社团法人资格。

协会于 1991 年经批准正式成立,接受中华人民共和国民政部和业务主管单位国家文化和旅游部的业务指导与监督管理。协会的宗旨是遵守国家的宪法、法律、法规和有关政策,遵守社会道德风尚,广泛团结和联系旅游车船业界人士,代表并维护中国旅游车船行业的共同利益与会员的合法权益,在业务主管单位的指导下,努力为会员服务,为行业服务,为政府服务,在政府和会员之间发挥桥梁与纽带作用,为促进我国旅游车船行业的持续、快速、健康发展做出积极贡献。

（五）中国旅游景区协会（CTAA）

中国旅游景区协会是由全国旅游景区行业和与景区相关的企事业单位在平等自愿的基础上组成的全国旅游景区行业协会,具有独立的社团法人资格。协会接受国家文化和旅游部的领导、民政部的业务指导和监督管理。

协会遵照国家的宪法、法律、法规和有关政策,代表和维护景区行业的共同利益与会员的合法权益,按照协会章程的有关规定,积极开展调查研究、沟通协调、业务交流、岗位职务培训和市场开拓等活动,积极推进行业自律,努力提高景区行业服务水平和核心竞争力,竭诚为会员服务,为行业服务,为政府服务,在政府和会员之间发挥桥梁与纽带作用,促进我国旅游景区行业的持续、快速、健康发展。

课业测评

第十章课业测评

参考文献

郭胜.旅游学概论[M].北京:高等教育出版社,2017.

郭剑英,沈苏彦.旅游学概论[M].北京:中国林业出版社,2016.

洪帅.旅游学概论[M].上海:上海交通大学出版社,2017.

李天元.旅游学概论[M].7版.北京:南开大学出版社,2014.

刘琼英,汪东亮.旅游学概论[M].桂林:广西师范大学出版社,2017.

孙洪波,周坤.旅游学概论[M].上海:上海交通大学出版社,2017.

沈文馥.旅游行业认知[M].厦门:厦门大学出版社,2011.

谢春山,孙洪波.旅游学概论[M].大连:大连理工大学出版社,2011.

章艺,郑昭彦.旅游学概论[M].上海:华东师范大学出版社,2014.

张吉献.旅游学概论[M].北京:机械工业出版社,2012.

第十一章　旅游业的未来

名言警句

　　旅游业面临着一个严峻抉择：是立即采取行动，保证旅游业的可持续未来，还是坐等观望，任环境和经济的衰退毁灭其赖以生存的资源？实际上，我们别无选择！我们不能坐等到所有清新的环境消失殆尽，遗产与文化衰败下去，所有的海洋都被污染；我们不能坐等观望海平面上涨或臭氧枯竭危害人类健康。

　　——世界旅游组织、世界旅游理事会、地球理事会《关于旅行与旅游业的 21 世纪议程：迈向环境可持续发展》

学习目标

【知识目标】

1. 理解旅游业可持续发展的基本理念。
2. 掌握世界和中国旅游业发展的态势。
3. 理解全域旅游与"旅游＋"的基本理念。
4. 知晓我国旅游外交的发展进程。

📖 第十一章思维导图

【能力目标】

1. 能够树立旅游可持续发展的观念。
2. 能够客观分析中国旅游业的未来发展趋势。
3. 能够分析全域旅游和"旅游＋"面临的机遇与挑战。
4. 能够正确理解旅游在外交中的重要意义。

【素养目标】

1. 具备旅游可持续发展的意识。
2. 具有关注世界旅游发展动态的意识。
3. 具有对中国旅游全面快速发展的信心。
4. 具有参与中国旅游发展的主人翁意识。

案例导入

绿水青山就是金山银山

　　近 10 年来，浙江省践行"绿水青山就是金山银山"的理念，走出了一条绿色发展之路：生态红利持续释放，生态自觉深入人心，溢出效应不断显现。安吉余村 10 年巨变，是浙江的一个缩影。2005 年，余村关停了每年能给村集体带来 300 万元经济效益的 3 个石灰矿，村集体收入曾因此一度锐减，但如今又恢复到 300 万元。村支部委员俞女士说："开矿是赚子孙的钱，而绿色经济的钱可以留给子孙后代。"在余村，如今从事旅游相关产业的人数从 10 年前的 28 人增加到了 341 人。

20世纪50年代,为支持新安江水电站建设,杭州淳安一夜之间由浙江的经济强县跌到后面,很多百姓抱怨"守着碧水守着穷"。最近10年,淳安建设环湖绿道,开发环湖骑行、房车露营、登山探险、婚纱摄影等特色旅游产品,优美的生态环境成为优势资源。2014年,全县乡村旅游接待游客336.5万人次,收入3.56亿元,旅游从业人员占全县就业人数的20%,直接带动农民人均年增收600余元。"如今,'天下第一碧水'成为淳安的招牌。"杭州市旅游委李主任说。

10年接力,浙江启动"千村示范万村整治"工程,推动农村变景区、农业变商业、农民变老板,将农村沉睡的绿色资源转化为发展经济的资本,不少经济后发地区实现了"绿色崛起"。

资料来源:浙江在线,http://zjnews.zjol.com.cn/system/2015/08/11/020781967.shtml。

思考:结合你对旅游的认识,举例说明我国旅游业发展的新态势。

第一节 旅游业可持续发展

良好的生态环境是旅游业发展的前提和基础,旅游业的发展又会对生态环境产生一定的影响。现代旅游业发展初期主要以追求经济效益为目的,给生态环境带来了巨大的压力,主要表现在两个方面:迅速扩张的旅游需求与不断加剧的旅游污染。随着旅游者数量的不断增加,旅游交通工具的废气排放量不断增大;旅游者大量涌入旅游目的地和景区,加剧了当地的空气污染、噪声污染和水体污染。旅游业产生的问题严重影响了世界及我国旅游业的发展。

一、可持续发展问题的提出

从世界范围来看,可持续发展(sustainable development)思想产生于20世纪后期。从20世纪50年代开始,在经济快速增长、城市化进程加快、人口不断膨胀、资源大量耗用等情况对环境产生的破坏作用下,人们开始对"增长=发展"这一传统模式产生怀疑,并就经济增长、环境改善和资源保护之间的关系展开了激烈的讨论,可持续发展思想应运而生。

1972年6月5日至16日,联合国人类环境会议在瑞典斯德哥尔摩召开,这次会议通过了《联合国人类环境会议宣言》,传统的经济发展模式和以往的灰色文明已经受到质疑和否定,一种新的文明方式在灰色文明的土地上开始萌芽。1987年,联合国任命时任挪威首相布伦特兰德夫人主持世界环境发展委员会。布伦特兰德夫人接受任命后,对世界性的经济、社会、资源和环境进行了系统的调查研究,调查结束后就向联合国提交了著名的专题报告《我们共同的未来》。整份报告的核心内容即对绿色文明的倡导,"可持续发展"的概念也第一次被正式确认,人类绿色文明的序幕从此在世界范围内揭开。

1992年6月,在巴西里约热内卢举行了联合国环境与发展大会,这次会议共有183个国家(地区)的代表团和102位国家元首出席参加。会议上与会者最终通过和签署了《里约环境与发展宣言》和《关于旅行与旅游业的21世纪议程:迈向环境可持续发展》(以下简称《21世纪议程》)等重要文件,对人类社会的未来做出了公开承诺:经济发展必须与环境保护相协调,保护环境是全人类共同的任务,保护环境和发展经济离不开世界的和平和稳定,解决世界环境和发展问题必须开展广泛和有效的国际合作等。环境和发展成为当今各国、地区

普遍关注的重大问题,可持续发展道路已成为人类必须选择的唯一的共同
道路。

UNWTO:2030
年旅游业可持
续发展目标

　　1994 年 3 月,中国政府通过了《中国 21 世纪议程——中国 21 世纪人
口、环境与发展白皮书》,系统地提出了中国的可持续发展战略、政策和行动
框架。1996 年 3 月,全国人大八届四次会议通过《中华人民共和国国民经
济和社会发展"九五"计划和 2010 年远景目标纲要》,可持续发展战略成为
我国的基本发展战略。

二、旅游可持续发展问题的提出

　　旅游业是一个资源产业,一个依靠自然禀赋和社会遗赠的产业,因此,保持优良的生态环
境和人文环境是旅游业赖以生存和发展的基础。然而,由于旅游业"起飞"速度较快,在短短
几十年时间内,就一跃成为全球最大的产业,在实践中,很多国家、地区和旅游企业的决策者
将旅游业的发展简单化为数量型增长和外延的扩大再生产,对旅游资源进行掠夺式开发,对
旅游景区实施粗放式管理,旅游设施的建设病态膨胀,导致自然资源遭到严重破坏,环境美
学价值及宁静度和舒适度降低,再加上由于旅游客流在时空上具有相对集中的特点(表现为
旅游旺季和旅游热点、热线),旅游对环境的破坏因而被进一步加剧,出现了"旅游摧毁旅游"
的现象。因此,旅游业的可持续发展是在全球旅游业急剧膨胀、繁荣背后的危机日益暴露的
现实下被提出来的。

　　20 世纪 70 年代起,学者们争相对旅游的环境和生态影响展开讨论,这个时期人们开始
全面评估旅游的作用和影响。随着对旅游认识的加深,可持续性发展理念很快被旅游界所
接受,可持续旅游(sustainable tourism)一词产生。1990 年,全球可持续发展大会在加拿大
召开,会议上提出了《旅游可持续发展行动战略》的草案,构筑了可持续旅游的基本理论框
架,学者们开始关注旅游业的可持续发展问题。1995 年 4 月,在西班牙召开了可持续旅游发
展世界会议,本次会议标志着可持续旅游研究进入实践性阶段。1996 年 9 月,世界旅游组
织、世界旅游理事会、地球理事会联合制定了《21 世纪议程》。旅游可持续发展的概念包含
以下五个方面的表述:增进人们对旅游所产生的环境效应与经济效应的理解,强化其生态意
识;促进旅游的公平发展;改善旅游接待地区的生活质量;向旅游者提供高质量的旅游经历;
保护未来旅游开发所赖以存在的环境质量。从这些目标可以看出,旅游可持续发展的含义
是多层次的,但最核心的一点是,要保证在从事旅游开发的同时不损害后代为满足其旅游需
求而进行旅游开发的可能性。因此,旅游业的可持续发展是指在满足当代旅游者和旅游地
居民的各种需要的同时,保持和增进未来发展机会,其实质是要求旅游与自然、社会、文化、
人类的生存环境成为一个整体,以协调和平衡彼此间的关系,实现经济发展目标和社会发展
目标的统一。

三、旅游业可持续发展的内涵

　　旅游业可持续发展是可持续发展理论在旅游业中的具体体现,在本质上与一般意义上
的可持续发展理论具有一致性。

（一）满足需要

发展旅游业一方面是通过适度利用环境资源实现经济创收，满足旅游目的地的基本需要，提高目的地居民的生活水平；另一方面，在此基础上，满足旅游者对更高生活质量的渴望，满足其发展与享乐等高层次需要。

（二）环境限制

资源是有限的，其能够满足人类目前和未来需要的能力也是有限的。在旅游业中，这种限制体现为旅游的环境承载力，即一定时期、一定条件下某地区环境所能承受的人类活动作用的阈值。它用来度量旅游环境系统本身具有的自我调节功能，而旅游可持续发展的主要标志就是旅游开发与环境的相互协调。因此，作为旅游环境系统与旅游开发中间环节的环境承载力，应当成为判断旅游业是否能够可持续发展的一个重要指标。

（三）公平性

旅游业可持续发展的主要思想是将有限的旅游资源在本代人之间及各代人之间进行公平分配，我们在满足自己旅游需要的同时，不能以破坏旅游区环境为代价；当代人在满足自己的旅游需求并从旅游中获得利益的同时，不能忽略后代也有公平利用旅游资源的权利。我们应坚持这样的旅游发展理念：环境既是从先辈那里继承来的，也是从后代那里预支的。旅游应该成为一种当代人为了保护好前代人遗留下来的环境或是利用前代人留下的环境，为后代人创造更加优异环境的活动。

四、传统旅游业与旅游业可持续发展模式的区别

旅游业可持续发展是对传统旅游发展模式的摒弃，二者有着本质的区别，如表 11-1 所示。

表 11-1　传统旅游业与旅游业可持续发展模式的主要区别

对象	传统旅游业模式	旅游业可持续发展模式
追求目标	利润最大化 价格导向 文化与景观资源的游览	经济效益、生态效益最大化 价值导向 追求环境资源和文化价值完整性
受益者	开发商和旅游者为净受益者 当地社区和居民经济收益与环境损失相 抵所剩无几或入不敷出	开发商、旅游者、当地社区和居民分享利益
管理方式	旅游者第一，有求必应 渲染性的广告 无计划的空间拓展 交通方式不加限制	生态系统承载力第一，有选择地满足旅游者需求 温和、适中的宣传 有计划的时空安排 有选择的交通条件
正面影响	创造就业机会 刺激区域经济短期增长 获得外汇收入 促进交通、娱乐和基础设施的改善 经济效益	创造持续就业的机会 促进经济发展 获得长期外汇收入 促进交通、娱乐和基础设施的改善境保护相协调 经济效益、社会效益和环境效益相融合

对象	传统旅游业模式	旅游业可持续发展模式
负面影响	旅游对环境的消极作用很容易对旅游区造成污染 旅游活动打扰居民和生物的生活规律	旅游对环境的消极影响作用可以控制在环境的自我调节能力的范围内 旅游者的活动必须以不影响当地居民和生物的生活规律为前提

资料来源：闻芳,杨辉.旅游学概论[M].镇江：江苏大学出版社,2018.

五、旅游可持续发展的实施

（一）强化管理，倡导绿色旅游

1. 对旅游城市、旅游景区生态环境进行综合治理

目前,我国旅游城市、旅游景区普遍存在空气污染、水体污染、垃圾污染和噪声污染等环境问题。对于空气污染,主要采取减少和切断污染源的方法。机动车尾气是一个主要污染源,可以安装净化器装置来减少或消除有毒气体排放;另一大污染源是工业企业排放的废气,对于这类污染源可以依照国家标准限令其进行技术改造,使其排放的气体达到国家标准,而对于那些改造后仍不达标和不进行改造的企业,可以要求其搬迁或关闭。对于水体污染,控制污染源仍是治理的关键措施。对于排污不达标的企业,要求其整改,并采取收取治理费用和相应罚款等措施。对于垃圾污染,可以同时采取宣传教育与强制管理两种方式,杜绝垃圾污染的源头,做好垃圾的分类处理、净化、利用等工作。对于噪声污染,可以从时间和空间两方面着手治理。在时间上,在人们休息时应尽量停止建筑施工及其他噪音较大的工作;在空间上,对于噪音大的企业如交通站、娱乐场所、工厂等,要与行政办公区、文化区、居民区分隔开,并将噪音分贝降低到国家规定的标准。

2. 对旅游资源开发进行规划管理

良好的旅游环境是开展旅游活动的前提。旅游资源开发就是为了美化景观,使人类活动与环境有机结合。因此,旅游开发过程中应合理规划旅游资源,并进行有效管理。城市即将或正在建设某一项目时,环境保护部门要对其进行环境影响评价,如果项目不符合环境标准,应坚决予以取缔;在新建旅游区时,应首先考虑生活污水处理厂的规划建设,在项目建设的同时还要做到环境的净化和美化;对于在自然景区内建造的人工景点要严格控制,最大限度地保持风景区的自然性;还应通过限票和分流等方式限制景区接待人数,防止游客大量涌入对资源环境造成压力,破坏景区生态平衡;另外,在景区规划时,应明确重点保护核心区、缓冲区、外围区的界线,对不同区域采取不同的保护措施,对那些暂时利用现有技术手段无法进行合理开发与保护的区域应明令禁止开发。

3. 开展生态旅游

生态旅游起源于人们对可持续利用旅游资源的思考。1994年,澳大利亚旅游部将生态旅游定义为："以大自然为基础,涉及自然环境的教育、解释与管理,使之在生态上可持续的旅游。"生态旅游的宗旨是既获得适当的利润,又维护自然资源和生态环境的价值。因此,发展生态旅游不仅可以发挥我国自然旅游资源丰富的优势,获取可观的经济效益,而且可以促进基础设施建设,增加就业机会,带动区域经济发展,更重要的是通过生态旅游可以对旅游

欧洲兴起"慢旅行"：助力旅游业可持续发展

者进行科普教育与可持续发展教育,提高旅游者的环境保护意识。因而,旅游主管部门在规划建设各种生态旅游景点时,要充分体现旅游者与环境的相融性,利用当地的生物资源,保护与发展其生物多样性。生产型生态景观应充分利用当地的田园建成果、药、木、花、草等有较高经济价值和观赏价值的生态系统;观赏型生态景观应充分利用我国丰富的观赏植物和观赏动物等资源;文化园林型生态景观应加强对各种体现文化特色的生物群落(如风景名胜地、寺庙等)的古树名木的利用与保护。

(二)发挥政府职能和法律手段

1.运用法律手段保证旅游业的可持续发展

树立和践行绿水青山
就是金山银山的理念

继续完善《中华人民共和国旅游法》,对旅游资源开发、旅游价格制定、旅游市场秩序、旅游竞争规则、旅游资源与生态环境保护、旅游消费者权益保护、旅游经营者权利与义务等问题以法律形式进行规范和管理。同时,各级地方政府和旅游主管部门应认真学习和贯彻执行《风景名胜区管理条例》《旅行社管理条例》《关于加强旅游环境保护工作的通知》等法律法规,增强法制观念,加大执法力度,严格依法管理和保护旅游环境,保障旅游业可持续发展。

2.运用经济手段对环境问题进行间接控制

政府的经济手段主要包括以下内容(见表 11-2)。

表 11-2　政府间接控制环境问题的经济手段

事　　项	具体内容
资源环境税	资源环境税是根据环境资源有偿使用的原则,由国家向开发利用环境资源的单位或个人,依照开发利用量收取的相当于部分或全部价值的货币补偿
排污收费制度	政府对污染环境的企业按其污染程度收取环境治理费用,使排污企业自身承担治理污染的成本
押金制度	政府通过预收消费者押金的方式,促使消费者将某些可能造成污染的固体废物退还到指定部门,然后领回押金,以此达到减少污染和废物利用的目的
财政补贴	政府对有利于保护环境的生产者或经济行为给予补贴,鼓励企业采取保护环境的生产方式
环境标志	政府通过发放环境标志间接引导企业开发使用有利于环境的生产工艺,生产环保产品
处罚制度	政府对违反环境法律法规的生产者或经济行为进行经济处罚

(三)提高公民的可持续发展意识

中国公民国内
旅游文明行为公约

旅游可持续发展是一项长期且繁杂的工程,不是单靠政府调控就可以实现的,需要全体公民齐心协力。因此,应注重对公民进行宣传教育,使全体公民树立可持续发展的意识。应使公民树立环境质量意识,认识到环境质量的优劣关系到民众的生活质量和子孙后代的生存发展;树立环境公德意识,不能因为个人的私利或是局部、眼前的利益而损害他人或全局的利益,而应实现人类与自然和谐相处。政府及旅游主管部门或者旅游企业可以经常性地向旅游者、旅游地居民公布环境质量信息,宣传环境污染对健康和经济的损害,对于自然资源持续利用的典型事例应多加报道,将自然资源持续利用内容纳入国家教育计划,融入小学、中学、大学的国情教育中,使下一代从小就开始了解旅游资源与生态环境的可持续利用。

（四）发掘旅游文化内涵，开展文化旅游

文化是旅游的灵魂，可以说旅游本身就是一项文化活动，是一种高雅的文化享受。无论是自然景观还是人文景观，作为旅游客体都集中了大自然的精华，渗透着人类历史的结晶。当今，人们对精神、科学文化的需求提高了，以观赏大自然美景、游览珍贵历史文化瑰宝、获得生动的自然知识和人文知识为主的文化旅游成为一种时尚，为旅游注入文化元素将成为旅游业发展的新趋势。因此，要实现旅游业的可持续发展应当注重对旅游资源的文化内涵与特色的开发与保护。注意挖掘风景名胜区的自然景观、野生动植物、人文景观的文化特征并予以保护。对于景区的文化特色，要加以保护并使其能够延续和发展；对于那些体现民族传统文化、宗教文化和建筑文化的珍贵文物古迹应当重点保护；风景名胜区内的旅游设施的布局、造型等应和其景观的文化特征相协调一致；各项旅游服务如导游、道路、交通产品都应突显出其文化品位，避免过度的城市化、商业化破坏各种景观的原有文化内涵与特色。

（五）探索"科技兴旅"之路

"科技兴国"是我国社会经济可持续发展的重要内容，旅游业要想实现可持续发展，也必须走"科技兴旅"的道路，在开发规划和日常经营中将科技和教育放在重要位置，确立旅游业的相关标准，重视知识和人才，使旅游业朝规范化、品质型发展。为此，旅游主管部门及旅游企业应加快将旅游业科技转 《全球智慧旅游城市报告》发布 化为生产力的步伐，积极推广电子信息技术、清洁卫生技术、资源保护技术、能源节约技术；提高旅游产品科技含量，利用声光电技术建设高科技旅游景点；加强旅游基础科学研究，在旅游资源规划与开发、生态环境质量评估、旅游区环境容量等方面进行深入的研究与探讨；强化旅游大中专教育体系，尽快使旅游业各个重要岗位人员均接受系统的教育与培训，发挥教育和人才在旅游业发展中的作用。

第二节　世界旅游业发展趋势

世界旅游业在经历了萌芽、早期发展、波动、恢复及持续增长之后，已经成为全球重要的产业。伴随着旅游业内外部各种环境要素的变迁，旅游产业规模、产业结构、产品类型及旅游者需求等均发生了变化。世界旅游业在发展过程中呈现出以下特点。

一、世界旅游业在全球产业中的地位上升，竞争日趋激烈

世界旅游业快速发展，一方面，旅游者人数大幅度增加。1950年，世界国际旅游者人次为2500万，到2001年上涨为69200万人次。据世界旅游组织最新世界旅游趋势与展望报告预测：到2020年，全球旅游人次将达14亿；到2030年，这一数据则将攀升至18亿。另一方面，人们的旅游支出在消费支出中所占的比例也日渐扩大。1950年，世界旅游收入为21亿美元，到2001年增长到4630亿美元。世界旅游组织的资料显示，1950年世界旅游者人均花费为83美元，2000年人均花费上涨为683美元。以上数据表明，在世界范围内，旅游者规模日益扩大，旅游消费支出总额不断增加。旅游业的持续性增长使其成为世界经济增长中的重要推动力量，在实现就业、刺激消费、带动相关产业发展等方面起着不可忽视的作用。

世界旅游组织前秘书长弗朗西斯科·弗朗加利曾称:"自20世纪90年代初以来出现的持续增长和继续增长在进一步加快,表明旅游业是世界上经久不衰、最有活力的经济部门。"旅游业在全球产业中扮演着越来越重要的角色,其产业地位日渐上升。

另外,其他一般行业的产业分工体系是垂直的,竞争分层次,范围相对清晰,发达国家和发展中国家的分界比较鲜明。而旅游行业则是各个国家都较容易进入并展开的产业。特别是发展中国家的旅游业,虽然在某些方面与发达国家有差距,但发展条件丰富,发展手段多样,发展潜力很大。目前发展中国家或地区的旅游业继续以超过世界平均水平的速度增长,和发达国家相比,在旅游业发展水平和市场份额方面的差距将继续缩小,世界旅游业的竞争日趋激烈。

二、全球国际旅游重心向亚太地区转移,中远程旅游渐趋于兴旺

一般来说,旅游业的发展受到整个经济发展的制约。20世纪五六十年代,世界经济基本上以欧洲和美国为重心;70年代以后,逐渐形成了美国、西欧和日本三足鼎立的局面;到80年代末,美国、英国、法国、德国、日本国际旅游支出份额占到世界份额的60%,此外还出现了一些新兴旅游客源国或地区,如新加坡、韩国等国家,以及中国香港、中国台湾等地区。但欧洲、美洲一直是世界上国际旅游活动中最集中的地区和旅游业最发达的地区。20世纪90年代至21世纪初叶,随着世界经济和贸易的重心向亚太地区转移,该地区的国际(地区间)旅游业迅速兴起,国际(地区间)旅游重心向东亚及太平洋地区转移,世界旅游业格局出现新变化。欧洲旅游业的统治地位开始动摇,美洲旅游业保持平稳发展,亚太旅游业开始崛起并超过美洲,成为世界第二大国际(地区间)旅游接待地。受经济、交通、通信等因素的制约,20世纪的国际(地区间)旅游大多是短程旅游。如1983年,欧共体国家出国旅游者中,79.7%的人是到毗邻的国家进行短程旅游,中、远程旅游者仅占20.3%。21世纪,这种情况大大改观了。新一代超音速飞机的出现,从伦敦飞到东京,航程9585千米,只需3小时;短途旅行可坐时速550千米的超导磁悬浮列车,速度是现在的高速火车的两倍。加之收入、闲暇时间增多,今后将有更多的人加入到中、远程旅游的行列中来。因此,可以预见,未来的国际旅游中,中、远程旅游所占的比重将逐步增长。

三、旅游方式呈现多样化、个性化、文明化的特点

世界旅游经过长期的发展,对有旅游活动经历的人们来说,已经积累了丰富的旅游阅历,消费者走向成熟后,不再满足于一般性的观光、度假旅游,开始追求丰富多彩、个性特色鲜明、文化内涵丰厚的旅游活动。那些走马观花,单纯游山玩水的消遣观光,将逐渐为多样化的旅游方式和项目所取代。诸如文化旅游、寻根探祖游、房车旅游、自驾车旅游、健康医疗旅游、体育旅游、科考旅游、自由行等。在技术进步的前提下,太空旅游、极地旅游、深水旅游等新的旅游需求也会更多地得到满足。总之,旅游方式将朝着多样化、个性化、文明化的方向发展,各种内容丰富、新颖独特的旅游方式和旅游项目将会随着世界旅游经济的发展而不断产生,并逐渐增加其比重。

四、高科技在旅游业中的地位日益显著

科学技术推动了现代化交通工具的运用,促进了旅游业的发展,改变了人类的旅游行为活动。目前,旅游业运用高新技术的实践已经表明了高科技拉动手段对旅游活动所产生的

重要影响。如全球预订系统的应用使得人类接触国际性的旅游服务变得便捷与简单。国际著名饭店集团如希尔顿饭店集团、假日集团等均拥有饭店预订系统,无论顾客身处何地,都能凭借饭店预订系统查询并预订饭店。同时,饭店企业通过网络开展营销,将无形服务有形化,利用三维图像、虚拟现实等先进技术,将饭店的实际形象展现给顾客,也方便了顾客接触和选择饭店。目前有越来越多的饭店通过公众网、网上代理商等接受顾客的预订。如我国有数千家饭店通过与携程旅行网合作,开展网络营销及网上预订。网上预订系统也被运用到旅游业其他领域中,如近年来出现的网上代理商、网上旅行社、网上旅游超市等旅游服务机构,通过网络展示自己的服务产品、旅游线路、旅游资源,为旅游者查询信息提供便利,得到了广大旅游者的青睐。旅游者则可以通过网络查询、选择、设计旅游行程,安排旅游计划。高新技术的应用也方便了旅行活动,节约了旅游者的旅游时间。如航空电子售票业务的开展、电子票据的推行,一方面使得乘客电话预订、信用卡支付、电话取消预订等活动变得简单易行,另一方面也节省了航空公司的宣传费用、乘客机票的存放费用等。信用卡得到推广后,旅游者凭借信用卡就可以购买自己所需产品,无须携带与使用大量现金,支付行为变得更加方便。

2019 年被称为中国的 5G 元年,5G 技术在很大程度上促进了旅游行业的进程,不仅可提升游客服务与体验,也可协助景区进行自身运营管理的改进。5G 即第 5 代移动通信技术,具有更高的速率、更宽的带宽、更低的时延、更高的可靠性等优势特点。未来随着 5G 的普及,高速率数据传输将催生智慧旅游的业态革新。"智慧旅游"是一个全新的命题,它是一种将物联网、云

云南智慧
旅游大放异彩

计算、下一代通信网络、高性能信息处理、智能数据挖掘等技术在旅游体验、产业发展、行政管理等方面加以应用,使旅游物理资源和信息资源得到高度系统化整合和深度开发与激活,并服务于公众、企业、政府等的面向未来的全新的旅游形态。如"5G＋景区"的应用已经建成了"全面、立体、数字化"的故宫智慧院区;"5G＋VR＋红色教育"模式建成了重庆歌乐山景区;"5G＋8K＋无人机"模式建成了成都元宵电子烟花秀;如"5G＋交通"的应用将上海虹桥火车站建成了全球首个 5G 火车站;如"5G＋住宿"的应用将深圳洲际酒店率先打造成为具有 5G Cloud VR 划船机、4K/8K 电影、5G 云电脑、5G 云游戏等亮点的 5G Cloud X 智慧酒店。

五、生态化旅游需求与旅游可持续发展

随着人类环保意识的增强和人类自身对于回归自然、享受自然欲望的日益强烈,生态化旅游需求也应运而生。旅游者从最初的拥挤式群体旅游环境中走出来,开始追求自然、健康、卫生、环保型的旅游环境,"绿色"成为新世纪旅游业经营的一个关键点。面对新的旅游需求,世界旅游业的发展模式也逐渐从原先的粗放型向集约型转变,在产品开发、市场开拓和服务方式等方面,推行可持续发展模式,即注重旅游供给在满足当代旅游者需要的基础上,不影响后代人的旅游需要,包括旅游资源开发与保护并重、旅游区合理规划及旅游发展协同效应的发挥等。旅游业在充分利用各种资源的同时,不断开发新的资源,使自身可以从资源的先天局限中走出来,向更深更广的层面发展。

第三节　中国的大众旅游时代

中国共产党第十九次全国代表大会报告指出："我国稳定解决了十几亿人的温饱问题，总体上实现小康，不久将全面建成小康社会。"全面建设小康社会是大众旅游时代到来的总体背景。大众旅游是小康社会建设的重要内容，是小康社会建设的必然结果，同时也是小康社会建设的显著标志。2020 年我国将全面建成小康社会，为大众旅游时代的兴起和发展奠定坚实的基础。

一、大众旅游时代到来的背景

（一）西方的大众旅游时代

大众旅游（mass tourism）是对旅游活动日益普及化的一种概括。判断进入大众旅游时代的标准，多数学者是以大众旅游具有的便利、廉价、安全、舒适四个特性来考量的。从便利要素看，将大众旅游的起点定在 19 世纪末 20 世纪初，以旅行代理商和包价旅游的出现作为重要标志。从安全要素看，二战结束后，西方社会进入了一个和平的经济恢复和发展期。从廉价要素看，1959 年喷气式民航客机在国际交通中的广泛应用，使越洋旅游的交通费用大幅度下降。安全、廉价两个要素在时间上基本重合，因而较多学者认为大众旅游起源于 20 世纪 60 年代。从舒适要素来看，大众旅游为游客提供的旅游舒适程度经历了一个发展过程，因而有学者认为大众旅游发生在 20 世纪 60 年代到 80 年代。

大众旅游时代
服务如何提质？

20 世纪 60 年代以后，西方大众旅游进一步发展，更加成熟和兴旺。主要表现在旅游方式多种多样，包价游、半包价、自由行相结合；旅游需求各具特色，个性化定制产品受到青睐；旅游者出游次数更加频繁，出游时间不断增多；旅游区域更加广阔，出境旅游日益普遍；等等。

（二）中国大众旅游的发展历程

1. 积累阶段

改革开放以来，我国旅游业逐步兴起，但在一段时期内只强调发展入境旅游，把"增加外汇收入，促进各国（地区）人民之间的友好往来"作为旅游工作的重心。"七五"期间提出入境旅游、境内旅游一起抓的思路，境内旅游逐步兴起，1990 年，境内旅游规模达到 28 亿人次。1993 年，国务院办公厅转发了《国家旅游局关于积极发展国内旅游业的意见》，为境内旅游发展起到了积极的促进作用。1997 年，实施《中国公民自费出国旅游管理暂行办法》，提出有序发展出境旅游的意见。境内旅游和出境旅游的发展，为大众旅游进行了预演。

2. 起步阶段

1999 年 9 月 18 日，国务院修订发布《全国年节及纪念日放假办法》，决定将春节、"五一""十一"的休息时间与前后的双休日拼接，从而形成 7 天的长假。由于国庆阅兵及天气等原因，1999 年"十一"期间的旅游并不火爆。2000 年"五一"黄金周，人们开始利用长假，纷纷出游。大部分传统旅游景区人如潮涌。当时媒体纷纷用"井喷"来形容这种突如其来的旅游大潮。从那时起,旅游包机、旅游专列等开始进入人们的视野,手持护照出境游的人也开始多了起来。也就是从那时起,大众旅游开始起步。

3.初成阶段

2011年12月28日,第十一届全国人大常委会第二十四次会议听取和审议了《国务院关于旅游业发展工作情况的报告》,认为"我国的旅游业已进入大众化、产业化发展的新阶段"。《中国人大》杂志2012年第2期还刊登了《走进大众旅游时代》的专门文章。2012年党的十八大召开前后,"大众旅游时代"成为热门词语,频繁见诸各大主流媒体并被详细论述。

4.兴旺阶段

"十二五"末期及"十三五"时期,中国大众旅游进入兴旺阶段。2016年《政府工作报告》中使用了"正在兴起的大众旅游时代"这一表述。当年,中国境内旅游人数超44亿人次,人均出游3~4次,出境旅游人数达到1.2亿人次。旅游已成为全民生活消费的重要内容之一,旅游已经成为人民群众生活水平提高的重要指标。

二、中国大众旅游时代的主要特征

(一)从规模旅游、速度旅游向优质旅游、美好旅游转变

当前,我国旅游业呈蓬勃发展态势,旅游产业效益大幅度提升,我国已连续多年保持世界第一大境内旅游和出境旅游客源国地位,是第三大入境旅游接待国。随着市场的发展,游客对于优质旅游的要求越来越高,片面追求游客规模的粗放式发展模式已经滞后,关注旅游品质和美好程度的集约型发展模式正逢其时。

(二)从小众旅游向大众旅游转变

我国旅游已经由极少数人扩展到普通大众,旅游已经成为大众的日常生活方式。旅游作为综合性产业,在经济社会发展中发挥的作用和影响更加广泛。

(三)从景点旅游向全域旅游转变

在我国旅游发展的初级阶段,主要是以景点、景区、饭店、宾馆建设为主。在大众旅游时代,以个人游、自驾游为主,传统的景点旅游模式已不能满足现代大旅游发展的需要,到景点的游客逐渐减少,而到非景点旅游的人逐渐增多。从实践看,各地正在发展全域旅游,纷纷将全域旅游示范区创建工作作为"一把手"工程、"牛鼻子"工程来抓,旅游目的地建设已经从单一景点景区建设管理向综合目的地统筹发展转变,旅游监管、旅游产品提供逐渐实现全覆盖,旅游企业从单打独享向社会共建共享转变,整个旅游正从小旅游格局向大旅游格局转变。

(四)从观光旅游向观光休闲旅游转变

我国的旅游业处于发展转型期,由传统的观光旅游转变为观光休闲旅游。旅游市场在爆发式增长的同时,结构也在快速升级,对旅游品质、内容及行程安排等的个性化需求越来越多,个性化、多样化特点凸显。观光休闲成为旅游的新趋向。

(五)从浅层次旅游向深层次旅游转变

广大游客对旅游的追求,已经从单一的物质追求,向更丰富的精神生活、幸福生活转变。文化游、深度游、品质游、纯玩游、探险旅游、邮轮旅游、定制旅游等应运而生的新产品,都适应了浅层次旅游向深层次旅游转变的发展趋势。

（六）从事业向产业转变

改革开放初期，旅游业以外事接待为主，经过多年的发展，我国旅游产业日臻完善，综合功能全面发挥，对国民经济的拉动效应日益明显，在稳增长、调结构、促改革和改善民生等方面发挥了越来越重要的作用。旅游业对国民经济和社会就业综合贡献率均超过10%，旅游综合影响全面显现，旅游业成为国民经济的战略性支柱产业和与人民群众息息相关的幸福产业。

（七）从被动跟从国际规则向积极主动进行旅游外交转变

我国旅游业起步较晚，在起步发展阶段跟从国际规则，大量吸收借鉴了旅游发达国家的有益成果，这对于我国旅游业发展起到了较有力的推动作用。当前，随着国家实力的增强和旅游业的迅速发展，我国已具备发挥旅游交往的综合优势，主动服务国家外交大局、积极开展旅游外交的能力。近年来，我国先后举办了中日友好交流大会、首届世界旅游发展大会、二十国集团旅游部长会议、联合国世界旅游组织全体大会，成功举办了"中美旅游年""中韩旅游年""中印旅游年"等上千场活动。2017年9月，经国务院批准成立的世界旅游联盟，是我国主导的首个世界性旅游组织，有力地提升了我国旅游国际话语权和规则制定权。旅游外交已经成为发出中国声音、提供中国方案、分享中国经验的重要舞台。

（八）从旅游大国向旅游强国转变

相对于英国、法国、美国等世界旅游发达国家，我国旅游业起步晚了100多年。尽管中国旅游起步晚、底子薄，但经过改革开放40多年的艰苦奋斗，已呈现井喷式、排浪般的发展态势。2016年，中国旅游业在世界上可以综合排到第17位，比2013年上升了28位，已经初步具备建设世界旅游强国的基础。但从客观上来看，虽然我国旅游业整体名次有较大幅度提升，但更多的是依靠规模，很多质量和效益指标排名仍然靠后，距离世界旅游强国还有一定距离，需要脚踏实地，奋力迈入世界旅游强国之列。

三、大众旅游时代的发展趋势

（一）旅游消费普及化

随着对全面建成小康社会的持续推进，旅游已经成为人民群众日常生活的重要组成部分。无论是从出游人群规模、分布阶层，还是从民众出游区域、出游频次来看，我国旅游消费越来越普及，正在开启全民旅游模式。

（二）旅游需求品质化

在旅游越来越普及的同时，一部分人群休闲度假的需求快速增长，对基础设施、公共服务、生态环境的要求越来越高，对个性化、特色化旅游产品和服务的要求越来越高，旅游需求的品质化和中高端化趋势日益明显。

（三）旅游发展全域化

在大众旅游时代，以抓点为特征的景点旅游发展模式正在加速向区域资源整合、产业融合、共建共享的全域旅游发展模式转变。

（四）旅游参与社会化

在越来越多的人加入到旅游消费行列的同时，全社会也越来越广泛地参与到旅游发展中来，旅游消费的社会化与旅游参与的社会化成为一个问题的两个方面。旅游参与的社会化体现在大众旅游就业、大众旅游创业、多元化旅游投资和全社会关注旅游等方面。

（五）旅游产业现代化

在大众旅游时代，科学技术、文化创意、经营管理和高端人才对推动旅游业发展的作用日益增大，旅游产业体系的现代化成为旅游业发展的必然趋势。

（六）旅游竞争国际化

当前，各国各地区普遍将发展旅游业作为参与国际市场分工、提升国际竞争力的重要手段，纷纷出台促进旅游业发展的政策措施，推动旅游市场全球化和旅游竞争国际化，竞争领域从争夺旅游客源市场扩大到旅游业发展的各个方面。

第四节 中国的全域旅游

2016年1月29日，全国旅游工作会议提出一个全新的名词和旅游发展模式，"全域旅游"。仅仅400多天后，全域旅游便被确立为国家战略，在全面建设小康社会和努力实现中华民族伟大复兴中国梦的征程中、在新常态创新发展转型中，全域旅游成为一种全新的发展模式。2016年5月，我国在世界旅游发展大会上指出要大力推进全域旅游。2017年"大力发展全域旅游"被写入《政府工作报告》，全域旅游写进国务院发布实施的《"十三五"旅游业发展规划》，成为国家旅游发展战略。全域旅游已经成为当代旅游学的一个重大理论创新，这既是基于中国国情提出的旅游发展模式，也反映了世界旅游发展的共同趋势和方向。

一、全域旅游的基本概念

随着全域旅游示范区的创建和不断深入发展，人们对全域旅游的认识也在不断深化。全域旅游的"全域"不是一个单纯的地域概念，而是一个具有丰富内涵的发展理念和模式。

"全域旅游"是指在一定区域内，以旅游业为优势产业，通过对区域内经济社会资源尤其是旅游资源、相关产业、生态环境、公共服务、体制机制、政策法规、文明素质等进行全方位、系统化的优化提升，实现区域资源有机整合、产业融合发展、社会共建共享，以旅游业带动和促进经济社会协调发展的一种新的区域协调发展理念和模式。全域旅游所指区域，可以是省（区、市）、市、县等行政区，也可以是跨行政区的旅游区域。为更有效整合资源推进发展，全域旅游示范区创建以行政单元为申报对象，以市、县级为重点和主体。全域旅游示范区创建单位一般都具有旅游资源丰富、旅游业优势突出的特点，旅游产业是当地支柱产业或主导产业。

新时代全域
旅游发展新趋势

二、全域旅游的特征

全域旅游理念落地,则需要在全要素、全行业、全过程、全时空、全方位、全社会、全部门、全游客八个层面加以落实。

(一)全要素

全要素即将整个目的地作为旅游的吸引物,依附在整个目的地的一切可以利用的资源都有可能成为吸引人们前来旅行的吸引物。为此,应该拓展旅游吸引物的范围,全面挖掘自然旅游资源、人文旅游资源和社会旅游资源,跳出景区看旅游,跳出旅游看旅游,跳出旅游目的地看旅游。要关注传统旅游业之外的其他要素,诸如利用农业、工业等产业资源发展农业旅游、工业旅游等,关注对邻近地区旅游资源的"飞地式"利用。只要对旅游者有吸引力,无论是物化的元素(如文化遗存)还是非物化的元素(如目的地的氛围),都应该成为全域旅游发展的吸引物。同时,需要高度重视资源的利用方式,因为资源的价值不仅仅取决于资源本身的优势,更在于采取什么样的方式来利用资源。在全要素理念中,需从强调震撼力的景观要素转向强调景观与环境要素并重。我们对很多境外旅游目的地、旅游城市的一个深刻感知就是,它们拥有的景观质量未必更高,旅游设施未必更豪华,但是它们往往拥有比我国绝大多数目的地更高的环境质量(包括空气质量和休闲环境)。要发展全域旅游,让人们自愿更长时间地停留,一定要致力于打造具有感染力、渗透力的环境。随着休闲度假时代的到来,环境的吸引力日益显得重要。

(二)全行业

全行业是指旅游在整个目的地产业结构中具有突出的地位,是目的地未来产业发展的融合点、动力点与核心点。随着目的地产业结构的调整,目的地的工业、商业、房地产、手工业等产业都可以打通与旅游业之间的关系,用旅游业来改造、提升这些产业的附加值,通过产业融合来推动这些产业与旅游业共同发展。当然,在全行业融合过程中,未必能够齐头并进,但旅游目的地应该优选其中融合条件较为成熟的行业优先加以推进、发展。

(三)全过程

全过程是指从游客进入目的地开始,一直到游客离开目的地,在这整个过程中,目的地应能提供旅游体验,保证游客在从一个体验点到另一个体验点的途中,旅游体验无处不在。因此,在全域旅游发展过程中,应该着力构建"体验点—体验线—体验面—体验场"的体验模型,既重视体验的过程管控,也重视体验的先期介入和后期调控。旅游目的地的每个体验环节的创新都可以成为提升旅游体验的"节点",无数个"体验点"汇聚构成"体验线",无数条"体验线"交织成"体验面",无数个"体验面"又构建出立体的"体验场",这个"体验场"就是旅游目的地提供给旅游者的完整体验。

(四)全时空

全时空是指在目的地旅游发展的过程中,无论是淡季还是旺季,无论是白天还是夜晚,无论是目的地核心旅游区域内还是核心旅游区域外,都能够给游客提供满足其体验需求的产品和服务,让其满怀信心而来,带着满意而归。

从时间上看,随着我国高速交通体系的形成,网格化的竞争格局必将深刻地影响着旅游目的地的发展空间。加强夜间休闲产品的建设是真正将该地区建设成可停留的目的地的重要一环，否则该地区很有可能成为别的地区的旅游资源"飞地"。从空间上看，全空间的发展并不意味着要全面开发搞旅游，而是要形成"斑块—廊道"的发展格局，依赖良好的交通体系，增加产业点，延伸产业链，拓展产业面，构建产业群，形成若干旅游产业聚集区，打造各具特色的旅游主体功能区，形成若干具有资本聚集、项目聚集、客流聚集、消费聚集的旅游产业集群。

（五）全方位

全方位是指不仅要满足游客在食、住、行、游、购、娱方面的体验需求，同时还应该增加在文化、科教、资讯、环境、制度等相关要素上的供给。只有通过这种全方位的供给，目的地的投资吸引力、旅游吸引力、综合竞争力等才能得到本质的提升，从旅游产业转向旅游目的地、从旅游产业转向旅游经济才能真正得到实现。另外，还需要从主题化、舞台化、场景化等方面给游客提供多层次旅游体验，从而将目的地经营目标由"到此一游"转向"旅游体验"，甚至是"设计旅游者的人生回忆"。全域旅游须在智慧旅游、资讯便利上多下功夫，通过与现代技术的结合，在游览引导、解说服务、休闲消费等方面形成卓有成效的创新，并形成全域性、全方位的应用。

（六）全社会

全社会即吸引目的地最广泛的居民参与到旅游业服务、经营中来，使得最广大的人民群众都能从参与旅游中获得各自的利益，同时也通过最广大人民群众的积极参与，提升目的地的好客度，全面满足游客的旅游体验，提高旅游体验的满意度。吸引最广泛的投资者参与到旅游业的服务、经营中来，使得目的地能够最广泛地汇聚投资能力，形成快速的需求响应能力和多样化的供给能力，从而最大限度地消化市场需求，将市场需求转变为实实在在的目的地旅游收入。

（七）全部门

全部门即全域旅游发展要吸引目的地各大部门积极参与到旅游开发、建设、管理中来，从而既推动旅游业发展，同时也可以通过旅游业的发展来拓展本部门的价值。如税务部门在积极支持旅游业发展的同时，可以通过旅游业的发展强化税基，从而提升本部门的价值。虽然不一定要求每个部门都承担推广旅游的指标任务，但的确需要从制度上规定各个部门在目的地开发建设中的义务、在目的地营销中的角色分工，尤其是要对各个部门在全域旅游战略理念推广、全域旅游市场推广中的角色和义务做出明确规定，要形成全域旅游推广的规范性文本，以便各部门在对外联络推广时统一口径，形成目的地旅游的统一形象。

（八）全游客

全游客即在目的地发展旅游的过程中，游客与居民之间的交融，要体现"游客即居民，居民即游客""人人为旅游、旅游为人人"的理念。从本质上看，游客只不过是一个相对短暂时期内、在异国他乡的短暂居住者而已，在这个相对短暂的时期内，游客就是这个旅游目的地的居民，要真正将游客融入当地居民中去，游客在目的地的体验才能深入，游客在目的地的归属感才会强烈，游客在目的地的停留时间才能长久，游客才能在真正意义上成为这个旅游目的地的回头客。另外，居民在为外来的旅游者提供良好的服务、创造良好的环境的同时，自己也身处其中，享受着良好旅游环境（包括人文环境、自然环境等）、休闲环境所带来的生活质量的改善、幸福感的提升等。

三、全域旅游的内涵

（一）城市特色鲜明，个性突出

全域旅游杜绝千城一面，强调城市的个性与特色。要求城镇与乡村景观风貌独特，城市建筑富有地方特色，城市文化氛围浓郁，传统文化挖掘到位，文化得以有效传承和发扬。有反映地方特色文化内涵的城市景观和城市小品，有体现地方特色的标志性建筑和景观，有代表鲜明的地方特色的旅游商品、手工艺品、纪念品和美食小吃等。

（二）基础设施与服务设施主客共享

全域旅游强调在区域发展过程中不仅要为外来游客提供优质的服务，同时也要充分考虑本地居民的休闲需求。全域旅游目的地既是外来游客的旅游乐土，也是本地居民的幸福家园，不仅是宜游之地，也是宜居宜业之城。要按照"主客共享"的理念，加大旅游公共服务体系建设，加强公共交通、信息咨询服务、绿道休闲慢行系统、城市公共绿地、城市公园与市民广场等公共休闲与文化娱乐场所等的建设，以"智慧旅游"为手段提升旅游的公共服务水平，实现公共服务的全域覆盖，构建外来游客与本地市民共享的高品质的社会生活环境。

景城一体化打造——全域旅游创建的华阴新模式

（三）旅游吸引物全域覆盖

全域旅游强调休闲度假理念，强调无景点旅游，因此必须树立全新的旅游资源观，突破传统的景区局限，突出生态环境质量、整体休闲氛围、城市与乡村建设、新型城镇化及良好的形象与市场口碑对游客的吸引力。把整个行政区当作一个大的景区来打造，按照"景城一体"的发展理念，实施景区、城市一体化战略，以景区理念规划整个区域，以景点要求建设每个村镇，形成"城在景中、景在城中"的旅游新格局，实现旅游资源的全域覆盖。

（四）外来访客与当地居民满意度高

全域旅游强调当地居民与游客的有机融合，强调游客的深度全程体验。外来游客不仅观赏当地的自然风光，体会风土人情，更要深度参与体验当地居民的生活方式，感受当地居民的生活态度，融入当地的日常生活环境。因此，当地居民的热情好客和对本地生活的自豪感，以及健康有序的市场秩序会直接影响当地的旅游形象。必须大力提高当地居民的幸福指数，建立合理的利益共享机制，推动当地人积极参与旅游开发，提高当地人对本地旅游资源和旅游形象的认知度和满意度，从而全面提升游客对旅游体验及地方文化的满意度。

（五）市场监管与行程安全综合保障

全域旅游强调从游客进入目的地开始，一直到游客离开目的地的整个过程中的全程保障。要强化监管，加强旅游执法力度，维护良好的市场秩序。建立旅游资源承载力和游客总量管控机制，以及高峰期安全预警及应急处理机制，营造优质的旅游环境。完善安全保障与救助应急管理系统，建立食、住、行、游、购、娱等环节全覆盖的，集旅游资讯、风险警示、旅游投诉、执法监管、应急救援、旅游保险等于一体的旅游风险保障体系。

（六）旅游产业与其他产业融合发展

强调旅游业在区域统筹、城乡一体化和新型城镇化过程中的带动引领作用，强调旅游业在整个区域产业结构中的突出地位。旅游与农业、工业、林业、文化、体育、医疗等相关产业和行业融合发展、相互渗透,旅游新业态不断涌现。旅游各要素配置完善,旅游产业链长,产品附加值高。旅游业对投资、税收、就业等的综合带动和促进作用强。推动旅游业转型升级,从规模增长型发展模式向质量效益型发展模式转变。

(七)旅游相关政府机构多边协助

全域旅游强调旅游目的地全社会、全部门积极参与到旅游开发、建设、管理的过程中。要求旅游业发展的政策环境好,政府对旅游业发展的重视程度较高,部门联动、协调配合较好,促进旅游业发展的配套政策完善和扶持力度较大,形成全社会发展旅游的共识。旅游规划与经济社会发展规划、城乡规划、土地利用规划等多规合一。

第五节　中国的"旅游+"

旅游是综合性产业,具有日益增长的拉动力、整合力和提升力,在拓展自身发展空间的同时,与相关行业和领域融合发展,催生新业态,优化提升相关行业和领域价值。我国正在迎来"旅游+"和"+旅游"的新时代。在此,从旅游产业发展角度分析"旅游+"的价值影响。

一、"旅游+"的基本含义

旅游是一个无边界的产业。2015 年 8 月 19 日,"旅游+"在原国家旅游局《开明开放开拓,迎接中国"旅游+"新时代》的报告中首次被提出。"旅游+"是指充分发挥旅游业的拉动力、融合能力,以及催化、集成作用,为相关产业和领域发展提供旅游平台,插上"旅游"翅膀,形成新业态,提升其发展水平和综合价值。在此过程中,"旅游+"也有效地拓展了旅游自身的发展空间,推进了旅游的转型升级。"旅游+"代表一种新的经济形态、一种新的生活形态、一种新的社会组织形态、一种新的先进生产力。"旅游+"是多方位、多层次的,"+"的方式也多种多样。

二、"旅游+"的主要特征

(一)市场导向

"旅游+"是需求拉动、市场推动的"+"。旅游业拥有巨大的市场号召力和影响力,并拥有自调节、自平衡的动态市场机制,"旅游+"以此为依托,可为所"+"各方搭建巨大的供需平台。

(二)人本服务

"旅游+"是以人为本、全民参与的"+"。"为游客服务"是旅游业的根本出发点和落脚点。旅游业的服务,首先强调的是人本意识。"旅游+"通过人来实现"+",运用"+"来服务人,正是对这一人本意识的强化与发扬。此外,旅游是人本经济,"旅游+"是一个可以广泛参与、广泛收益、广泛分享的"+","+"的过程本身就是人力资本开发、创造力激发的过程。

（三）价值创新

"旅游+"是创造价值、放大价值的"+"。旅游业的本质是服务。通过"旅游+"，可以把旅游业的服务理念、方式、流程等渗透到相关行业和领域，带动其服务水平提升和服务价值提高，进而增加其经济附加值。而旅游业通过"+"其他行业领域，也可在服务技术、渠道、对象等多个方面实现革新，从而大大提升其经济价值和社会价值。

（四）跨界融合

"旅游+"是搭建桥梁、促进合作的"+"。旅游业本身就是一个综合性强、关联度大的产业。"旅游+"不仅是景区、交通、住宿等传统旅游产业元素的深度融合，更是旅游业与互联网、农业、工业等其他产业领域的跨界交融，通过关联、渗透、重叠等方式衍生出新的旅游产品和业态，并将旅游的服务属性与功能特征渗透到各个产业领域中。

（五）结构重塑

"旅游+"是优化结构、多元创新的"+"。"旅游+"刺激了传统旅游业的改造升级，驱动了旅游业在价值链条、资源配置、技术平台等方面的改革创新，顺应了当前供给侧产业结构改革的需要。

（六）开放互联

"旅游+"是打破边界、兼容并蓄的"+"。旅游业无边界，"旅游+"打破的不仅是旅游目的地的空间界域，更是旅游产业在要素、形态等多个方面的边界，而旅游业天然的动态性和开放性，将使得"+"的对象、内容、方式处在一个被不断拓展丰富的过程中。

三、"旅游+"的经济社会效应

"旅游+"正在成为当前旅游业不可阻挡的发展趋势和时代潮流，对经济社会发展产生战略性和全局性的影响。

（一）推进"旅游+"是时代赋予旅游业的新使命

我国社会经济的快速发展为"旅游+"创造了条件，而"旅游+"也成为我国社会经济发展的客观必然要求，是推动我国经济转型升级的新引擎。

（二）旅游已集聚能量，具备推进"旅游+"的能力

纵观我国旅游业的发展历程可知，旅游已经从最初少数人的奢侈品，发展成为大众化、经常性消费的生活方式；从外事接待型事业，发展成为全民广泛参与就业、创业的民生产业；从传统、独立的第三产业发展成为全面覆盖三大产业的综合性产业；从封闭的旅游"自循环"模式发展成为开放融合的"全域旅游"发展模式。经过40多年的快速发展，我国旅游业已集聚能量，具备推进"旅游+"的能力。

（三）旅游业的特有属性使得"旅游+"成为旅游业发展的必然趋势

旅游业具有综合性、关联性、带动性和融合性。首先，旅游业是综合性产业，这综合性体现在丰富的旅游资源要素、庞大的产业体系结构、多元的产品类别形态等多个方面；其次，旅游业具有很强的关联性，旅游业不仅在内在产业要素上紧密关联，且可与农业、工业、商业、交通、信息等其他产业发生联系，并对人们的生活方式、生活环境、生活质量等产生较大影

响。如果说综合性和关联性是旅游业的静态属性，那么由此产生的带动性和融合性就是旅游业的动态属性。正是因为旅游业的覆盖面广、关联度高，旅游业不仅会带动其核心产业及相关产业经济效益的提升，也会在促进文化交流、扩大居民就业、美化人居环境、提升国民素质等方面发挥较大作用，并可借由旅游服务功能的输出，实现与多个行业领域的叠合、交叉、渗透，进而创造新价值、发挥新效能。

正是旅游业的上述属性，使得"旅游＋"时代的到来成为我国旅游业发展进程中的必然。随着"旅游＋"战略的深入推进，旅游业的上述属性也将得以进一步强化优化。

（四）"旅游＋"将对社会产生广泛而深远的影响

消费、投资、出口是拉动国民经济增长的"三驾马车"。以往人们关于旅游业的认识大多停留在消费层面，而在旅游业对投资、进出口的拉动作用，以及旅游业对国民经济的真实贡献研究方面知之甚微，关于旅游对社会和政治层面影响的认识则更为不足。其实，旅游对国民经济的贡献不仅仅是消费，它是兼具消费、投资、出口功能的新增长点；是增强国民幸福感、提升国民健康水平、促进社会和谐的新增长点；是优化区域布局、统筹城乡发展、促进新型城镇化建设的新增长点。推进"旅游"，对稳增长、调结构、惠民生、促就业具有重要意义，且在推进新型城镇化、新型工业化、网络信息化、农业现代化和发展生态化方面产生了广泛而深远的影响。

（五）"旅游＋"是深化供给侧结构性改革，推动产业升级的创新空间和主攻方向

旅游供给侧结构性改革归根结底是旅游供给端的结构调整问题。"旅游＋"以旅游者的需求变化为导向，通过旅游业与一、二、三产业的广泛、深入融合，催生出一批富有生命力的新产品、新业态。例如，旅游与第一产业融合，形成观光农业、生态农业、体验农业等新业态；旅游与第二产业融合，产生工业旅游等新业态，并推动邮轮游艇、旅游房车等旅游装备制造业的大力发展；旅游与第三产业融合，形成科技旅游、动漫旅游、文化旅游等新业态。"旅游＋"的本质是创新，通过产业间的创新重组，实现旅游资源的优化配置、产业结构的调整升级，创造出新的经济生产力和增长点，并使得旅游产业素质得以全面提升。不仅如此，"旅游＋"也是大众创业、万众创新最活跃的领域之一，并可为其搭建新平台，拓展新空间。

四、"旅游＋"的主要功能

（一）供需平台功能

"供需不平衡"是当前中国经济发展的一大难题，也是中央提出供给侧结构性改革的主要背景。"旅游＋"不仅大大丰富了旅游供给的内容、创新了旅游供给的形式，也使得所"＋"各方借由旅游服务功能的注入催生出更多的有效供给。伴随着旅游业及其相关产业有效供给的增多，包括供给形式的丰富、供给规模的扩大、供给效率及质量的提升，也必将使得巨大的市场需求被创造和激发出来。因此，"旅游＋"的推进将为包括旅游业在内的一、二、三产业搭建广阔且有效的供需平台。

（二）价值创新功能

"旅游＋"的价值创新功能体现在经济、社会、文化等多个方面。在经济价值领域，一方面"旅游＋"通过在传统旅游产业链条的价值区间进行深度切入，创造了传统旅游产业价值链的增值空间；另一方面"旅游＋"也为具有旅游体验价值的农业、工业及其他服务业创造了

新的价值空间,形成了新的旅游产业价值链条。不仅如此,"旅游+"也在创造新的生活方式、创造新的就业平台、创造新的文化形态等方面发挥显著功能。

(三)产业拓展功能

旅游业的发展过程本身就是一个由产业要素到产业链条,并最终形成产业集群的拓展过程。"旅游+"使得旅游产业拓展的速度进一步加快,旅游产业拓展的规模进一步扩大,旅游产业拓展的形式进一步丰富。"旅游+"使旅游产业向内部拓展,如旅游饭店业向旅行社业、旅游交通业、旅游景点业的拓展;也使旅游产业向外部拓展,如旅游业向体育、科教、文化等产业的拓展,以及旅游业及其相关产业在目的地、中转地、延伸地和客源地间的拓展。

(四)结构优化功能

供给侧结构性改革归根结底是结构问题,而结构问题也正是当下境内旅游业发展最根本性的问题。"旅游+"通过旅游产业内部及其相关产业的叠合、交叉、渗透,促进旅游业及其相关资源的整合和优化配置、旅游产业价值链的延伸,以及新的产业要素和产业形态的形成,从而实现旅游业及其相关领域在产业结构、市场结构、消费结构、区域结构等方面的优化。

(五)大众服务功能

近年来,旅游业已成为中国居民生活中的重要组成部分,也在全面进入国家有关经济、政治、文化、社会、生态文明"五位一体"建设的各个领域。在"旅游+"态势下,旅游业将全面走进中国居民的日常生活,并在扩大就业机会平台、拓展创业空间、改良人力资本、改善人居环境、帮扶弱势群体、提升生活品质等方面为大众提供现代服务。

五、"旅游+"的基本内容

(一)旅游+互联网

🔗《国家旅游局关于实施"旅游+互联网"行动计划的通知》

旅游业和互联网是当今世界推动经济社会发展的两大新兴、显著的力量,随着旅游产业的转型升级及旅游大数据时代的到来,"旅游+互联网"的深度融合将成为新常态下我国经济社会发展的新增长点,造就新的发展机遇。应准确把握我国旅游业的发展规律和发展趋势,充分发挥我国互联网的规模优势和应用优势,推动旅游与互联网融合发展的广度和深度,提高旅游创新能力和创新优势,挖掘旅游发展潜力和活力,培育新业态,发展新模式,构筑新动能,加速提升我国旅游业发展水平。坚持市场导向、开放共享、引领变革、安全有序的原则,推进"旅游+互联网"发展。

(二)旅游+农业

农业和旅游属于两个不同的产业,一个解决人们的温饱问题,一个满足人们的精神需求。虽然两个产业不同,但却有着很多相同的点,通过创新手法可以将这些相同点打通,将生产劳作的农田作为景点,将农作物作为观赏品,于是,"旅游+农业"创造出了一种新兴的产业——休闲创意农业。

(三)旅游+工业

工业发展史,往往见证了一个城市的发展历程,工业遗产资源也因其背后的历史文化而产生独特的吸引力,工业旅游在世界上许多国家(地区)

📖"旅游+"让沈阳工业资源火起来

已发展成为重要的旅游项目。当前,欧洲的发达国家及日、韩均已进入后工业时代,其最明显的特征就是工业经济向服务业经济转型。欧美发达国家许多大中型工业企业都在开展工业旅游。20世纪90年代以来,我国也陆续涌现出了一批富有特色的工业旅游景区。在上海,依托丰富的近代工业资源推出了"'沧桑'上海——中国百年工业历史探访之旅"的旅游线路;在北京,破旧的电子厂房变成798艺术区,成为艺术家的会聚之地;在江西景德镇,世上最古老的制瓷生产作业线,从拉坯、画青花,到烧窑等72道工序以"活态"形式被展现,供游客观赏和体验。

我国工业旅游在未来将迎来巨大的发展空间。我国已经形成了完整的工业体系,有大量的国家级高新技术开发区和国家级经济技术开发区,工业旅游空间广阔,潜力巨大。特别是近年来发展形成的特色工业小镇,将生产展销、文化创意、休闲游憩等功能有机融合,为工业旅游开辟了全新的发展空间。国务院倡导推动旅游业发展与新型工业化相结合,为工业旅游发展提供了政策支撑。

(四)旅游＋交通

旅游交通是一种为旅游者提供直接或间接交通运输服务而产生的社会和经济活动,是为旅游者由客源地到旅游目的地的往返及在旅游目的地各处旅游活动而提供的交通设施及服务,也是旅游者利用某种手段和途径实现从一个地点到达另一个地点的空间移动过程。交通运输与旅游业发展密切相关,是旅游业发展的基础支撑条件,推进交通运输与旅游融合发展,对深化交通运输供给侧结构性改革,提升旅游交通服务品质具有重要意义。

交通是旅游业重要的组成部分:首先,从供给方面来看,交通业是旅游业的命脉,旅游目的地首先要具备的是可进入性,这种可进入性必须能够保障旅游者能够经常的、大量的来访,这样旅游业才会有发展和扩大的可能。其次,从旅行者的需求方面来看,旅游者在出门旅游之前首先要解决的就是从居住地到旅游地的时空转换问题,旅游者的旅游闲暇时间是有限度的,如果在空间转换上所花费的时间超过了一定的限度,他们就会改变甚至取消旅游计划。再次,从旅游收入方面来看,交通业本身就是旅游创汇和旅游收入的重要来源,从《旅游统计年鉴》中的数据分析来看,国外旅客来我国旅游,他们在途中的交通费用支出往往要占到总旅游费用的一半甚至更多。近年来,多地高铁的开通、汽车保有量的增加、航空条件的改善,极大地便利了游客出行。顺应"旅游＋交通"时代的需求,应依托铁路网,开发高铁旅游、旅游专列等铁路旅游产品,大力发展自驾游,积极发展低空旅游,延伸"旅游＋交通"产业链。

(五)旅游＋教育

研学旅游是"旅游＋教育"最为重要的业态形式,它是指本土教育与异地教育之间通过学校与学校交流互访、校际结盟、论坛峰会等方式,以推广教育成果、学校办学、展示学生多元学习效果、拓宽学生视野为基本目的的一种学习途径及方法,包括文化、管理、教学等各个方面。应研发研学旅游课程与活动体系,并以研学旅游基地为依托,推动资源共享和区域合作,打造具有示范性的研学旅游精品线路,统筹考虑,将研学旅游与学校课程有机融合,努力使研学旅游成为中小学生理想信念教育、爱国主义教育、国情教育的重要载体,为"旅游＋教育"健康快速发展提供助力。研学旅游具有特定的对象、时间和活动内容,包括教师的国内外教育交流、参观访问、会议服务和修养度假,学生的修学旅游,特别是长假期间各种形式的夏(冬)令营、训练营、大学学府游、家长携子游等。研学旅游通过休闲活动与成长背景不同但年龄相仿的朋友交流互动、彼此学习,可以在多元、异质的文化中促进各自的自我认识与成长,开阔国际视野,获得文化关怀,从而提升自我。

旅游十医疗

(六)旅游十医疗

医疗旅游是旅游业发展的新趋势,是集追寻健康与享受旅游服务于一体的旅游形式,它实现了医疗业和旅游业的跨界融合。世界旅游组织将医疗旅游定义为以医疗护理、疾病与健康、康复与修养为主题的旅游服务。该旅游形式在国际上通常被称为医疗养生旅游、健康旅游、外科手术旅游等,在国内与医疗旅游类似的有"保健旅游""养生旅游""康复旅游"等。

(七)旅游十体育

体育旅游是指以观看、欣赏和参与各种体育活动为目的的旅游休闲活动,是体育和旅游融合的一种生活方式,有着大众性、参与性、体验性、消费性、综合性的鲜明特点。随着人们生活水平的提高、休闲时间的增加和健康意识的增强,参加体育运动、旅游休闲已经成为大众一种普遍的生活诉求;体育需求和旅游需求显现"刚需"的特征,正在成为大众消费的热点。推进体育和旅游融合、开拓"旅游十体育"新格局、增加体育旅游供给、构建体育旅游产业体系,不仅可以满足人们日益增长的体育旅游生活需求,还将成为旅游业供给侧改革和"十三五"旅游发展的新动力。

第六节 中国的旅游外交

一、旅游外交概念的提出

2014年底,旅游外交概念在中央外事工作会议的讨论会上首次正式提出。

2016年12月7日,国务院发布的《"十三五"旅游业发展规划》提出,要实施旅游外交战略,开展"一带一路"国际旅游合作,拓展与重点国家的旅游交流,创新完善旅游合作机制。"旅游外交"第一次出现在国务院发布的"十三五"专项规划之中,标志着其由部门推动上升为国家战略。

此时提出"旅游外交"的观念,是对国际旅游功能的更高定位,是旅游业贯彻以合作共赢为核心的新型国际关系的外交理念,实施互利共赢的开放战略,促进全球伙伴关系网络构建的战略需要,也把旅游的对外开放使命提到了新的高度。

二、旅游外交从边缘走向前沿

2015年7月,国家主席特使出席汤加图普国王六世加冕典礼,体现出党中央、国务院期望旅游外交更闪亮地走上国际外交舞台,更大地发挥旅游的综合优势,服务国家对外关系及经济社会发展的战略需求。

三、旅游外交为服务大国外交做出积极贡献

中俄互为最大的邻国，同时互为最重要、最主要的战略协作伙伴。中俄关系通过两国元首多年来高瞻远瞩的战略引领和顶层设计，取得了长足发展。2013年3月，两国领导人共同出席俄罗斯"中国旅游年"开幕式并致辞，成功开启了中俄关系发展的新篇章，把中俄全面战略协作伙伴关系推向更高水平。

中俄关系在双方领导人共同推动下达到了新高度。近年来，中俄两国旅游部门负责人多次互访，就双方共同关心的议题及时交换意见，确保双方旅游合作健康发展。两国旅游业界在宣传展览、交流互访、旅游投资、旅游保险、旅游教育等各领域开展了一系列合作，有效推动了中俄旅游交流不断升温、持续深化。随着双方旅游领域的频繁交流与合作，旅游业已经成为两国战略协作关系中的新亮点。

四、加强与周边国家的旅游合作

亚太地区是目前世界经济增长较快的地区，是周边关系稳定的关键地区，同时也是我国主要的出境旅游目的地和入境旅游客源地。推进与亚太国家的旅游合作交往，全方位地深入、稳定发展与周边国家的旅游合作，是贯彻亲、诚、惠、容的周边外交理念的重要环节，为推进与周边国家共建利益共同体和命运共同体做出贡献。为此，中国依托的中国—东盟自贸区平台，抓紧区域旅游一体化。此外，近年来还举办了"中韩旅游年""中印旅游年""中瑞旅游年""中丹旅游年""中哈旅游年""中国—中东欧旅游年""中国—东盟旅游年"等活动，为国家的周边外交政策目标的实现做出了积极贡献。

五、推动"一带一路"国家的旅游合作

旅游业作为开放性、综合性产业，在"一带一路"倡议中具有先联先通的独特优势。"一带一路"沿线涉及60多个国家、44亿人口，跨越了东西方文明，涵盖了全世界74%的自然保护区与近50%的文化遗产，是世界上独具魅力的旅游资源汇集地和具有活力与潜力的黄金旅游之路。在丝路沿线国家中，中国旅游资源最丰富、旅游产品最集中、基础设施最完善。

"一带一路"沿线国家合作，加强协作，实现旅游便利化

《"十三五"旅游业发展规划》中明确提出推动建立"一带一路"沿线国家和地区旅游部长会议机制。建立丝绸之路经济带城市旅游合作机制。推动"一带一路"沿线国家签证便利化，推动航权开放、证照互认、车辆救援、旅游保险等合作。加强与沿线国家旅游投资互惠合作，推动海上丝绸之路邮轮旅游合作，联合打造国际旅游精品路线，提升"一带一路"旅游品牌的知名度和影响力。

未来，中国将利用丝路旅游合作在区位、文化、历史、资源和市场等方面的优势，选择印度、哈萨克斯坦、中东欧、东南亚等一批重点国家和地区为突破口，拓展旅游合作空间。据预测，未来几年，"一带一路"沿线国家将迎来1.5亿人次中国游客，旅游消费将超过2000亿美元，同时，中国将吸引8500万人次沿线国家游客来华，带动旅游消费1100亿美元。

课业测评

第十一章课业测评

参考文献

郭胜.旅游学概论[M].北京:高等教育出版社,2017.

郭剑英,沈苏彦.旅游学概论[M].北京:中国林业出版社,2016.

洪帅.旅游学概论[M].上海:上海交通大学出版社,2017.

李天元.旅游学概论[M].7 版.天津:南开大学出版社,2014.

刘琼英,汪东亮.旅游学概论[M].桂林:广西师范大学出版社,2017.

孙洪波,周坤.旅游学概论[M].上海:上海交通大学出版社,2017.

沈文馥.旅游行业认知[M].厦门:厦门大学出版社,2011.

闻芳,杨辉.旅游学概论[M].镇江:江苏大学出版社,2018.

谢春山,孙洪波.旅游学概论[M].大连:大连理工大学出版社,2011.

章艺,郑昭彦.旅游学概论[M].上海:华东师范大学出版社,2014.

张吉献.旅游学概论[M].北京:机械工业出版社,2012.

杨彦锋.互联网技术成为旅游产业融合与新业态的主要驱动因素[J].旅游学刊,2012, 27(9):6-8.

梁坤,杜靖川.产业融合视角下现代工业旅游发展模式研究[J].世界地理研究,2015,24 (3):152-160.

戢晓峰,梁斐雯,陈方.云南旅旅游交通网络空间布局与优化对策[J].经济地理,2012, 32(11):52-59.

刘建国,张永敬.医疗旅游:国内外文献的回顾与研究展望[J].旅游学刊,2016,31(6): 112-126.

刘晓明.产业融合视域下我国体育旅游产业的发展研究[J].经济地理,2014,34(5): 187-195.

第十二章　旅游就业与创业

名言名句

这个世界并不在乎你的自尊,只在乎你做出来的成绩,然后再去强调你的感受。

——比尔·盖茨

学习目标

【知识目标】

1.理解旅游职业素养和能力的基本内涵。

2.知晓旅游就业的基本特征。

3.理解旅游创业的基本原则。

【能力目标】

1.能够利用网络工具查找旅游就业与创业信息。

2.能够学习并掌握旅游从业人员基本素养和能力。

3.能够讲述旅游就业的基本分类。

4.能够将理论学习与社会实践相结合。

📄第十二章思维导图

【素养目标】

1.养成认真学习与独立思考的习惯。

2.具有就业本领与创新创业的激情。

3.具有主动探究与踏实进取的意识。

4.拥有积极实践与团队协作的意识。

案例导入

2019 中国旅游创业创新信心指数报告

　　继 2016 年、2017 年连续两年推出《中国旅游企业创业创新信心指数报告》后,北京第二外国语学院旅游科学学院与中关村智慧旅游创新协会,于 2018 年 12 月 16 日继续推出《中国旅游企业创业创新信心指数报告(2019)》。

　　与前两次报告相同,本次报告邀请来自旅游业头部企业、中小旅游创业企业、投资机构、旅游学界、政府及行业协会等 30 名专家对 2019 年我国旅游创业创新信心指数进行评价,通过对 2019 年旅游企业双创领域中的产品与商业模式、资本、成功率、人才、收购、政策、前景等六大维度测算指数方面进行预测和分析,以信心指数的形式来反映旅游企业双创领域的发展趋势。

　　计算公式为

　　信心指数＝资本×10＋人才×10＋政策×10＋并购×10＋成功率×20＋前景×40

　　其中,"资本"是指资本方对 2019 年旅游双创的预期,包括对旅游双创的整体前景预测和对旅游双创市场环境预测两个部分;"人才"是指进入旅游双创领域人才的发展趋势预测;"政策"是指针对旅游双创的相关政策的支持力度程度的预测;"并购"是指旅游业中大型企业对中小旅游创业企业并购趋势的预测,并购趋势的活跃度在一定程度上反映了旅游双创领域的活跃度及旅游产业格局的变化;"成功率"是指对 2019 年旅游创业创新成功率的预测;"前景"是指专家在整体上对 2019 年旅游双创前景和形势的预测。

资料来源:搜狐网,https://www.sohu.com/a/282891779_100191065。

思考:结合你所在的高校,谈谈对旅游就业、旅游创业的看法。

旅游就业

第一节　旅游职业素养与能力

素养是日常生活中常见的词语,其概念比较宽泛,在职场上,多指职业员工素养,在生活中,指的是个人道德修养。能力与素养的概念不同。如在完成一项任务时,能力是指人在完成该任务的整个过程所体现出来的综合素质,是对解决问题实力的度量;而素养则指的是人在完成该任务时所具备的内在道德修养,更倾向于先天与内在的个人品质。在完成不同的活动时,我们可以清楚地看到不同的人所表现出来的能力也是有所不同的。

一、职业素养和职业能力的内涵

(一)职业素养

职业素养的内涵一般是指个人在自己从事的职业范围内,应该具备的规范和要求,是在职业生涯中通过个人表现所呈现出来的整体的、综合的、复杂的个人品质。职业素养是职业人的内在职业品质,既有先天因素的影响,也有后天环境的塑造。职业素养形成的过程一般是,在一定生理和心理条件的基础上,通过正规教育、社会实践活动和自身其他的自我提升方式等多个途径形成并发展起来。职业素养的三大核心为:职业信念、职业知识技能、职业行为习惯。职业素养现已成为当今与未来社会和企业衡量与评价职业人的重要指标。

(二)职业能力

职业能力是多种能力的综合体,一般主要分为通用职业能力(一般能力)、专业基础能力和职业岗位能力。这三种能力以地位的高低逐级递进构成一个同心圆的表现形式,处于里面核心地位的是通用职业能力,它根据岗位的需求,与特定的职业能力紧密结合,为培养学生的通用技能构建出全方位、多层次的能力培养结构体系。该能力是职业能力的核心要求,在此基础上对其他两种能力发挥辐射作用。高等职业教育的发展应当以就业为导向,以培养学生综合职业能力为必然要求,加强学生综合素质培养,构建起适应社会需求的人才培养方式。

1.通用职业能力

通用职业能力也称作一般能力,是现代社会从业人员共同应具备的基本能力,比如持续学习能力、语言文字表达能力、环境适应能力、人际交往能力(人脉开拓力)、心理抗压能力、组织协作能力、实践操作能力、任务决策能力、团队管理能力、空间判断能力、逻辑运用能力、创新能力,等等。比如,要做一名合格的导游员,其通用职业能力中需要包含较好的持续学习能力、语言表达能力、人际交往能力、统筹计划能力、组织协调能力、创新能力等。

2.专业基础能力

这是从事某一职业岗位应具备专门基础能力,社会上的职业种类繁多,不同的职业所要求的专业基础能力也不同。在旅行中,专业的导游员除了要具备一般职业能力外,还需要突出现场讲解能力、知识储备加工能力、应急事件处理能力、较强的社会活动能力等。

3.职业岗位能力

社会上的每一份职业都有相应的岗位职责要求,这是现代社会人能够胜任一个岗位的必要条件。职业岗位能力是在实际的工作岗位中不断地锻炼积累出来的,一个人职业能力越强,职业业绩就会越突出,越能够体现职业价值。高职高专的学生们在大学期间应发挥自主性,尽早选择职业方向,明确目标,不断培养个人的职业能力。

综上所述,旅游职业素养和能力可以归纳为,旅游从业人员从事旅游服务活动所必需的一系列稳定的综合素质和能力特征。

二、旅游从业者应具备的基本素质和能力

旅游从业者应从以下五个方面来不断完善自己的素质结构和能力结构:政治素养、文化素养、身体素质、处事能力和心理素质。

(一)政治素养

1.自觉抵制不良思想的影响

随着我国改革开放不断取得举世瞩目的成就,我国旅游业发展迅速,同时,西方文化和思想也随之而来。我们应清醒地看到,一些不良的道德观念和生活方式也传播了进来,并产生了一定影响。作为现代服务业重要组成部分的旅游业可谓是受影响比较严重的行业。作为旅游从业人员应学习培养明辨是非的能力,坚定意志,自觉抵制不良思想,树立正确的价值观。

2.自觉遵纪守法

俗话说,国有国法,家有家规。相对西方国家,我国旅游业发展起步晚,速度快,市场潜力巨大,发展前景广阔。在机遇与挑战并存的背景下,面对纷繁复杂的发展环境,只有建立、健全旅游法规,旅游从业人员自觉遵纪守法,才能使我国旅游业稳步迈入健康发展新时代。

3.具有良好的职业道德

作为社会主义国家,我国社会主义制度是经历多年风雨历练,结合中国的实际国情而建立的。在此制度下,作为社会上各行各业的从业人员,都应该共同遵守社会主义职业道德,将其熟记于脑,更付之于行动。社会主义旅游职业道德是在社会主义职业道德准则指导下,加强旅游企业精神文明建设,为旅游行业的健康提供保障的旅游人的基本行为准则。旅游从业人员的政治素质是社会主义旅游职业道德的重要内涵。而旅游行业从业者的职业道德素养有着鲜明的职业属性,如爱国爱企、宾客至上、遵纪守法、团结协作、文明礼貌、公平守信等。这些道德素养可以从旅游从业人员在对待集体、对待游客、对待工作及对待自己的过程中得到体现。

(二)文化素养

文化素养是一个综合的概念,多指人在文化水平上所体现出来的较稳定的内在品质,其植根于人的内心。按照知识体系分类,文化素养包括政治理论、科学文化、实践技能和专业

知识等。作为旅游业从业人员，首先要实事求是，在树立正确的价值观和人生观的基础上准确自我定位，以严谨的态度和科学的方法来解决工作当中的问题。其次，成功的旅游从业人员应具备广泛的知识积累，因为服务对象来自不同的地域，拥有不同的文化背景、层次不同的兴趣爱好及各式各样的职业背景。这就要求旅游从业人员具备广博的科学文化知识素养。无论是基层工作人员还是旅游管理层，一定的实践知识素养是必不可少的。专业教育、实习实训和交流参观等活动是形成个人文化素养经验累积的重要途径。最后，专业知识来可以通过对本行业的发展方针政策、旅游学发展的前沿动态、旅游管理相关的基础理论知识、专业英语知识等方面来积累，提升专业素质。

（三）身体素质

世界卫生组织认为："健康不仅是没有疾病和不虚弱，而且是身体、心理、社会功能三方面的完满状态。"这表明了所谓的健康不仅仅指拥有健康的体魄，还需要有良好的心理状态和社会适应能力。作为旅游从业人员，拥有良好的身体素质不仅是个人的第一财富，也是职业所必需的素质。旅游从业者除了要具备健康的体魄，还应该有昂扬的斗志、轻松愉悦的心境、豁达开朗的心胸、良好的情感自控力及幽默风趣的态度。

（四）处事能力

处事能力是处理事情的能力，旅游从业者的处事能力是指在旅游工作中解决各种问题的能力。在日常的工作中，旅游从业人员需要具备较强的语言表达能力、基础判断能力、专业操作能力、人际交往能力、灵活应变能力、导游服务能力、计算机应用能力等。除此之外，因职业属性要求，良好的组织计调能力、管理能力、营销能力、业务创新能力也是必不可少的。这些是构成旅游产业人员良好处事能力的基本要求。在实际工作进程中，旅游从业人员要能从自身专业知识储备出发，运用多种方法和技术，以科学客观的工作态度来服务游客。持续的学习能力、良好的思考能力及勇于创新的工作能力将会对解决各种层出不穷的问题大有益处。

世界旅游日
聚焦旅游与就业

（五）心理素质

心理素质是构成旅游从业者基本素质的重要组成部分。有先天因素和后天因素，先天因素为基础，后天的环境、教育等因素是重要的影响因素。以导游人员工作为例，导游人员应具备的心理素质主要有两个方面：掌握和调节旅游者心理情绪的能力和自身良好的意志品质。

1. 导游人员应有良好的观察力和感知力

在与不同层次、品性各异的中外人士的交往中，导游人员要能够及时观察旅游者的面部表情、肢体语言等表现，并准确感知其心理状态，在此基础上，及时调整讲解方式和服务内容，采取灵活多变的手法，保证旅游活动的顺利开展。

2. 导游人员应善于调整不同游客的情绪，激发其旅游参与的兴趣

在旅游活动中，大部分旅游者常常怀有兴奋又紧张的心情。紧张感和单调的旅游讲解很容易使游客感到疲劳，甚至失去游览的兴趣，兴奋感则让他们对接下来的旅途抱有期待，希望去求新、猎奇、发现美的事物。如果接待的游客情绪比较高昂、精力比较充沛，那么他们的旅游活动很可能顺利完成并达到预期目的，导游人员工作的满足感将会大大提升。所以，考验导游活动成功与否，一个重要的标志就是游客的情绪状态是否良好，导游活动是否顺利完成。

3.导游人员应具备良好的意志品质

良好的意志是指一个人在行动中,不惧周围压力,始终明确目标,按照自己惯有的信念、知识和行为方式去行动的品质,是一个遇到困难,自觉调节,并努力实现既定目标的心理过程。导游工作是一项综合性的富有挑战性的服务工作。良好的意志品质要求导游人员要具备健康的思想、冷静的头脑和平衡四方的能力,这是其事业成功的基本保证之一。

三、旅游专业学生职业素养和能力的培养

(一)职业品质培养

"游客为本,服务至诚"是旅游业的核心价值观,它集中体现了社会主义核心价值观,也是对旅游业核心价值取向的高度概括和总结,是促进旅游从业人员努力工作、奋发有为的精神动力。旅游专业学生在校期间,应培养良好的职业道德,以及吃苦耐劳、公平正直、敬业爱岗、团结协作、积极进取的旅游职业意识,形成良好的职业品质。

(二)职业知识培养

旅游专业学生在进行专业课程学习时,要学习政治、经济、社会、历史、地理、自然、旅游政策法规、旅游服务知识、管理理论知识、礼仪知识等构成的专业知识、经济知识、管理知识等课程。此外,也要学习培养职业心理素质的课程,如岗位意识、自我鼓励、人际交往、情绪管理等,这也是学生职业知识培养的组成部分,有利于学生专业素质的积累与提升。

旅游专业学生如何培养职业素养和能力

(三)职业技能培养

高职院校旅游专业学生在校学习期间,专业理论学习结合专业实习是提高职业技能的常规途径。对学生的专业能力、创新能力、信息处理能力、沟通合作能力、持续学习能力、语言运用能力等旅游职业能力的培养,需要各级旅游院校的通力合作,更需要社会、企业、行业的共同支持。校企深度融合,搭建校内外实践平台,强化实践教学,对学生职业技能培养具有重要意义。

此外,旅游管理专业学生还应努力培养"四个力":辨别力,树立正确的是非观和价值观;免疫力,养成良好的职业心态;忍耐力,虚心向学,不断提升自己的坚持力;学习力,去伪存真,在实践中掌握旅游工作技巧的能力。

四、文明旅游公约

中央文明办联合原国家旅游局于 2006 年 10 月 2 日公布了《中国公民国内旅游文明行为公约》,其中提出做文明游客是我们大家的义务,应遵守以下公约。

(1)维护环境卫生。

(2)遵守公共秩序。

(3)保护生态环境。

(4)保护文物古迹。

(5)爱惜公共设施。

(6)尊重别人权利。

(7)讲究以礼待人。

（8）提倡健康娱乐。

《中国公民国内旅游文明行为公约》一经发布便得到社会的广泛认可，对社会不文明旅游行为起到明显的约束作用。营造文明、健康的旅游环境关乎每位游客的切身利益。在建设美丽中国的大环境下，我们要引导游客争当文明公民，争做文明游客。

第二节　旅游就业

就业是民生之本。随着改革开放，中国经济突飞猛进，取得了世人瞩目的发展，即使在人口不断增加的现状下，就业市场依然提供了大量的就业机会。但是，客观而言，就业形势依然严峻，下岗职工不断涌现，农村剩余劳动转移及一些弱势群体就业面临重重压力，根本性的结构改革还不到位，依然使解决就业问题成为关系国计民生的一等大事。旅游业作为现代服务产业的重要组成部分，具有就业门槛低、产业容量大、人才需求层次多、行业类型丰富、就业方式灵活等特点，已成为很多国家或地区解决就业问题的首选途径。

一、旅游就业的内涵

（一）基础概念

旅游就业是指年满 16 周岁，已达到劳动年龄，具有劳动能力的劳动者，运用旅游生产资料依法从事旅游活动，并获得赖以生存的报酬或经营收入的经济活动。在旅游业及其相关行业为社会所提供的就业机会中，不包括学生实习或兼职，以及未满 16 周岁而从事旅游及其相关行业的工作岗位。

（二）旅游就业基本分类

国家发展和改革委员会与原国家旅游局在 2004 年共同出版发行的《中国旅游就业目标体系与战略措施研究》中，明确将我国旅游就业分为三种类型：旅游核心产业就业、旅游特征产业就业和旅游经济就业。其中，旅游核心产业就业是指在就业体系核心层就业的旅游从业人员，如我们通常所说的景区、旅行社、住宿、旅游车船公司等。旅游特征产业就业是旅游产业的中心体系，即在旅游业发展要素（食、住、行、游、购、娱）中的直接就业从业人员。旅游经济就业是指在为支撑旅游业发展的各类保障产业所构成的综合服务体系中就业的从业人员，如工业、农业、商贸、城建、文化、科技、教育、环保、通信等相关行业和部门，还包括为保障旅游业可持续发展的各类产业就业的人员（如管理、法规、政策、国际合作、环境与资源保护等方面）。旅游经济就业的概念比较宽泛，是指因旅游经济发展而带来的直接、间接的综合就业人员，和前两者共同构成旅游就业综合体。

二、旅游就业的六种地域模式

《中国旅游就业目标体系与战略措施研究》分析了我国旅游业的地域特征，提出我国旅游就业可以概括为六种不同的地域模式。

（1）以大型景区为龙头，形成了丰富的就业体系和就业方式，包括住宿接待、餐饮、娱乐、旅游购物、劳务服务等。

（2）在旅游城市、交通枢纽和集散基地，以住宿接待为中心，形成了综合性的旅游服务体系，形成了酒店集中区等高密度就业区域。

（3）以满足城市居民休闲度假为主，环城度假带已成为旅游就业的重要增长点，为城市居民休闲服务建立了相应的就业体系，包括旅游度假区、主题公园、农家乐、产业旅游等。

（4）沿着重要的旅游交通干线及航空港、火车站、汽车站等站口形成的旅游专业就业重要增长轴线。沿交通沿线形成的就业体系主要有三种增长模式：沿线的旅游交通服务，如餐饮、车辆维修、商品销售等；带动沿线旅游景点资源的开发；带动沿线城镇的发展和就业体系的形成。

（5）旅游小城镇及乡村旅游就业体系。近年来，我国出现了特色旅游小镇、乡村旅游、乡村民宿等，这种旅游模式所产生的就业体系，与一般的旅游景区景点相比，具有更高的参与性。

（6）依托产业旅游带动的就业模式。随着旅游业的不断发展，出现了许多新的旅游热点，如工业旅游、农业旅游、体育旅游、节庆旅游、教育旅游等。产业旅游就业模式的特点是，旅游业依托其他产业，往往不是主业，从业者往往是兼职从事旅游的。

三、旅游就业的特征

（一）旅游就业类型多、容量大、潜力大

旅游业是关联带动性较强的产业，产业本身是劳动密集型，对人才需求量较大。目前，据统计，旅游业就业人数不仅超越以制造业为代表的传统产业，还超过了房地产、金融等较受关注的行业，成为解决就业的首要途径。在旅游产业就业中，工作种类繁多、门类齐全。服务工作有基础性工作和高等级工作之分；工作内容又包括常规性业务工作及管理工作；既有脑力工作，也有体力工作。根据世界旅游业理事会的报告，旅游业成为全球经济增长的重要引擎。在全球最新的就业统计中，仅2018年，旅游业就创造了3.19亿个岗位，岗位数量比例占全球就业总数的1/10。而在前5年中，此比例一度达到1/5。有关机构预计，再过10年，旅游行业对全球GDP增长贡献将会再创新高，有望超过11.5%。"十三五"期间，旅游产业完成了每年新增约100万个就业岗位的目标，可见旅游业对解决我国就业问题发挥的重要作用。

（二）旅游业关联带动性极强

旅游业是一项综合性很强的服务产业，需要多个相关部门统一理念，通力合作，才能促进旅游业的长足发展。而旅游业的发展也将会带动和促进很多其他经济部门和行业的发展。有统计表明，旅游对住宿业贡献率超过90%，对民航和铁路客运业的贡献率超过80%，对文化娱乐业的贡献率超过50%，对餐饮业和商品零售业的贡献率超过40%等。在旅游城市、旅游景区，旅游业的带动作用尤其突出。在云南丽江、河北承德、广西桂林、江苏周庄、湖南张家界等地，几乎所有的家庭都有旅游从业人员，在从事着不同的旅游服务工作。而在一些大型的旅游景区，如杭州西湖、秦始皇陵兵马俑、安徽黄山等，为服务游客，各式各样、琳琅满目的商店、旅店、餐馆比比皆是。可见，旅游业发展可以为旅游目的地居民提供大量的就业机会，旅游业已经成为转移剩余劳动力、增加农民收入的重要途径。

（三）旅游就业方式灵活、季节性强

旅游产业的发展有其独有的特征,行业涉及范围领域广,人才需求层次多,可以为各种不同文化层次、不同年龄段的人员提供就业机会。既可以为普通劳动力提供就业机会,也可以让高学历、高知识层面的人才充分发挥个人所长。特别是面对就业市场上矛盾依然突出的就业性别歧视问题,旅游业的发展则可以为广大女性群体提供施展个人能力的舞台。作为劳动密集型行业,人与人面对面交流是旅游业大部分服务环节的基本特征,女性群体则表现出较明显的优势。此外,部分有劳动能力的老人群体也可以在旅游业中找到适合自己的岗位,旅游业发展帮助他们获得收入,实现经济独立。

云南出台旅游
从业者"八不准"规定

旅游业发展有比较明显的季节性波动,即大部分景区都存在的淡旺季现象,不同的季节,从业人员可以根据个人情况,自主选择临时工、钟点工、小时工等工作,实现灵活就业。这对个人、企业和国家三方都有着重要的现实意义。对个人而言,随着经济的不断发展,一些就业者的工作理念、思想意识已经发生了很大的变化,他们希望摆脱固有的工作模式,拥有更多的自主时间和空间来实现个人价值,灵活就业正好可以满足这类人的需求。对于企业,灵活就业机制下,员工进退比较方便,可以及时弥补公司用人需求紧缺的问题,又可以为企业节约用工成本,推进企业人力资源制度的改革和创新,保障企业良好的发展运营。对于国家,灵活就业是对我国经济体制改革的缓冲和减压,可以有力推动整个国民经济的增长和发展。

（四）旅游就业人员变动频繁，人员流动率高

旅游业就业的季节性特征虽然可以为人们提供灵活就业的机会,但是人员流动相对频繁也是其明显的特征。特别是住宿业和餐饮业,频繁的人员流动在这两个行业里已成了较为突出的社会现象。这不仅会影响对客服务的质量,也增加了企业在人员招聘和培训上的费用支出,增加了经营成本。是什么原因导致此类现象的出现呢?旅游就业人员出现相对频繁的人员流动,一是由于旅游业工作本身的性质问题,二是由于就业人员自身的意识问题。旅游业发展有淡旺季,游客数量分配不均,就业季节性波动较明显,是其本身特征。另外,一些从业人员认为在旅游业中工作,只是权宜之计,可以作为兴趣,但不适合作为终生职业,这是对旅游业认识不够而产生的误区。

当然,在一些旅游产业中,如旅游交通部门、公共管理部门等,相对住宿业、餐营业,并不会出现此类难题。以旅游航空产业为例,良好的工资待遇、完善的福利制度和较高的社会地位依然是大多数人对该行业的认识。不断涌现出来的以空中乘务、民航旅客运输为主要培养方向的高等学校也证明了这一点。可见,旅游业及其相关产业要降低员工的流动率,可以在薪资待遇、工作环境、员工个人职业生涯发展等方面采取必要的措施。

四、就业与旅游产业发展

关于如何发展旅游业以促进就业,国家历来非常重视,在 2008 年国家发改委、原国家旅游局等六个部门联合下发的《关于大力发展旅游业促进就业的指导意见的通知》(发改就业〔2008〕2215 号)中,从政策宏观角度进行了指导,提出了发展旅游业促进就业的六项主要任务和四条主要措施。

六项主要任务包括：加快发展旅游产业，扩大旅游就业规模；拓展旅游产业链条，优化旅游就业结构；培育规范旅游市场，挖掘旅游就业潜力；加强人力资源开发，提高旅游就业能力；完善相关配套措施，改善旅游就业环境；实施就业行动计划，开展旅游就业试点。

四条主要措施：一是加大财税政策支持，二是加强基础设施建设，三是完善金融支持政策，四是积极提供旅游就业援助。

根据实施意见的要求，各级政府及有关部门进一步提高了对旅游就业工作重要性和紧迫性的认识，强化了工作职责，统筹产业政策和就业政策，制定了具体实施细则，采取了有力措施，落实了各项政策，加快推进了旅游就业工作。这些年旅游就业指数连续创新高。

第三节　旅游创业

旅游就业是解决就业问题的重要途径，伴随信息化浪潮的兴起，旅游业需要大众创新，更适合万众创业。一是旅游业发展前景广阔，是国民经济发展的重要拉动力，中央给予高度重视，肯定了旅游业在扩大内需、稳定增长、增加就业、减少贫困、普惠民生中的重要作用，旅游业创新创业的不断推进，将会对国民经济提质增效升级、人民群众生活水平跃升做出新贡献。二是旅游业是综合性服务行业，具有天然的集群特性和较强的行业关联带动特征。食、住、行、游、购、娱旅游发展六要素产业具有显著的多样性特征。每一个发展要素都可以进行细分，每一次的细分都意味着会带来更多崭新的创业空间。三是随着人们旅游需求的多样化和客源市场的多元化，旅游业创业呈现出多层次、低门槛的特征，这是旅游创业公司层出不穷的重要原因。

一、旅游创业的内涵

创业是商业领域的概念，一般指创业者对已拥有的资源或通过努力可以获得的资源进行优化整合，从而创造出更大经济或社会价值的过程。在杰夫里·提蒙斯的《创业学》一书中，将创业定义为一种行为方式，是一种思考、推理和行动的方法，它是机会制约和创业者本身所拥有的领导力的结合。

创业者按照其特征和职能可以分为：企业创业者、社会型创业者、内部创业者和政策型创业者四类。旅游创业是创业者自己拥有资源，发起、维持和发展以利润为导向的旅游企业的有目的性的行为。随着国家战略层面对创新创业的重视和大众旅游的繁荣发展，旅游业已经成为大众创业、万众创新最为活跃的领域。

二、旅游创业的驱动力

旅游创业需要以市场需求为指引，以资本运作为支撑，以新技术和商业思想为导向，依靠卓越的企业家精神开疆扩土。旅游创业的基本动力包括市场需求带动、资本运作推动、新技术和商业思想引领、企业家精神等要素。

（一）市场需求

旅游企业的市场基础和商业运作必须始终建立在最广大人民群众的旅行与旅游需求，特别是核心需求之上。旅游创业的核心动力源自大众旅游时代游客的休闲需求。旅游产品丰富多样，支付技术日新月异，旅游形态层出不穷，但无论旅游形态如何演变，旅游供给都离不开游客的食、住、行、游、购、娱等需求，国民大众的旅游消费需求是旅游创新发展所依赖的现实基础。

（二）资本运作

任何一个企业都存在不同的生命周期，随着市场需求的多样化，企业要想长久地立于不败之地，必须要创新发展模式和资本运营路径，旅游投资在推动旅游供给改革，满足不断升级的多样化市场需求方面发挥着重要作用。伴随着旅游业作为经济发展新动能的作用不断凸显，旅游投资主体日益多元化、投资结构不断优化、投资方向日渐贴近需求。随着经济的蓬勃发展和互联网带来的信息革命，越来越多的人体验到了网络带给日常生活的巨大便利。

（三）新技术和商业思想

在线预定平台业务国际化、规模化发展缓解了营销渠道调整带来的影响。以旅游市场为例，截至 2018 年 12 月，在线旅行预订用户规模达 4.10 亿，较 2017 年底增长 3423 万，增长率为 9.1%，占网民整体比例达 49.5%。网上预订机票、酒店、火车票和旅游度假产品的网民比例分别为 27.5%、30.3%、42.7% 和 14.5%。其中，预订旅游度假产品的用户规模增速最快，增长率为 35.5%。大数据、云计算、物联网、混合现实 MR（mixed reality）等科学技术已经渗透到旅游行业，在不知不觉中已改变了中国旅游业的走向，推动着旅游业的创新与发展。

（四）企业家精神

企业家精神包括敢于冒险、忘我敬业、善于合作、不断学习、保持诚信等诸多方面。旅游从业者只有具备了卓越的企业家精神，才可能做别人不敢做的事情，才能立足需求找到新的盈利空间；依靠兢兢业业的努力不断前行，拓展合作优势互补共享成果，才能在激烈的竞争中占有一席之地；唯有将自主创新与企业家精神进行结合，才能使企业永葆生机。

三、旅游创新创业的模式

（一）基于旅游产业价值链的创业创新

涵盖组成旅游产业价值链的资源、产品、渠道、客户的各个环节，并在此基础上进行再细分化、专业化以增加产业链价值。在现有的国家法律法规政策下，从旅游资源保护与开发、资本市场融资、产品打造与包装、产品营销推广等各个方面整合产业资源，促使新的商业模式创新。

（二）基于平台战略的创业创新

在"互联网＋"发展战略背景下，依托现代科学技术手段，对旅游发展要素（食、住、行、游、购、娱）进行深度整合，拓宽与提升产业渠道运营，丰富旅游者体验，优化产业结构，促进旅游产业变革。

（三）基于跨界融合的创业创新

基于市场不断变化的消费需求,利用技术手段,实现旅游业与其他产业的跨界大融合,更好地实现资源优化配置,如"旅游＋体育""旅游＋医疗""旅游＋金融""旅游＋教育"等。

四、旅游创业的基本原则

（一）发挥市场在资源配置中的决定性作用

创业是市场的产物,或者说是以市场机制为前提的。在国家旅游发展的转型与发展的关键阶段,旅游经济的创新前行正在由政府主导向市场主导演化,这是未来发展的必然趋势,以消费主体、市场主体、监管主体协同创新发展的格局正在逐渐形成。中国共产党第十九次全国代表大会通过了关于《中国共产党章程（修正案）》的决议,其中,将市场机制在资源配置中的基础性作用改为决定性作用。这是正确认识政府和市场关系的前提,国家宏观调控和各项政策正在逐渐把权力归还给市场,突出市场的主体地位。市场主体既是旅游创业创新的主体力量,也是评价旅游创业活跃度和城市目的地竞争力的重要指标。因此,旅游企业创业应严格遵循市场客观运行规律,以游客需求为中心,坚持发挥市场在资源配置中的决定性作用,积极转变经济发展方式。

（二）依托技术和商业创新，发展全域旅游

近几年,全域旅游发展已经上升为国家战略,中国旅游业的未来发展趋势即是向全域旅游转变,推进全域旅游是我国旅游发展战略的新定位。在此背景下,旅游创业重点应在全域范围内发挥"旅游＋"功能,通过"旅游＋城镇化""旅游＋新型工业化""旅游＋农业现代化"等多种形式的产业融合,形成新业态,创造新的生产力。

（三）立足金融服务需求，培育旅游特色金融企业

旅游业发展的住宿、餐饮、交通、游览、娱乐、购物等各个环节都会产生金融消费,旅游业发展离不开金融服务需求。随着我国旅游业发展和金融政策的不断完善,境内外游客已经从便捷的支付方式、完善的保险机制上感受到金融业发展为旅游活动带来的个性化服务体验。各类保险公司的出现,既是市场的选择,也是发展的趋势。"旅游＋金融"加快融合发展,必将培育和发展一批优秀的旅游金融特色企业,为旅游业的可持续发展保驾护航。

📖 中国银行
支持乡村旅游
高质量发展

五、旅游创新创业人才的培养

当前的世界处于一个充满机遇和挑战的时代。在"万众创新、大众创业"的背景下,每个人都应抓住机遇,迎接挑战。旅游院校为了适应新时代旅游行业发展需求,在旅游创新创业人才培养上,可以从教学方法、课程建设、政策支持、校企合作等方面做出改革性举措,为旅游专业学生的就业创业做好服务。

（一）改革教学方法

传统的旅游管理专业课程教学方式方法虽然取得了一定的成果,但也出现了明显的弊端。学生创新创业能力培养要坚持"以生为本",打破传统教学模式。在课程体系设计时,深入调研,从学生实际应用的角度出发,结合学生的兴趣、社会需求及社会经济发展需要,以课

程体系和实践教学为载体,加强人才培养体系建设改革,同时,也要根据学生的个性化差异,引入多元化人才培养评价体系,积极推进校企合作,做好协同共建。

(二)优化课程体系

旅游管理专业应用性强,旅游行业的从业人员在具备理论知识的情况下还必须要具备实践操作能力,旅游创新创业人才不仅要具备扎实的专业理论知识,掌握创新创业的相关知识内容,还要具有实践能力。在优化创新创业课程方面,一方面可以开设一些通识型创新创业课程,如结合学生需求,在公共基础课课程体系中开设与创新意识培养、创业学原理、创业素养与能力提升、创业融资等相关的课程,也可以利用多样化网络教学平台,选择学生常用的交流方式,辅助教学。如大部分院校都设有就业指导与职业规划课程,向学生传播、输送、培育创新创业知识,以增强学生创新创业的意识。另一方面,可以结合不同专业,有针对性地开设一系列创新创业必修和选修课程。针对旅游专业学生,可以开设如"旅行社模拟经营""民宿经营管理"等课程,让学生自由组建团队,通过模拟创办和经营一家旅游企业的全过程完成课程探究学习。学生完成课程后,可以采用多元化评价考核体系,综合考查学生独立思考、团队协作和创新创业思维能力。还可以通过开设其他关于创业的选修课、举办创新创业大赛、学生勤工俭学等形式进一步为学生打造良好的创新创业氛围。

(三)争取政策支持

在培养学生旅游创新创业能力时,高校应主动加强与地方旅游相关行政部门的联系与沟通,积极争取地方政府的政策支持,为旅游管理专业大学生进行正确的政策解读,建立起学生创新创业的高速通道,形成较为和谐融洽的教育教学大环境。此外,还应加强校风和学风建设,传递出学院在学生创新创业上秉持尊重个性、积极向上、科学民主的良好态度,提升旅游管理专业的学生创业意识与创业能力。

(四)校企深度融合

旅游业是服务行业,其特点是面向市场,而旅游高等教育的任务是为旅游行业输送高质量、高水平、高技能的专业人才,旅游管理专业具有鲜明的职业特点,旅游创新创业人才培养应符合旅游产业及旅游岗位的需求特征。十九大报告指出,高校人才培养要"深化产教融合、校企合作"。深化校企合作是旅游创新创业人才培养的最佳途径,通过实践基地开展旅游创新创业教育活动,加强创新创业实践,使创新创业教育与旅游专业深度融合,促进旅游创新创业人才的培养,更能提高学生的实践能力与创新能力。此外,在校企合作环境下,学校还可以获得企业的资金支持。旅游创新创业人才的培养,需要协同完善创新创业教育内容,形成由院校、企业、行业协会、政府部门等多方联动的旅游创新创业人才培养模式。

课业测评

第十二章课业测评

参考文献

国家发展和改革委员会,国家旅游局.中国旅游就业目标体系与战略措施研究[M].北京:中国旅游出版社,2004.

石培华.中国旅游业对就业贡献的数量测算与分析[J].旅游学刊,2003(6):45-51.

林小玲.乡村女性参与旅游就业影响实证研究[D].福州:福建师范大学,2008.

覃业银,牛志芳.高职院校实践教学模式的研究与实践[M].吉林:吉林大学出版社,2011.

于一才等.中职生实习指导[M].成都:四川大学出版社,2010.

梁心见.模拟导游[M].成都:西南财经大学出版社,2011.

夏传辉,姜芹春.旅游职业道德[M].昆明:云南大学出版社,2006.

张晶敏.旅游管理专业大学生创业教育研究[D].大连:辽宁师范大学,2014.